KB123072

유라시아
골든 허브

Eurasia Golden Hub

Emerging **Country** ❶

유라시아 골든 허브
- 유목, 결핍, 자원으로 본 카자흐스탄 이야기

초판 1쇄 인쇄 2010년 4월 10일
초판 1쇄 발행 2010년 4월 20일

지은이/ 윤영호, 양용호, 김상욱 외
펴낸이/ 홍석근
주간/ 김관호
책임기획/ 최종은

펴낸곳/ 평사리 Common Life Books
신고/ 313-2004-172 (2004년 7월 1일)
주소/ (121-856)서울시 마포구 신수동 448-6 한국출판협동조합 B동 2층
전화/ (02) 706-1970
팩스/ (02) 706-1971
Homepage/ www.commonlifebooks.com
e-mail/ hpiri2@hanmail.net
ISBN 978-89-92241-18-2 (93320)

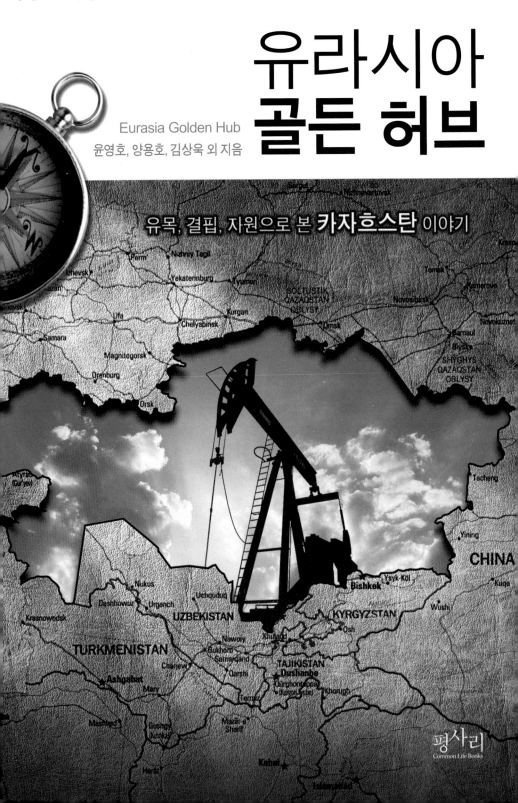

세계의 축이 변하고 있다

"(21세기 미국의 전략은) 좀 더 거칠었던 고대 제국의 용어로 표현한다면, 속방간의 결탁을 방지하고, 안보적 의존성을 유지시키며, 조공국을 계속 순응적인 피보호국으로 남아있게 만들고, 야만족들이 서로 하나가 되는 것을 막는 일이 될 것이다."
– Z.브레진스키, 《거대한 체스판》 중에서

미국의 전략가 브레진스키는 위와 같은 말로 21세기에도 그 패권을 유지하고 싶은 속내를 솔직히 드러낸 바 있다. 하지만 그의 바람에도 불구하고, 세계적 패권국가로 우뚝 서 있는 미국의 전략적 위상이 그리 오래 지속될 것 같지 않다는 게 2007년 금융위기 이후 많은 전문가들의 공통된 의견이다. 물론 초강대국으로서 미국의 역할은 여전하겠지만, 중국의 도전과, 유럽의 이탈, 이슬람권의 공격은 향후의 세계를 흔들며, 새로운 질서가 성립될 때까지 지속될 것이다.

이렇듯, 세계의 축이 변하는 상황에서 한국은 과연 무엇을 준비하고 있는가? 가장 중요한 전략자원인 석유와 식량을 미국에 전적으로 의존하고, 새로운 초강대국이자 가장 주요한 수출시장인 중국의 눈치를 보며 안주하고 있다고 해도 과언이 아니다. 과연 이러한 '상향식上向式' 접근이 지속적인 성장과 안정을 가져다 줄 수 있는가?

우리는 이에 부정적이며, 시선을 '하향下向'하여 새롭게 떠오르고 있는 여러 국가와 지역에 초점을 맞추고자 한다. 이 국가와 지역 안에는 에너지와 자원의 보고寶庫, 교통과 통신의 결절점, 비옥한 곡창지대와 군사적 요충지로 가득 차 있다. 우리는 신중히 선정한 'Emerging Country'를 경제적, 문화적, 정치적으로 분석하고, 최대한 현장 전문가와 현지인의 시각을 반영하여 소개하고자 한다.

이러한 분석과 소개를 통해, 향후 한국의 미래를 개척하는 중요한 나침반을 확보하며, 새로운 시장에 접근하길 원하는 투자자에게 정보를 제공하고, 나아가 해당 국가와 지역에 한국의 적극적인 진출을 유도하는 목표를 달성하고자 한다.

'Emerging Country'에 관심 있는 강호제현江湖諸賢의 적극적인 참여를 기대한다.

2010. 4.
기획편집진을 대표하여
최종은

서문

아래 두 그림을 제가 왜 가져왔다고 생각하십니까? 두 그림에서 무엇을 보고 계십니까? 두 그림의 스케일은 동일합니다. 카자흐스탄은 서유럽 전역보다도 큰 땅을 가지고 있습니다. 하느님은 하나의 땅에 두 개의 선물을 주지는 않습니다. 서유럽에는 아름답고 살기 좋은 환경을 주었습니다. 그래서 많은 사람들이 모여 살고 있습니다. 카자흐스탄에는 살기 좋은 환경 대신 땅속에 많은 자원을 주었습니다. 자원이 많던 시대에는 '자원 그 자체' 보다는 '자원을 활용하는 방법'이 중요했습니다. 즉, 자원을 이용할 수 있는 인간의 두뇌가 중요했습니다. 좋은 인력을 많이 보유한 나라가 잘 살 수 있었습니다. 그러나 자원 부족의 시대에는 자원 그 자체가 자원 이용 방법론보다 더 중요하게 됩니다. 자원 자체의 중요도가 점차 늘어나면서, 카자흐스탄의 국제적 가치는 점차 증대되어, 이것이 너도 나도 카자흐스탄을 찾는 이유가 됩니다.

캐피탈 파트너스에서 일했던 터키인 유소프가 2008년 한 컨퍼런스에서 한 말입니다. 누군가 카자흐스탄에 선물을 주었다면, 그것은 넓은 땅과 땅속의 자원일 것입니다. 고대로부터 유목민들은 넓은 땅에서 유목 생산활동을 했습니다. 그들은 땅속에 무엇이 있었는지 얼마나 알고 있었을까요? 구소련 시기에는 그 넓은 땅에서 농업 생산활동이 활발히 이뤄졌습니다. 유목민의 기질이 21세기 디지털 시대에 몹시 필요한 것은 분명하지만, 전통적 유목의 시대가 끝난 지는 이미 오래 전입니다. 농업은 천하의 근본이 되는 산업이지만, 농업 생산력의 발전으로 말미암아 곡물에 대한 절박함은 예전과 같지 않습니다. 매년 재생되는 농업 생산물은 소모성 자원만큼 매혹적이지 않습니다.

유목의 시대를 지나, 구소련 시기의 결핍을 지나, 자원의 시대에 카자흐스탄은 풍요를 지향합니다. 그러나 자원의 시대에 카자흐스탄을 이해하기 위해서는 땅에 얼마만큼의 원유가 묻혀 있고, 얼마만큼의 광물이 묻혀 있는가에 대한 지식만으로 충분하지 않습니다. 오랫동안 광활한 대지에서 축적된 유목문화와 20세기 최대의 역사 이벤트였던 사회주의 시기에 형성된 결핍문화를 이해하지 못하고는 현재의 카자흐스탄과 중앙아시아, 나아가 유라시아 대륙 전체를 이해하는 것은 불가능할 것입니다.

이 책은 유라시아의 골든 허브, 카자흐스탄의 과거와 현재와 미래를 이해하기 위해서 기획되었습니다. 유라시아의 골든 허브 카자흐스탄을 이해하기 위해서는 다음과 같은 다섯 가지 문화적 특징을 이해하는 것이 필요하다는 것이 저자들의 공통 의견입니다. 유목 문화, 사회주의 경험, 이슬람의 영향, 비단길을 통한 동서 교류의 경험, 다민족 국가의 특징이 그것입니다. 이 책의 저술에 참여한 저자는 윤영호, 양용호, 김상욱, 손영훈, 마지토프, 견익승, 김병학, 자우레, 류상수, 이유신, 김진실, 라우믈린, 이양구, 정용권, 양우석 총 15명입니다. 마지토프와 라우믈린, 자우레는 카자흐스탄 국민으로 각각 역사, 외교, 자원 분야를 대표하는 인물입니다. 김상욱, 김병학은 15년 이상 카자흐스탄에 체류하고 있는 한국인으로 카자흐스탄의 사정을 누구보다 잘 알고 있습니다. 양용호와 견익승은 모스크바에서, 손영훈은 알마티에서 오랜 기간 공부하면서, CIS 및 중앙아시아 전문가로 널리 인정받고 있습니다. 류상수, 김진실, 윤영호는 카자흐스탄의 자원, 건설, 금융 분야에 종사하고 있는 비즈니스맨으로 현실감 있는 현장의 목소리를 전달할 적임자입니다. 이양구, 정용권은 대사관에 근무하면서 정부 차원에서 카자흐스탄을 바라보았고, 이유신과 양우석은 한국 투자가의 입장에서 카자흐스탄을 바라보았습니다.

1부에서는 카자흐스탄에 대한 문화적 이해를 시도하고 있습니다. 유목 생산문화가 현재의 카자흐스탄 민족 정체성의 주된 구성 요소라고 손영훈 교수는 주장합니다. 유목 생산 문화에 대한 이해를 높이고자 유목민사, 신유목민에 대한 글이 뒤를 따릅니다. 견익승 사장은 소비에트 경험이 현재의 CIS 전체의 시장경제에 미친 영향을 '결핍의 경제학'으로 풀어냅니다. 이슬람의 영향에 대해서는 별도의 챕터로 구성하지는 않았지만, 글 중간 중간에 이슬람이 현재 카자흐스탄에 미친 영향에 대하여 다루고 있습니다. 이후 비단길의 의미, 다민족 국가적 특성에 대한 글이 이어집니다. 지면 관계상 모든 민족을 다 소개할 수는 없고, 한국 사람들이 카자흐스탄에 진출할 때 가교 역할을 해주는 고려인에 대한 글이 1장의 마지막을 장식합니다. 손영훈 교수의 유목문화에 대한 설명, 견익승 사장의 소비에트 결핍의 경험, 김병학 시인의 고려인의 정체성에 관한 글은 이 책의 요지를 표현하는 중요한 글들입니다.

2부는 카자흐스탄 산업 전반에 대해 상세한 소개를 하고 있습니다. '유목 생산문화'가 20세기 이전의 카자흐스탄을 특징짓습니다. 20세기는 '사회주의 경험'이라는 말로 특징됩니다. 독립 후 카자흐스탄을 특징짓는 것은 바로 자원입니다. 즉 유라시아의 허브인 카자흐스탄은 유목의 시대를 지나, 결핍의 시대를 넘어 자원의 시대를 맞이했습니다. 이제는 유목이라는 변방에서 자원이라는 중심으로 이동했습니다. 결핍이라는 사회주의 경험을 떨치고, 풍요라는 새로운 이상을 추구합니다. 카자흐스탄의 산업을 소개하면서 자원으로부터 출발하지 않을 수 없습니다. 자원 전반에 관한 글을 필두로, 석유탐사, 석유정제, 석유운송, 광업, 농업에 관한 글이 이어집니다. 2007년부터 카자흐스탄 경제를 마비시키고 있는 금융업에 대해 살펴보고, 한국기업의 사활을 건 싸움이 진행 중인 건설업에 대해서도 살펴봅니다.

3부는 부록 같은 성격입니다. 카자흐스탄의 파워엘리트, 대외정책, 한국과 카자흐스탄의 관계를 큰 틀에서 조망해보고, 한국기업의 진출 현황 및 진출 시 유의점, 카자흐스탄에서 발생하는 다양한 분쟁 사례 등을 살펴봅니다.

이 책은 2009년 말 당시 카자흐스탄 알마티 총영사였던 이양구 현 국무총리실 외교심의관의 제안으로 시작되었습니다. 아이디어를 제공해 주신 이양구 전 총영사님께 감사드립니다. 시기가 촉박해 어려운 원고부탁을 했음에도 불구하고 좋은 원고를 써주신 손영훈 교수님, 견익승 사장님, 김진실 법인장님, 양우석 펀드 매니저님께 특별히 감사드립니다. 이 책의 초반부 기획과 편집에 참여해 주신 진광수 씨, 김정민 씨, 서민수

이사님, 최인석 시인, 이정희 선생님께도 감사드립니다. 추천사를 써주신 하용출 교수님, 유리 최 의원님, 고동현 사장님께 깊이 감사드립니다.

이 책이 기획, 저술, 편집되는 동안 아버지의 부재를 인내심 있게 기다려 준 예신, 예성, 아란, 준, 찬, 광우, 지우, 동우에게 고맙습니다. 카스테예프의 그림에 카자흐인의 리듬이 담겨 있다면, 이 책에는 어쩌면 우리 아이들의 칭얼거림이 담겨 있을 수도 있겠네요. 유리 최 의원님의 추천사대로 우리 아이들이 중앙아시아, 나아가 유라시아 대륙을 아버지 세대보다 훌륭하게 이해하게 되길 바랍니다.

2010년 4월 알마티에서
윤영호, 양용호, 김상욱

Eurasia Golden Hub
CONTENTS

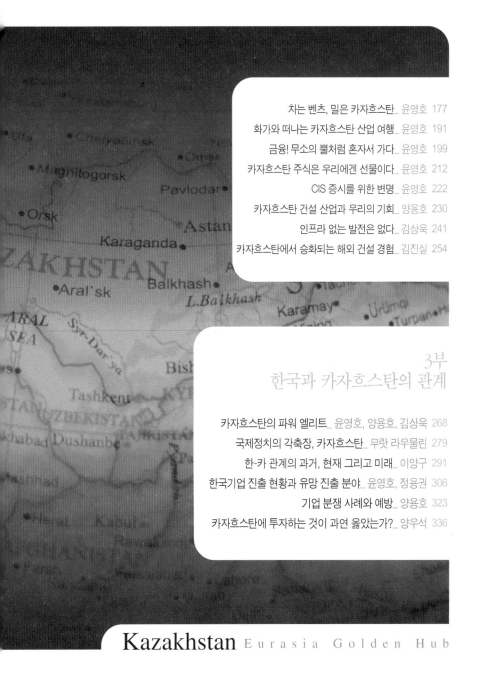

3부
한국과 카자흐스탄의 관계

Kazakhstan Eurasia Golden Hub

Kazakhstan

Eurasia Golden Hu

1부
카자흐스탄, 중앙아시아, 유라시아

유목 문화의 계승자, 카자흐 이해하기!

손영훈 - 한국외국어대학교 교수

카자흐스탄의 문화적 기반

카자흐스탄은 유라시아 대륙의 중심에 위치한 중앙아시아 국가로 유라시아 유목민들의 역동적이고 파란만장한 삶이 그대로 묻어 있는 역사 문화의 현장이다. 카자흐스탄의 다수 민족인 카자흐인은 고대 실크로드의 증인이자 유라시아 유목문화의 직접적 계승자다.

지난 20세기에 카자흐스탄은 세계 역사에서 유례가 없는 사회문화적 대변혁을 경험하였다. 19세기 중엽 러시아는 카자흐스탄을 점령한 이후 대대적 행정 개혁, 러시아인들의 대규모 이주, 유목지 몰수라는 식민 정책을 통해 카자흐의 전통적 유목경제와 사회조직을 파괴하기 시작하였다. 제정 러시아 시절 추진된 '카자흐스탄 농업화'와 '러시아 정교로의 개종'과 같은 러시아화 정책은 카자흐 유목민들의 격렬한 저항을 초래하

한국외국어대학교 터키어과를 졸업했다. 1997년부터 카자흐스탄 국립대학교에서 강사로 활동하면서 카자흐어를 공부했다. 카자흐인도 카자흐어를 잘 못하던 90년대에 손영훈 교수의 카자흐 말에는 마법이 있었다. 관공서에서도 경찰서에서도 그의 카자흐어로 해결되지 않는 문제가 없었다. 2003년 카자흐스탄 국립대학교에서 〈카자흐스탄 이주민이 카자흐스탄 정치, 경제, 문화에 끼친 영향에 관한 연구〉라는 논문으로 박사학위를 받았다. 2006년부터 한국외국어대학교 중앙아시아어과 교수로 재직 중이다.

공포의 시기(1947), 아블한 카스테예프. 소련군과 유목민 간의 팽팽한 긴장감이 엿보이는 작품이다. 카스테예프는 카자흐스탄을 대표하는 민족화가이다. 화가 소개는 〈화가와 떠나는 카자흐스탄 산업 여행〉에 자세히 밝혔다.

면서 카자흐 민족주의를 잉태하는 계기가 되었다.

1917년 10월 혁명 이후 인위적인 중앙아시아 지역의 국경 획정에 따라 1936년 카자흐스탄공화국이 수립되었으나, 정치,경제 등 주요 분야는 러시아를 중심으로 한 소비에트 중앙권력에 의해 결정되었다. 스탈린의 집권 이후 '카자흐 유목민의 강제적 집단화 및 정착화 정책'은 당시 카자흐스탄 인구의 40%에 해당하는 170만 명 이상의 엄청난 인명 손실과 수십만 명에 이르는 카자흐인들의 국외 이주를 초래했다. 이로 인해 토착민인 카자흐인은 자신의 땅에서 소수민족으로 전락하고 만다. 더욱이 1950년대 중반에 시작된 '처녀지Virgin land 개간 운동'으로 카자흐스탄 북부지역에 수십만 명의 러시아인이 대대적으로 이주하면서, 결국 1959년 조사된 인구 구성비율에서 카자흐인은 30%를 밑돌게 되었다. 이는 강력한 러시아화의 결과였다. 또한 스탈린에 의해 추진된 고려인을 비롯한 소수민족의 강제 이주, 사회주의 계획경제 발전을 위한 자원과 인력의 재배치 등은 다민족화를 심화시켰다. 이는 오늘날 카자흐스탄의 다양한 민족 갈등의 발단이 되었다. 이와 더불어 소비에트 중앙권력은 러시아어의·공용화를 통해 러시아어 사용을 강요하고, 교육과 취업에서 카자흐인을 차별하면서 카자흐어의 사용과 민족문화 발전을 극도로 억압하였다.

1970년 이후 민족구조의 불균형은 점진적으로 시정되어 갔다. 더불어 1964년 카자흐인 쿠나예프D. Kunayev가 카자흐스탄 공산당 제1서기장으로 선출되면서, 위축되었던 카자흐 민족 엘리트들이 당과 행정기구 등을 비롯한 정치 전면에 등장하는 계기가 되었다. 1930년대 후반 전통적 민족 지식인들에 대한 숙청 이후 새롭게 등장한 카자흐 민족 엘리트들은 비록 소비에트 체제의 산물이었지만, 대부분 강고한 토착성을 견지하고 사회주의 사상을 지지하는 한편 이슬람이나 민족문화에 대한 강한 유대감도 보유하고 있었다. 1986년, 고르바초프가 쿠나예프를 해임하고 카자흐스탄 공산당 서기장으로 러시아인인 콜빈G. Kolbin을 임명하자 알마티에서 '젤톡산Zeltoksan, 12월'으로 알려진 대규모 시위가 발생하였다. 1986년 12월의 봉기는 쿠나예프 집권 20여 년 동안 정치·행정 분야에서 은밀히 구축되어 왔던 카자흐 우선주의의 해체를 의도한 모스크바를 상대로 한 최초의 대중적 도전이었다. 이는 소비에트 중앙권력의 러시아인 선호 정책에 항의하는 카자흐 민족의식의 분출로써, 구소련 붕괴 이후 카자흐 민족의 통합을 위한 정신적 토대가 되었다.

1991년 소련의 해체 이후 카자흐스탄은 카자흐어의 국가언어 지정과 전통문화의 확산을 통해 점차적으로 과거 지배적이었던 러시아 문화의 영향에서 벗어나고 있다. 카자흐어 교육의 강화, 카자흐어 병기 의무화, 행정관료의 토착민화, 거리·지명 등의 카자흐어 개명, 민족 영웅을 기리는 대규모 행사 개최 등을 통해 카자흐의 문화적 정체성을 회복하려고 노력하고 있다. 이러한 사회 전반에 걸친 카자흐 우선주의 정책은 다민족국가인 카자흐스탄에서 러시아인을 비롯한 소수민족들의 반발을 야기하고 있다. 그러나 수십 년에 걸친 강제적 러시아화 정책으로 박해받았던 카자흐 민족문화 정체성의 부활이라는 측면에서 정당화되고 있다.

현재 카자흐스탄은 표면적으론 다민족 사회이지만 크게 두 개의 문화가 주도하는 이중문화 사회라고 말할 수 있다. 하나는 투르크-무슬림을 대표하는 토착 카자흐 문화이며, 다른 하나는 러시아인, 우크라이나인, 벨로루시인, 독일인, 유대인 등 유럽 기원의 비 토착인들을 아우르는 슬라브-유럽 문화다.

카자흐인의 전통적 유목 문화양식

유라시아 대륙의 중심부에 위치한 내륙국가로서 대양으로부터 고립된 카자흐스탄의 극심한 대륙성 기후와 수자원의 고갈에 따른 건조 상황은 역사 문화 발전의 장애 요인으로 작용하면서 중앙아시아의 찬란했던 농업문명을 쇠퇴시키고, 유라시아 대륙의 독특한 유목 생산문화의 확산에 기여하였다. 일반적으로 유목 생산양식은 경제적 관점에서 광역적 이동목축이 주요한 행위이고, 성원 대다수가 주기적 목축 이동에 참여하는 특수한 형태의 식량생산 경제다.

대부분의 카자흐인들은 전통적으로 여름 방목지와 겨울 방목지를 구분하여 계절에 따라 남북으로 이동하는 순환적이고 주기적인 반 유목 경제생활을 영위하였다. 가축에게 적당한 목초지와 수자원을 공급하기 위한 카자흐 유목민들의 계절적 이동은 주로 1년 중 일정한 시기에 특정

한 지역을 이용하는 형태를
띠었다. 카자흐 유목민이 여
름에 북쪽으로 이동하는 것
은 목초가 그 기간 동안에 성
장을 멈추지 않을 뿐만 아니
라 풍부한 양의 풀이 존재하
기 때문이며, 겨울에 남쪽으
로 내려오는 이유는 초목이
풍족하지 않더라도 기후가
비교적 온난하고 눈이 많이
내리지 않기 때문이었다. 카
자흐 유목민들은 계절변화
와 자연조건에 따라 겨울-

유르따 주변의 아바이(1934), 아블한 카스테예프. 동영지에서 하
영지로 이동하는 중간의 봄 유목지.

봄-여름-가을 목초지로 나누어 이용하였다. 비교적 고정적인 형태인 동
계 유목지(동영지)는 차갑고 강한 바람 또는 모래바람으로부터 가축을
보호할 수 있는 지역, 즉 가까운 곳에 자연적 수자원이 존재하고 따뜻하
게 해가 비치는 산 중턱 또는 산림지역 등에 위치하였다. 이에 비해 여름
에는 초목과 물의 확보가 가장 중요했기 때문에 하계 유목지(하영지)는
강이나 호수 주변의 평원에 주로 위치하였다. 봄 유목과 가을 유목은 일
반적으로 동영지와 하영지 사이를 오가며 행해졌다. 봄 유목은 눈이 빨
리 녹고 교미와 새끼의 출산에 용이한 지역에서, 가을 유목은 양털 깎기
와 혹독한 겨울을 준비하기에 적합한 동영지 부근에서 이루어졌다. 카자
흐 유목민들의 연간 평균 계절적 유목 이동거리는 지역에 따라 다양하여
중북부 지역에서는 1000~1500km까지 이동하였고, 남부 지역에서는

200~300km 내외였다. 카자흐 유목민들은 수세기 동안 경험과 전통에 의해 확립된 이동로를 따라 하영지와 동영지를 오고 갔으나 이동 방향과 이동로는 빈번한 분쟁 및 전쟁 등으로 수시로 변하곤 하였다.

한편 카자흐스탄 남부 지역의 오아시스를 중심으로 관개 농업도 지속적으로 발전하여 도시가 융성하였으며, 몽골 침입이 야기한 엄청난 피해에도 불구하고 농경은 완전히 소멸되지 않았다. 카자흐스탄의 농업 정착화는 러시아 제국의 정복 이후 러시아 농경민이 유입되면서 18세기 말부터 시작되었고, 1930년대에 소련의 강제적인 정주화 정책으로 완결되었다. 역사적으로 카자흐스탄은 정주농업과 유목이라는 생산양식의 접경 및 공존 지역이었다. 자연환경과 기후조건 및 유목민들의 군사력 때문에 유목 생산양식이 상대적인 우위를 점했던 지역이라고 말할 수 있다.

카자흐스탄 유목양식은 가축 구성에서 고유한 특징을 보인다. 양·염소 등의 소형 동물과 소와 같은 대형 동물, 말·낙타 등의 운송용, 기승용 가축들이 혼재한 복합사육 형태였다. 특히, 초원에서 말이 갖는 긴요함은 사막에서 낙타의 위치와 유사하여 운송용으로도 중요할 뿐만 아니라 고기와 젖의 원천으로서도 매우 가치가 높았다. 16세기 카자흐칸 국의 카슴Kasym 칸은 "우리는 초원에 사는 사람들이어서 부자들이 차려야 할 예의 같은 것은 없다. 단지 우리가 가장 값지게 여기는 재산은 말이고, 가장 즐기는 음식은 말고기, 그리고 가장 맛있게 먹는 음료는 크므즈(kimiz; 마유주)다. 우리들의 땅에는 정원도 건물도 없지만, 우리의 주된 오락은 가축을 돌보는 일이다."라며 카자흐인에게 말의 중요성을 강조한 바 있다.

카자흐인들의 복합사육은 안정적이고 지속적인 목축을 가능하게 했

크므즈 마시기(1940), 아블한 카스테예프.

다. 가축의 종류마다 자연재해를 극복하는 능력이나 재생산 능력이 다르기 때문에, 어느 한 종의 수적인 감소나 상실은 다른 종에 의해 어느 정도 보충될 수 있는 이점을 갖고 있었다. 과거 농경과 거의 관계없는 유목의 경우 가축구성에서 말과 낙타가 가장 큰 비중을 차지하였다. 초원지역에서 소는 장거리 이동에 적합하지 않아 활용가치가 떨어졌다. 그러나 전반적인 경제의 균형상 농경의 역할이 보다 중요해질수록 대형가축인 소의 비중이 증가하였다. 일반적으로 카자흐 유목민들의 가축군 규모는 방목기술, 생태적 요인 및 사회적 필요성 등에 의해 좌우되었으며, 대개 한 가족(4~6인)의 생존과 재생산을 위한 적정규모는 약 50마리의 말에 상응하는 가축 규모로 양 및 염소(100~150), 말(20~30), 대형가축(10~15), 낙타(3~5) 정도였던 것으로 보인다.

　카자흐인의 유목 생산양식은 기본 식생활과 다양한 생활용품 제작의 원료를 공급하면서 혹독한 초원에서의 생존을 보장했을 뿐만 아니라 일상 생활문화와 물질과 정신문화를 규정한 기본적인 물적 토대였다.

카자흐 유목사회의 구조

카자흐인들의 가족관계는 밀접하며 사회생활에서 친족관계를 매우 중시하였다. 카자흐 가족에서 가장과 어버이로서 가지는 절대적 권위 형태는 사회 전반에 걸쳐 연장자와 지도자들의 권위에 대한 공경으로 확대되었다. 카자흐인들의 가족은 막내아들이 부모와 함께 살면서 형들에게 분배된 뒤에 남는 재산을 상속받는 부거적 직계가족의 형태를 지니고 있었다. 카자흐 전통사회에서 일부다처제는 비교적 적은 비율을 차지하였다. 전통적 카자흐 가족에서 가장이 사망하면 가족은 해체되어 어머니와 자녀들로 이루어진 가족으로 나뉘거나 아니면 죽은 사람의 형제, 친척 등이 그 부인을 인계받는 대신 미성년 자녀들의 부양을 책임지는 '형제 연혼제'가 실행되어 다른 가족의 성원과 부분적으로 결합하기도 하였다. 이러한 경우 원래 가족의 해체는 자식들이 성장하여 분가해 자신들의 가족을 형성할 때까지 잠정적으로 연기될 뿐이었다. 카자흐 유목민들에게 분가는 언젠가는 일어나는 것이며, 보통 매세대 발생하기 때문에 일반적으로 알려진 대가족적 유목 생산양식의 형태는 아니었다. 핵 가족적 유목 생산양식의 형태였던 셈이다. 따라서 중앙아시아 유목사회의 가족은 생산에 필수적인 가축의 세습을 통해 유지되는 단독적이고 자주적이며 자족적인 경제단위라 할 수 있다.

일반적으로 카자흐 유목사회에서 생산이라는 관점을 놓고 볼 때 한 유목가족이 자체의 힘만으로 봄에서 겨울까지의 생산주기를 마친다는 것은 불가능하기 때문에 생산을 위한 협동 노동이나 상호부조 체계의 확립이 필수적이었다. 따라서 효율적 유목생산을 위해 일차적으로 친족관계를 바탕으로 일 년 내내 이동을 같이 하면서 가축을 공동으로 방목시키는 경우가 많았다. 상호부조로 연계되어 있는 5~6가족에서 많게는 10~15가족들의 통합적 이동마을이자 협동방목체인 아울Aul 공동체를 형성했다. 또한 카자흐 유목사회에서 개별적인 가족은 미약하고 분산적이라 국가와 같은 적절한 군사, 정치적 조직의 형태로 안전을 보장받을 수 없다는 사실도 통합을 촉진시키는 요소로 작용하였다. 유목생산 공동체인 아울의 특성은 카자흐인들의 봄-여름-가을-겨울로 구분되는 계절적 이동목축과정과 긴밀하게 연관되어 있었다. 아울 공동체가 친족관계와 혈통이라는 연계에 기초한 유목민들로 구성되었다고 해서, 아울이 계보적으로 하나의 독특한 단위를 이루고 있음을 의미하는 것은 아니다. 친족관계라는 표피에 싸여 있음에도 불구하고, 아울 공동체의 기본 목적은 유목생활에서의 상호협동과 부조를 통한 생산의 극대화였을 뿐이다.

카자흐 유목사회에서는 친족관계가 여러 사회적 관계를 표현하는 최상의 대안이었으며 친족 집단화의 범위를 나타내기 위한 포괄적이고 다양한 용어가 사용되어 왔다. 특히 씨족은 초기 공동체 사회의 기본적인 사회경제적 단위이며 부계를 통해 '한 조상의 자손들'로 동일시되는 친족집단이었다. 카자흐인들은 부계를 통한 다양한 규모의 친족집단을 표현하기 위해 루Ru라는 포괄적 용어를 사용하였으며, 이는 비교적 가까운 작은 친족집단에서부터 아주 먼 관계에 있거나 전통 및 관습에 의해 연관된 수천 명의 큰 집단에 이르기까지 매우 광범위하게 적용되었다. 카자흐 사회에서의 다양한 계보는 혈통집단들을 형성하고 그들이 서로 어떻게 연관되어 있는가를 규정하는 데 중요하며 특히 구성원 모두에게 공통의 혈통이라는 관념을 통해 사회적 통합의 이론적 근거를 마련해 주었다. 특히 친족에 기초한 사회관계와 유목 생산양식은 중앙아시아 투르크인 사이에 '우리'와 '그들'을 구분하게 하여 카자흐 민족의식 형성의 근간이 되었다. 심지어 씨족-친족관계는 소연방의 해체 이후 카자흐스탄의 경제개혁 과정에서 상당수의 국영 산업시설들과 핵심 권력의 주요 분배 원리로 작용하여 당시 인구의 다수를 점하고 있던 러시아인을 배제하고 카자흐인이 전면에 등장하는 발판이 되었다.

공통의 혈통이라는 관념 아래 강한 유대감을 가지고 있는 카자흐인들은 사회생활에서 친족관계의 존재 또는 부재를 확인함으로써 상호 간의 지위와 관계를 정립하였다. 예를 들어 카자흐인들은 7대 조상에 이르는 자신의 계보를 항상 숙지하였으며 7대에 이르는 공통의 조상이 존재할 경우 동일 씨족으로 간주해 남녀 간의 결혼을 허용하지 않았다. 이러한 족외혼 규범은 전혀 관련이 없던 개별적 카자흐인들을 하나의 가계와 같은 혈연적 친족으로 묶어 카자흐인의 통합과 일체성에 기여하였다.

가축의 사유와 목초지의 공유라는 소유 형태를 바탕으로 했던 전통적 카자흐 사회의 계층적 분화는 재산의 불평등과 혈통에 근거하였다. 재산의 차이에 따라 바이bai와 케데이kedei 간의 구분이 있었다. 물론 이러한 구분이 절대적인 계급을 의미하는 것은 아니었다. 케데이는 자연재해 및 전쟁 등으로 인한 가축의 상실로 야기된 일시적이고 잠정적인 단계의 신분이었을 뿐이다. 재산의 차이에 따른 계층의 분화는 유목 공동체의 상호 협조 체계의 붕괴를 야기할 수 있었다. 따라서 빈곤한 가구의 유목사회 이탈을 억제하고, 생계 해결과 재산 증식의 발판을 마련해 주기 위해 일정 범위 안에서 재산을 재분배하는 사운Saun과 같은 제도도 있었다.

카자흐 사회에서 지배와 피지배의 관계를 고착화시키고, 사회적 불평등을 합법화시키는 요소는 혈통에 근거한 계층 분화였다. 즉, 카자흐 전통 사회에는 칭기즈칸의 자손들로 소위 유목 귀족이었던 백골ak suiek계층과 하위 지배자 집단과 유목민으로 구성된 흑골kara suiek 계층이 있었다.

우물가의 부자(바이)와 빈자(케데이) (1940), 아블한 카스테예프.

혈통에 따른 분화는 백골 계층에게 지배계층으로서의 정치적 권위와 특권 및 영속성을 부여하는 원칙으로 작용하였다. 그러나 카자흐 역사는 칸과 술탄으로 대표되는 백골 계층의 실질적인 권력의 약화로 점철되었으며, 결국 17세기 이후 카자흐칸은 대 쥐즈uli zhuz, 중 쥐즈orta zhuz, 소 쥐즈kishi zhuz로 분열되었고, 상대적으로 바트르batyr, 비bi 등 흑골 출신 지도자들의 영향력이 증가하기 시작하였다.

결론적으로 카자흐의 전통 사회는 유목생산의 극대화를 목표로 주요 생산수단 즉, 가축의 사유와 목초지의 공유를 바탕으로 친족적 결속에 기초한 상호 협동과 부조를 통한 강고한 가부장적 친족공동체라 할 수 있다.

카자흐인의 전통적 물질문화

음식문화

카자흐인의 견고한 유목 생산양식은 일상 생활문화에도 영향을 미쳤다. 서로에 대한 안부를 "말-잔 아만 바?"(가축들이 건강합니까?)라는 인사로 시작하였다. 카자흐인에게 손님접대는 매우 중요한 의미를 지닌다. 광활한 초원에서 손님을 맞는다는 것은 흔한 일이 아니다. 손님은 가정에 행복과 부를 가져다주는 신의 축복으로 귀하게 여겨져 정성껏 대접하였다. 보통 지나가는 어떤 여행객이라 할지라도 아무 집에서나 묵어가기를 청할 수 있었고, 전혀 기대하지 않던 손님이 찾아와도 음식을 차려 내오거나 최소한 차는 대접하였다.

카자흐의 음식 문화에서 다스타르한dastarkhan은 특유의 손님 환대 양식이다. 다스타르한의 절정은 카자흐인의 전통 음식인 베스바르막besbarmak과 존경의 음식으로 간주되는 양 머리였다. 다섯 손가락으로 먹는 음식이란 의미의 베스바르막은 둥근 타원형의 접시에 삶은 말고기나 양고기를 부위별로 담은 풍성한 요리다. 또한 매우 귀한 손님에게는 삶은 양 머리를 대접하는데 대개 손님은 양 머리의 안면부 일부를 베어 먹고 가장에게 넘겨주어 다스타르한에 참석한 모든 이들에게 배분하게 한다. 먼저 눈은 먼 길을 왔고 또 떠나가야 하는 손님의 안녕과 평안을 기원하며 집주인이 손으로 직접 부여한다. 청년들에게는 어른의 말을 공경하라는 의미에서 귀가 주어지며 여성들에게는 더욱 상냥해지라는 바램으로 가장 부드러운 입천장이 부여되고 아이들에게는 말과 노래를 잘 하라는 의도에서 혀를 분배한다. 주인은 정성스럽게 고기를 잘라 참석자들에게 분배하며 마지막으로 양의 골을 먹으면서 다스타르한은 끝이 난다. 일반적으

카자흐 전통 음식 베스바르막, 양고기와 수제비를 손으로 먹어야 제 맛이 난다.

로 고기 배분과 관련하여 카자흐인들의 독특한 관습과 금기가 존재하는데 가슴뼈는 사위나 며느리에게 주고 척추뼈는 결혼한 여성이나 임산부에게 준다. 또한 의지력의 약화를 우려해 아이들에게는 골을 주지 않으며, 관절뼈는 혼기를 놓치기 쉽다고 하여 처녀들에게는 주지 않는다.

유목 생산양식에 기초한 카자흐 유목민들의 주식은 고기와 유제품이었지만 러시아인을 비롯한 다른 민족과의 활발한 교류로 빵과 곡류, 야채, 과일 등을 이용한 다양한 음식도 섭취하였다. 전통적으로 카자흐인은 여름에 양고기, 겨울엔 말고기를 주로 먹었으며 고기를 이용하여 소시지류와 같은 가공 음식도 제조하였다. 모든 가축에 대해 착유가 행해져 요구르트, 치즈 등의 다양한 유제품이 발달하였으며 특히 암말의 젖을 발효시켜 만든 크므즈kimiz와 낙타의 젖을 발효시킨 슈바트shubat는 카자흐 유목민 음식의 대표적 상징이라 할 수 있다. 특히 카자흐인들에게는 가을 유목 시기에 혹독한 겨울을 위한 식량 확보를 위해서 일부 가축을 도살하여 전통적 방법으로 고기를 비축하는 소금sogym 관습도 존재하였다.

주거문화

카자흐인들의 전통적 유목 문화를 한눈에 접할 수 있는 주거 문화의 핵심은 흔히 유르따[Yurta, 카자흐어로는 키이즈 위이kiiz ui]로 불리는 전통 가옥이다. 키이즈 위이는 둥근 돔Kumbez 형태의 나무 구조물에 펠트를 씌운 천막 형태이며 초원의 강력한 바람과 눈비를 막아주고 여름에 시원하며 겨울에 따뜻한 이동주택이었다. 이는 자연 재료와 가축 생산물을 이용하여 전문적인 장인에 의해 제작되었으며 설치와 해체의 신속성과 높은 이동성으로 인해 카자흐인들의 전통적 유목 생산양식을 위한 가장 이상적인 주택형태였다. 또한 이동주택 내부는 전통 문양을 화려하게 수놓은 바닥 매트나 양탄자로 치장하였으며, 다양한 가재도구와 식기들도 잦은 이동에 적합하게 가죽이나 나무, 또는 펠트로 제작되었다. 키이즈 위이 입구의 맞은편 장소는 가장 신성한 곳으로 간주되어 주로 가장, 손님 및 마을의 연장자들에게 할애되었다. 아울러 키이즈 위이의 문은 자작나무 등으로 다양한 전통 문양을 판각하여 제작하였으며 집주인의 미적 취향, 사회적 지위 및 생활 정도를 반영하였다. 특히 키이즈 위이의 지붕이자 가장 가치 있게 간주되는 샹으락은 통풍과 채광의 기능뿐만 아니라 가정의 번영과 평온 및 푸른 하늘을 상징하면서 영원으로 인도하는 통로

유르따의 내부(1929), 아블한 카스테예프.

의 의미를 지녔다. 특히 둥근 샹으락과 이를 지탱하고 있는 우윽uyk은 태양과 그 햇살의 형상을 나타내고 있는데, 이는 태양과 하늘에 대한 동경과 숭배가 키이즈 위이라는 전통적 이동주택에서 구현된 것으로 볼 수 있다. 그러나 소비에트에 의한 집단화와 강제수용으로 많은 카자흐인들이 유목생활을 버리고 영구적 주택과 건물에서 정착생활을 하게 되었다. 오늘날에도 지방에서는 유르따에서 여름을 보내고 겨울은 현대식 주택에서 생활하는 카자흐인들이 많다. 유르따는 전통명절과 축제 기간 동안 도시의 거리에서도 볼 수 있다.

나우르즈

나우르즈Nauryz는 카자흐뿐만 아니라 중앙아시아 투르크인들의 전통명절로 소련 시기에 종교적 색체가 짙다는 이유로 금지되었다가 고르바초프의 개방 정책 이후 부활되었다. 페르시아어로 〈새로운 날〉을 의미하는 나우르즈는 낮과 밤의 길이가 동일한 3월 22일부터 시작되는 유목민들의 신년축제이자 봄맞이 행사였다. 즉, 눈이 녹고 새싹이 돋아나는 봄의 도래를 기뻐하며 과거 유목민들이 겨울 유목지에서 본격적인 목축 이동을 준비하며 일 년 동안의 풍성한 결실과 행운을 기원하고 액운을 방지하는 명절이었다. 나우르즈 동안 카자흐인들은 전통의상을 입고 서로 덕담을 주고받으며 집단적 축제 행사를 통해 조상의 은덕을 기리고 연장자는 공동체의 안녕과 번영을 축원하는 기도를 드렸다. 또한 다양한 민속놀이를 통해 공동체의 단합과 겨울 동안 소진되었던 생기를 충전하였다. 나우르즈 축제 동안 카자흐인들은 겨울 내내 아껴두었던 풍성한 먹거리와 함께 7가지 곡식으로 만든 나우르즈 쾨제Nauryz koze를 7그릇씩 먹으며 1년의 건강과 풍요를 기원하였다.

민족 음악가 잠블 초상화, 아블한 카스테예프. 돔브라를
연주하는 장면.

카자흐인들의 전통놀이에는 독수리를 이용한 사냥burkutshi과 더불어 말을 이용한 다양한 경기가 주종을 이루고 있어 유목생활의 특성을 반영하는 말에 대한 애정과 초원 유목민들의 기상을 적나라하게 보여준다. 이와 함께 카자흐인들의 전통 음악과 문학에서 중요한 위치를 차지하는 것은 아이트스Aitys이다. 아이트스는 주로 카자흐 시인akin들이 전통악기인 돔브라dombra나 코브즈kobyz를 연주하며 즉흥적인 시가의 문답을 통해 연주 실력과 언변, 기지를 겨루는 경연대회로 매우 역동적인 예술적 표현양식이었다. 또한 아이트스는 유라시아 유목민의 후손으로서 카자흐인들의 서정적이고 감성적인 정서와 전통적 구술 문학 형태가 접목되어 있는 독특한 지적 표현방식이기도 하였다.

카자흐인의 전통적 정신문화

일반적으로 전통적 민간 신앙과 종교의 관찰을 통해 카자흐인들의 세계관 또는 우주관을 이해하고 문화의 다양한 상징과 의미를 파악할 수 있다. 대자연과의 융화를 바탕으로 한 전통적 유목 생산양식과 씨족-부족 체제의 사회조직에 근거하여 카자흐 사회에는 토착적인 조상숭배, 천신사상Tengri 및 샤머니즘Baksylik 등의 다양한 종교적 양태가 역사적 상황과 시기에 따라 매우 다양한 모습으로 중첩적으로 표출되었다.

조상숭배

조상숭배를 통해 후손의 안녕과 풍요를 기원하며, 자연재해 시에 조상 영혼의 도움으로 문제를 해결하고자 했다. 특히 18세기에 이르러서도 전쟁 시에 카자흐인들은 '알라' 보다는 '아블라이칸' 등의 영웅적 조상의 이름을 상기하며 조상으로부터 직접적 은총을 기대하였다. 또한 가축에 전염병이 유행할 때 가축을 조상의 무덤으로 데리고 가서 불로 정화하는 관행도 보존되었다. 조상숭배는 영혼의 영원성에 관한 애니미즘적 세계관의 영향으로 볼 수 있다. 사후 순장을 하며, 사망 이후 3일제, 7일제, 40일제, 100일제 및 1주기 제례를 행하는 것도 그러한 이유에서다.

또한 카자흐인들은 자연의 힘과 신비한 현상을 주관하는 존재, 특히 카자흐인들의 전통적 네 가지 가축들을 보살피는 각각의 주인이 있다고 생각하여 양은 숄판아타Sholpanata, 말은 캄바르아타Kambarata 등이 주인이라고 여기고 그들에게 가축의 건강을 기원했다.

천신사상

한편 이슬람 전파 이전까지 카자흐인들의 정신문화에 심대한 영향을 끼친 신앙체계는 천신사상이었다. 천신사상은 유라시아 유목생산 문화권의 대표적 신앙체계로 번영기는 투르크(돌궐) 제국 시기다. 고대 유목제국의 문화적 통일성을 위한 토대가 된 천신사상은 일신론적 믿음 체계로 이후 이슬람의 확산에 따라 천신과 알라가 동의어가 되면서 카자흐인들이 표면적으로 이슬람을 수용하게 된 바탕이 되었다.

샤머니즘

천신사상과 함께 카자흐 유목생활과 정신세계에 막대한 영향을 끼친 종교-문화체계는 샤머니즘이다. 카자흐의 무당인 박스baksy는 영적세계와 인간집단 간의 중개자로 영적인 능력으로 병을 고치는 의사이자 주술사이며 영혼의 인도자인 동시에 문학가이자 예언가였다. 카자흐의 무당은 전통 악기 코브즈kobyz를 연주하며 굿Zikir salu을 통해 환자의 몸에서 병균과 고름을 꺼내 치료하기도 하고 맨발로 불 위를 걸어 다니며 영적인 능력을 증명하였다. 카자흐 사회에서는 신성한 나무에 헝겊을 매어 소원을 빌거나 병자의 인형을 만들어 치료하는 등의 무속적 신앙행태들이 널리 확산되었다. 아울러 조로아스터교의 영향으로 불을 가정의 수호자로 신성시하며 액운의 방지와 청결 및 치료의 도구로 활용하였다. 카자흐 유목민들이 동영지에서 하영지로 출발하면서 불을 피워 액운을 씻는 행위나, 아이의 요람을 불로 정화하여 악귀의 손길이 닿지 않도록 하는 것역시 샤머니즘적 행태의 하나이다.

이슬람

카자흐인들은 스스로를 무슬림으로 생각하지만 이슬람에 대한 지식과 실천은 상당히 미약한 것으로 보인다. 오히려 카자흐스탄에서의 이슬람은 종교적 기능보다는 생활 규범이자 전통문화의 중요 요소로 간주되고 있다. 아울러 카자흐스탄의 이슬람은 유목생활과 관련된 천신사상, 조상숭배 및 샤머니즘 등의 전통적 민간 신앙과 결합된 독특한 양상을 띠고 있다. 카자흐인들은 식사 후 신에게 감사기도를 드리고 일부는 금식을 지키기도 하지만 이는 종교행위라기보다는 조상들의 전통을 고수하는 것으로 생각한다.

이러한 '생활 이슬람' 전통은, 이슬람의 정치세력화에는 반대하였지만 민족문화 요소로 이슬람을 유지하였던 소비에트 체제의 유산으로 볼 수 있다. 카자흐인들은 병을 고치거나 저주를 풀어주는 초자연적인 능력이 있다고 신봉되는 무당과 성소들을 자주 방문하며 재액을 피하고자 주술적 의미가 담긴 부적을 갖기를 선호한다. 그럼에도 불구하고 카자흐인들에게 이슬람은 적어도 출생, 할례, 결혼, 장례 등에서 의례적 중요성을 제공하고 있다. 특히 카자흐인들의 전통문화 부흥은 이슬람 부활로 이어져 이슬람 사원을 찾고 종교행위에 참여하는 카자흐인이 늘어남에 따라 이슬람은 카자흐인들의 전통 종교로 정착되고 있다.

카자흐스탄은 고대로부터 토속적 민간 신앙과 함께 실크로드를 통해 전파된 조로아스터교, 마니교, 기독교, 불교, 이슬람 등 세계의 종교들이 서로 교류하고 융합된 지역이다. 따라서 카자흐인의 정신문화는 토착적 민간 신앙을 핵심으로 하여 그 위에 다양한 유입 종교의 잔재와 이슬람이란 표피가 둘러싸고 있는 중층적인 형태를 보이고 있다. 특히 오늘날 다민족 다종교 사회인 카자흐스탄에서 민족 및 종교 간의 건설적이고 협력적인 관계는 카자흐스탄뿐만 아니라 나아가 중앙아시아의 안정과 평화에 절대적인 요소라 할 것이다.

카자흐스탄의 정통성이 된 유목 생산문화

1991년 소련에서 독립한 카자흐스탄은 다민족 국가로서 민족 간의 화합을 통한 국가 건설이라는 민족융화정책을 표면적으로 내세우면서 한편으로는 언어와 종교 등에 걸친 토착 민족문화의 복원을 강력히 추진하고 있다. 카자흐어의 국가어 지정, 카자흐어 교육의 강화, 자민족 우선주의, 민족영웅 숭배와 이슬람의 부활 등을 통해서다. 독립 이후 제정된 국기와 국가문장에는 유구한 역사와 민족 문화적 전통을 복원하려는 카자흐인들의 의지가 상징적으로 나타나 있다.

먼저 국기에 나타난 상징들을 살펴보면 카자흐스탄은 표면적으로 무슬림 국가의 범주에 포함됨에도 불구하고 민족문화의 주요 요소로 이슬람을 고려하지 않는다고 볼 수 있다. 국기의 중앙에 태양을 배치시켰다. 이는 유라시아 유목생산 문화권의 대표적 신앙체계인 고대 천신사상을 카자흐인들의 정신적인 유산으로 삼겠다는 의미이다. 푸른색 바탕은 하늘을 의미하며, 독수리는 초원에서의 자유와 용맹을 상징한다. 좌측에 세로로 배치된 전통 문양은 카자흐인들의 유목적 전통을 상징한다.

카자흐스탄의 국가문장에는 샹으락shangyrak, 우윽uyk, 태양, 태양 빛, 말이 형상화되어 있다. 샹으락과 우윽은 유목민의 전통적 이동주택인 키이즈 위이의 지붕이자 가정의 번영과 행복을 상징한다. 초원의 산물인 말은 카자흐스탄이 전통적 유목생산 지역임을 나타내는 동시에 카자흐 민족의 문화적 뿌리는 전통적 유목생산 문화임을 선언하는 의미를 담고 있다.

국기와 국가문장.

광활한 대지의 유목민사

사타르 마지토프 - 역사 민족학대학 교수

카자흐스탄은 유라시아의 심장부(고대사)

태고적부터 유럽과 아시아의 광활한 대지에 수많은 종족이 살아왔다. 나자르바예프 카자흐스탄 대통령이 언급한 바와 같이 "카자흐스탄은 유라시아의 심장부이다." 먼 옛날 이곳에 가축을 기르던 유목민과 농사를 짓던 정착민들이 살면서 고대문화와 경제를 발전시켰다.

지구상에 인간이 처음 등장한 때는 수백만 년 전이다. 카자흐스탄의 고대 문명은 인류역사와 더불어 긴 시간과 복잡한 내용을 품고 있다. 고대인들이 사용한 작업도구에 따라 인류역사는 석기시대, 청동기시대, 철기시대로 구분되는데 카자흐스탄 지역도 이 세 시대를 걸쳐왔다.

카라타우 산과 카라수 강 연안의 동북지역에서 발굴된 도구들로 미루어보아 카자흐스탄에 인간이 나타난 시기는 50만 년 전으로 거슬러 올라

카자흐스탄을 대표하는 역사학자이다. 현재 역사 민족학대학 교수이며, 카자흐스탄 교육부 자문위원이다. 초중고등학교 역사 교과서의 저술 및 편집을 책임지고 있고, 나자르바예프 대통령의 저술 감수위원이다. 18~20세기 카자흐스탄 사상사를 주로 연구했다. 《카자흐스탄 현대사》(2008) 등 7편의 저서가 있다.

간다. 우랄 산 근처와 카자흐스탄 여러 지역에서 발굴된 동굴과 벽화의 특징을 통해 그러한 추정이 가능하다. 현재 130여 곳에서 벽화들이 발견되었다. 청동기시대인 기원전 2세기 카자흐스탄 지역은 유목발전에 유리한 초원이 펼쳐져 있었다. 청동기시대 초기인 기원전 2세기에서 1세기에 이르는 시기에 이미 합금과 금 생산이 번성하였고 유목적 생산방식이 자리를 잡았다.

이후 철기시대에 이르러 철이 생산되자 노동도구도 다양해지고 운송수단이 된 말의 장비도 개량되기에 이른다. 말은 밭을 갈고 무거운 짐을 나르는 운송수단, 외세의 침입에서 부족을 지켜주는 데 없어서는 안 될 중요한 군용수단이 되었다. 유목하기에 좋은 유라시아의 대초원은 수천 년에 걸친 기후변화 속에서 가장 안정된 삶을 유지하기에 적합한 유목생활 양식을 심어주고 유목민 발달의 계기를 조성했다. 이곳에는 싸크, 훈(흉노), 우순, 칸규 족들이 살았고 전면적으로 터키계 종족이 가장 많았다.

카자흐스탄의 고대 종족들은 페르시아 말로 '경외'라는 뜻을 가진 싸크 족으로 불렸는데, 이들은 대개 세 곳의 중심에 부족을 이루어 모여 살았다. 천산 기슭과 싸르다리야 강 연안에 집중되어 있던 부족은 페르시아말로 끝이 뾰족한 모자를 쓴다는 뜻이 담긴 싸크치그라하우드라고 했다. 아랄 해 연안과 싸르다리야 강 하류에 정착한 부족은 싸크파라다라이라고 불렸다. 그 남부에는 싸크하오마와르가 부족이 살았는데 역사학자들은 이 명칭이 그 부족이 만들던 하오마라는 음료수에서 따온 말일 것으로 추정한다. 그리스인들은 싸크 족을 스키타이, 마싸게트, 또는 다야라고 불렀다.

싸크 문화는 많은 분묘들을 남겨놓았다. 그 중 왕족의 분묘들은 화려함의 극치를 이룬다. 1969년 알마티에서 50km 외곽에 위치한 이씩의

쿠르간(산)에서 케말 아키세브 박사가 세계 고고학계를 놀라게 한 그 유명한 황금인간을 발굴했다. 황금인간은 카자흐 민족의 먼 조상인 싸크족 문화의 유일한 유물이다.

현대 역사학자들은 싸크, 우순 부족들이 당시 어느 정도 국가체계를 갖추었다고 추정하고 있다. 그들은 첫 종족연합, 다시 말해 최초의 국가 모형을 갖춘 부족의 하나였다. 기원전 1세기 중엽 중앙아시아 유목민은 유럽사에 적지 않은 흔적을 남겼다. 기원전 4~3세기 북중국과 중앙아시아에 흉노(훈)라는 부족이 나타났고 이들이 이동하자 많은 부족들의 대이동이 초래되면서 유럽의 지도가 바뀌었다.

세 쥐즈의 연합으로 외적 물리쳐(중세사)

인류역사가 중세에 접어들 무렵 카자흐스탄과 중앙아시아에는 터키계 시대가 도래하고 유목생활이 체계화된다. 유목사회는 겨울엔 추위, 여름에는 무더위와 싸우면서 강이나 호수 연안의 풀이 많은 곳에 자리를 잡기 위해 부족 간에 사투를 벌이는 치열한 생존경쟁의 삶을 이어갔다. 혹독한 삶은 그들에게 인내심과 냉철함을 키워주었다. 유목민은 하늘을 텡그리라 부르고 숭배하였다. 푸른 하늘, 밝은 태양과 달은 그들이 신성시하는 사물로서 풍요와 우애, 단결과 자주를 상징하였다.

6세기부터 몽고 침입 이전의 13세기까지 카자흐스탄 지역에는 서부터키, 츄르게스, 카를루크칸 국, 오구스, 카라하니드 키마크, 킵차크 국들이 뒤를 이으며 흥망성쇠의 역사를 거듭해왔다. 그러다가 13세기 들어 몽고제국의 주치와 차가타이 울뤼스가 나타나고 이어서 악오르다 국과

말 유목(1967), 아블한 카스테예프.

그 후로 카자흐칸 국이 발생한다.

9세기부터 중앙아시아에서 대주거지들이 도시 모형을 갖추게 된다. 광장과 장터를 중심으로 집들이 들어서고 각종 수공업, 자기, 유리 제조업이 발달하고 새로운 대상로가 생겨 상업이 흥하고 상품 또한 다양해진다. 따라서 정착민들과 유목민들의 문화가 상호작용하면서 독특한 풍습과 전통이 뿌리내린다. 지중해와 중국을 이어주는 대상로는 고대에서 중세에 이르기까지 유럽과 동양의 유일한 연결선으로서 이는 서양과 동양 문화가 서로 침투할 수 있는 여건을 조성해 주었다.

12세기와 13세기에 중앙아시아의 광활한 대지에 부족 간 영토분쟁이 심화된 틈을 타고 칭기즈칸이 유목민 부족장들과 단합하여 대몽고제국을 세운다. 칭기즈칸 제국 건설의 핵심으로 터키계 칸 국에서 발생해 나이만, 케레이트, 울뤼스로 이어진 울뤼스군의 군 행정체계가 이용되었다. 울뤼스군대는 소대(십 명), 중대(백 명), 대대 (천 명), 찌마(천 명 이상)로 구분돼 있었는데 칭기즈칸 제국의 주민들도 이와 같은 단위로 구분되어 있었다. 몽고침입은 카자흐스탄 지역의 민족 형성과정을 현저히 지연시켰으나 완전히 멈춰 세우지는 못했다. 14~15세기 알튼 오르다, 차가타이 울뤼스 봉건사회 제도가 강화되면서 같은 언어와 생활양식, 전통, 문화를 가지고 있던 카자흐스탄 부족들은 갈수록 더 가까워져 친족관계로 이어졌으며, 또한 이곳에 정착한 몽고지배층도 토착민들의 삶에 동화된다. 카자흐 민족의 형성과정은 주거지 확정과 맞물려 진행되었다. 카자흐 민족은 부족들의 정책과 경제적 요인에 따라 현재까지 유지된 지역별 쥐즈 개념으로 구분된다.

이후 건국된 카자흐칸 국은 카자흐스탄 지역에 존재하던 모든 칸 국, 국가들의 전통과 유산을 물려받은 칸 국이었던 바 이곳에서 진행된 경제발전과 사회적 변동을 흡수해가며 민족 형성과정을 촉진시켰다. 하지만 한 곳에 정착하지 않고 주거지 이동이 잦아 이는 부족 간의 단합을 쇠약하게 만드는 계기를 조성하고 따라서 외세의 침입을 초래하게 된다. 18세기에 서남부의 칼므이크 우랄 강 카자크들의 지원을 받아 이 지역을 기습해 왔으며 바쉬키르 족은 우랄 강 너머 유역을 탐내어 자주 급습 작전을 벌였다. 그들은 모두 러시아 소속이었으므로 자연히 카자흐칸 국과 러시아의 관계가 급속히 악화되었다. 그러나 가장 큰 위험은 강력한 중앙집권국가였던 서몽고 중가르칸 국의 침입이었다. 1723년 중가르칸 국은 중국을 통치하던 청나라 황제와 협정을 맺고 카자흐스탄으로 대군을 몰고 왔다. 카자흐스탄의 악타반 수브이란드라는 구전설화에 전해지는 대전의 시작이었다. 동부 경계선을 위협하는 중가르칸 군을 막으려면 한 쥐즈의 역량으로는 감당할 수 없었다. 동부 경계선이 무너지면 카자흐스탄 전역이 점령될 위험이 컸으므로 세 쥐즈의 연합이 불가피해지고 따라서 세 부족장들이 모여 아불하이르칸을 대장군으로 임명하고 침입자들과 대적했다. 발하쉬 호의 동남부에서 120km 떨어진 안라카이에서 카자흐 군은 대승을 거두었다. 1729~1730년 겨울과 봄, 안라카이 대전에서 거둔 승리는 세 쥐즈가 역량을 모아 대적한 결과였다.

자주성의 시련과 민족항쟁(근세사)

세계 여러 곳에서 경제조약을 체결해 시장을 넓히고 대상로를 자국의 감시대상으로 삼아 군대와 공업을 발전시키려던 야심찬 강대국들이 등장하던 중세에 인류는 강대국 간 영토쟁탈전에 말려들게 된다. 중앙아시아 역시 인접국들의 대외정책에 휘말려 항상 점령당할 수 있는 약소국이 되어 잦은 군사작전의 대상이 되었다. 1731년 하 쥐즈의 족장이었던 아불하이르칸은 러시아 황제에게 도움과 비호를 요청하고, 카자흐 영지를 러시아에 편입시키고 거주민을 러시아 국적자로 인정해줄 것을 호소했다. 그 후 1731년 10월 10일 아불하이르칸은 러시아 황실에 충성을 맹세

아만겔디의 공격(1939), 아블한 카스테예프.

했다.

18세기 중엽에는 대외정책 특히 러시아와의 통합을 반대하는 부족 간 의견충돌과 불화가 일어나 상上, 중中 쥐즈의 관계는 복잡하게 얽혀버렸다. 이 시기에 등장한 아블라이칸은 러시아제국, 청제국의 압력에 맞서며, 중앙아시아 여러 칸들과의 복잡한 구도 속에서 카자흐 민족의 자주독립과 통합을 위해 싸웠다. 그의 이러한 활약은 오늘날까지 카자흐인들에게 큰 자긍심으로 남아 있다.

1860년대 투르케스탄, 침켄트, 아우리예아타와 기타 도시들 그리고 상쥐즈의 영지가 러시아에 복속되면서 카자흐스탄과 러시아의 통합은 완료되었다. 러시아제국은 카자흐 땅을 러시아 영토로 선포했다. 카자흐스탄의 역사에서 카자흐스탄과 러시아의 통합시기에 일어난 민족항쟁사와 비길만한 주제는 없을 것이다. 카자흐스탄과 러시아의 통합이 선포된 뒤에도 초원의 여러 곳에서 다우토브 민족운동1783-1797년, 따이마노브와 우체미소브1836-1838년, 케네사르이 카시모브1837-1847년, 누르무하메도브1856-1857년, 코티바로브 민족항쟁1858-1869년과 망기슬라크 농민봉기1869-1870년가 끊이지 않고 연이어 일어났다. 이후에도 개혁적인 카자흐 지식인을 중심으로 독립운동의 전통을 계승하여 총 400여 번이나 자주독립의 기치를 내걸고 싸웠다.

20세기 초 카자흐스탄은 러시아뿐만 아니라 유럽의 강대국인 영국과 프랑스의 침략대상이 되었다. 가까운 러시아는 여러 면에서 유리한 위치에 있었으며 특히 다른 나라가 카자흐스탄을 침투하는 것을 저지할만한 군사력과 외교수단을 동원할 힘을 갖추고 있었다.

러시아 10월 혁명의 여파와 대기근

러시아에서 일어난 1917년 2월, 10월 혁명은 카자흐 사회에 지대한 영향을 주어 여러 사회계층 대표들이 정치활동을 전개하고 정치정당을 개설하기에 이르렀다. 결국 그해 6월에 오렌부르그에서 처음으로 전 카자흐 대회가 열리고 카자흐 민족 인텔리들이 주도하는 '알라스 당'이 창건된다. 소비에트 초기 알라스와 알라스오르다 운동은 민족단결을 시도하였으나 실패로 끝났으며 카자흐자치운동 역시 결실을 맺지 못했다. 제1차 세계대전에 뒤이어 일어난 10월 혁명과 러시아내전의 결과로 무너진 경제를 복구해야 할 어려운 시기를 맞아 카자흐스탄 전역은 기아에 시달린다. 곳곳마다 곡식을 찾아 방랑하는 무리로 넘쳤으며 반 소비에트 세력의 무력항쟁도 끊이지 않았다.

소련정부가 전후 경제를 복구할 대책으로 내놓은 '신 경제정책NEP'은 사람들에게 어느 정도 숨통을 틔워준 셈이 되었다. 여러 곳에 시장이 들어서고 여러 가지 형태의 소유권이 나타났다. 동시에 강압적인 행정체제가 이식되고 지방행정 책임자의 전횡이 심해졌다. 카자흐스탄에는 당시

카자흐스탄에서 붉은 군대의 조직(1948), 아블한 카스테예프.

골로쉐킨 제1서기1925-1933년에 의하여 '소규모 혁명' 강령이 도입되었다.

공업을 급속히 발전시키고 나라를 소비에트 형태로 개조하려면 농업이 뒷받침돼야 하고 낙후한 농업을 발전시키려면 많은 시간과 노력이 필요한 것은 물론이다. 그런데 소비에트 중앙권력은 안정화되지 않은 상태였고, 구체적인 정책플랜을 갖추지 못했으며, 이에 더해 농촌은 계속하여 옛 사고방식을 고수하고 있는 것이 가장 큰 문제였다. 그러다 1920년대 하반기에 농촌집단화 지침이 내려온다. 그것은 농민이 소유하고 있던 토지와 모든 생산수단을 몰수하는 공동경제체제로의 이행을 뜻하였다. 소련 시절 강압적으로 실시된 농촌집단화과정에서 많은 부농들이 토호로 몰려 씨앗마저 빼앗기고 정착지에서 쫓겨나는 현상이 부지기수였으며 새로 설립된 꼴호즈 조합 역시 어려움을 겪었다. 1931~1933년에 발생한 대기근은 소련정권의 무자비한 정치로 인해 카자흐 민족사에 또 한 페이지의 비극을 남긴, 중가르칸 군의 침입과 거의 맞먹는 사건이었다. 전체 카자흐 민족의 42%에 이르는 175만 명이 기아와 탄압의 희생양이 되어 백만 명 이상이 국경을 넘어 도주하고 그 중 61만 6천 명은 되돌아오지 않았다. 중국, 몽고, 아프가니스탄, 이란, 터키로 망명한 사람이 20만 명이 넘었다.

강압적인 소비에트 체제가 강화되면서 알라스 당 지도자들과 평당원들에 대한 정치탄압이 심화되었다. 알라스 당원들은 카자흐스탄의 사회경제발전 속도와 방법에 대해 각기 다른 입장을 주장하였다. 당시 공화국의 수많은 인사들이 소비에트정권의 탄압대상이 되었다.

소수민족 강제이주와 처녀지 개간

소수민족들의 강제이주 또한 소비에트정권의 만행 중 하나였다. 1937
년에 제일 먼저 고려인이 강제이주를 당해 당시 12만 명이 카자흐스탄의
외진 곳으로 실려 왔고 그 뒤를 이어 1938년과 1944년 사이에 폴란드인,
발카리아인, 독일인, 칼므이크인, 크림반도 타타르인, 카라차에브인, 체
첸인, 불가리아인, 쿠르드인이 카자흐스탄으로 강제이주되었고 전후
1947년-52년에는 발틱공화국에서 라트비아인, 에스토니아인 그리고 서
부 우크라이나에 살던 우크라이나인들이 이주되었다. 1953년에는 유태
인과 압하지아인들이 이주될 예정이었지만 스탈린의 사망으로 이 계획
은 이루어지지 않았다.

1941~1945년의 소·독 전쟁(독·소 전쟁)은 카자흐스탄의 또 다른 비
극사이다. 다른 민족들과 마찬가지로 카자흐인들은 처음으로 현대식 전
쟁에 참가하게 되었다. 카자흐스탄 군인들은 전체 소련군과 어깨를 나란
히 하고 전투에 참가하였고 동유럽에서 파쇼독일군을 몰아내는 해방군

황금 알곡(1960), 아블한 카스테예프.

이 되어 베를린을 공격하고 승리의 깃발을 올렸다. 그리고 총 41만 명의 카자흐스탄 사람들이 소·독 전쟁에서 돌아오지 못했다.

전후 카자흐스탄공화국은 경제성장을 위해 석탄공업과 농업발전에 전력을 기울였다. 공업이 발전하자 철로 부설이 절실하여 기존 철로를 연장하는 작업이 시작되었다. 1950년대에 들어서자 공산당 주요간부들이 교체되고 대량 검거현상이 사라졌다. 마침내 서서히 안정을 되찾아가면서 경제와 과학, 문화의 발전에 심혈을 기울였다. 소련공산당 서기장에 오른 흐루시쵸프는 곡물 생산을 늘리기 위해 소련 동부에 펼쳐진 광활한 대지를 개간하겠다는 방침을 제시했다. 이렇게 하여 "모두 다 처녀지 개간에 나서자!"라는 구호가 나왔다. 산업이 발전함에 따라 기업에 새로운 경영체계를 도입할 필요성이 절실해졌으며 경제를 계획화하고 독립채산제를 도입하는 새로운 경제형태가 필요했다. 산적한 경제문제를 해결하기 위해 공산당은 1965년에 경제개혁을 단행했다. 경제개혁이 모든 문제를 해결할 수는 없었지만 나라의 경제상황은 훨씬 좋게 개선되고 국민의 생활수준 또한 한 단계 향상되었다. 1966~1970년 5개년 계획경제 실행 지표만 보아도 높은 경제성장이 이루어졌음이 한눈에 들어온다.

1970년대와 1980년대 상반기 카자흐스탄 경제는 경제발전법칙을 무시하고, 깊이 있는 연구가 이루어지지 않은 형식적 성과에만 치우치면서 최신기술 도입을 등한시했다. 그래서 일정한 분야의 성장과 문화수준의 향상이 이루어졌지만 이미 경제는 제자리걸음을 하고 있었다. 철강생산이 늘어나고 소콜로워-사르바이, 리사콥 선광 공장이 신설되었고 소련에서 가장 큰 함석판 공장을 포함한 카라간다 제철소 공사를 드디어 완공했다. 서북부에는 예르마크, 악쮸빈스크 페로스플라브(철과 텅스텐 합금) 공장이 가동되었으며 소련에서 유일한 악쮸빈스크 크롬광 채굴량이 늘어나고 빠블오다르 트랙터 공장과 R)리노그라드 농기계 공장이 제품 생산에 착수했다. 카라간다와 에키바스투스 탄광은 채굴량을 현저히 증가시켰다. 1950년대 처녀지 개간을 시작하였지만 실패를 거듭하면서 저조했던 곡물생산에서 마침내 2천만 톤이라는 최고의 수확을 내는 대풍작을 거두었다.

그러나 카자흐스탄은 수십 년 간 원료기지의 역할을 성실히 수행하면서도 기존 공장들의 현대화에는 전혀 관심을 기울이지 않아 1930~40년대의 낡은 장비들을 사용하는 수밖에 없었고 가공업이 취약하고 생필품 산업이 미약하여 식료품을 제외한 제품은 60% 이상 다른 곳에서 실어왔다. 농산물의 보관과 가공업 역시 카자흐스탄 경제에서 취약한 분야였다.

아랄 해 연안과 세미팔라친스크 핵 실험장 지역은 환경오염도가 극에 달하여 전염병이 자주 발생하고 수많은 사람들이 방사능과 관련된 갖가지 증세에 시달렸다. 그 외에 공장이 들어선 크고 작은 여러 도시들도 환경이 극도로 오염된 상태이다.

실현된 독립의 꿈과 앞으로의 과제

정치와 이념은 반민주적 강압과 독재 아래에 놓여 있었다. 실제 권력은 당기관이 틀어쥐고, 기타 행정 및 산업 분야의 기관들은 당의 지시를 따라 무조건 실행하는 하부조직일 뿐이었다. 직업동맹과 공청동맹(청년단체) 역시 당의 지시에 따라 움직이게 되어 있었다. 소비에트정권 초기에 "모든 권력을 소비에트로!"라는 구호와 같이 권력의 정점에 서있던 소비에트 집행위는 결국 당의 부속기관으로 전락해 버렸다. 사회경제정책의 실패와 왜곡은 민족 간 관계를 악화시키기에 이르렀고 인터내셔널리즘은 실제로 민족의 전통과 정신을 무시하는 경향으로 번져갔다. 공화국 정부는 간부와 인재, 인구, 언어, 거주민 이주 정책을 자립적으로 조절하지 못하고 인력분배를 제대로 하지 못했다. 사적 소유와 정확한 시장관계가 결핍된 사회제도는 사회계층을 단일화시켜버렸으나 그 속에서 서서히 비공식 민족운동의 조짐이 나타나기 시작하였다.

바로 그런 시점에 카자흐스탄 공산당 서기가 카자흐인에서 러시아인으로 교체되자 마음속에서 곪아오던 민족감정이 폭발하기에 이르고 결국 1986년 12월 사건이 발발했다. 소련정부는 카자흐민족이 민족주의에 치우치고 있다고 비난하였지만 추후 나자르바예프 대통령이 이야기한 바와 같이 1986년 12월 3일 사건은 카자흐스탄의 독립의지를 보여준 첫 걸음이었다. 고르바쵸프의 '페레스트로이카와 글라스노스트(개혁과 개방) 정책'의 민주주의 또한 말치레에 불과하였다. 1991년 8월 러시아 옐친 대통령을 선두로 한 모스크바 폭동은 페레스트로이카의 끝을 의미하였으며 공산당시대의 최후를 알렸다. 그해 9월에 카자흐스탄 공산당도 해산되었다.

현재 카자흐스탄은 지난 1991년부터 되찾은 독립을 확고히 하고 새로이 경제와 정치, 법률체계를 구축하고 시장경제로 이행하면서 세계 다른 나라의 경험을 참고하여 민족적 특성을 고려한 민주주의 제도를 실현하는 복잡다단한 노력을 계속하고 있다. 카자흐스탄 국민은 민족 간 화합과 단결을 강화하면서 민주주의적 바탕 위에 경제발전과 사회적 진보를 이룩했다. 독립을 이룬 후 짧은 기간 동안 카자흐스탄은 사회제도가 완전히 바뀌었고, 국가의 관리체계가 교체되었으며, 경제개혁이 이룩되고 새로운 사회구조가 형성됐으며, 1990년대 초의 경제공황을 극복하고,

2000년에 들어서서는 안정된 고도 경제성장을 이룩했다. 카자흐스탄은 국제사회로부터 안전하고, 민족 간 불화문제가 해결된 나라로 인정받고 있다.

오늘날 카자흐스탄은 세계경제의 불황에 따른 어려움에 봉착해 있다. 향후 이를 극복하여, 국민의 복지를 증진시켜야할 과제를 안고 있다. 이를 위해서는 전문 인재를 양성하고, 인프라를 구축하고, 산업을 발전시키며, 최신 기술을 하루 빨리 도입해야 한다.

〈번역: 이정희〉

21세기는 유목을 요구한다

윤영호 – Seven Rivers Capital 대표

마지토브 박사에게 요청한 글은 카자흐스탄 유목민의 역사다. 그 역사를 통해서 카자흐 유목민의 기질을 유추해 보기 위해서다. 그러나 이 글은 단순히 카자흐스탄 역사에 대한 기술이 되어 버렸다. 이는 마지토브 박사의 시각에서는 카자흐스탄의 역사가 곧 유목민의 역사라고 보기 때문이다. 그래서 유목민의 문화, 기질, 그것의 현대적 의미에 대한 글이 추가로 필요하게 되어 다음의 글이 별도로 필요하게 되었다. 다음 장의 글은 자크 아탈리의 《21세기 사전》, 《호모 노마드 유목하는 인간》, 김종래의 《유목민 이야기: 유라시아 초원에서 디지털 제국까지》, 《메가 트렌드 코리아》, 《세계사 산책》에 크게 의존하고 있다. (편집자 주)

너 같은 놈은 네 땅이 있는 데서 계속 뒹굴며 살아라 – 카자흐 욕설

부유한 사람들은 즐기기 위해 여행할 것이고, 가난한 사람들은 살아남기 위해 이동해야 하므로 결국은 누구나 유목민이 될 수밖에 없을 것이다.
– 자크 아탈리

유목민에 대한 오해

 국민학교 시절 배운 교육 중에 일부는 의도적으로 왜곡되어 있다. 이제 국민학교는 없어졌지만, 그러한 왜곡은 여전히 존재한다. 국민학교라는 용어가 초등학교라는 이름으로 바뀌었지만, 국민학교라는 말처럼 초등교육의 정체성을 정확히 표현하는 말은 없다. 근대국가는 민족국가였고, 민족국가는 정체성 수립을 위해 국민 교육이 필요했다. 그러한 필요에 의하여 어릴 적부터 역사적 편견이 주입된다. 대표적인 것 중에 하나가 '우리는 농경을 위해 일찍부터 한반도에 정주한 정착민이며, 정착민은 본질적으로 유목민에 비해 우월하다. 인류의 역사는 유목민과 정착민의 싸움이었고, 유목민은 정착민과의 싸움에서 패한 열등한 존재다'라는 것이다. 우리가 가진 유목민에 대한 편견은 다음과 같다. '유목민은 잔인하다. 폭력적이다. 무식하다. 놀고 먹는다.' 우리가 배워 온 역사에서 유목민은 약탈과 침략을 일삼으며, 질서를 파괴하는 야만족으로 묘사된다.

 그러나 다음의 두 가지 이유에서 우리는 유목민에 대한 이러한 오해와 편견을 걷어낼 필요가 있다.

 첫째, 우리는 원래가 유목민이었기 때문이다. 인류의 모든 역사에는 노마디즘의 봉인이 찍혀 있다. 인간의 역사가 유목민적인 것이 되기 훨씬 이전에 아메바에서 꽃으로, 물고기에서 새로, 말에서 원숭이로 진화한 생명의 역사 자체가 이미 유목민적이었다고 할 수 있다. 우리 삶에 심대한 영향을 끼치고 있는 대표적인 종교인 기독교는 유대교의 노마드적 메시지를 전해주는 역할을 한다. 구약성경에서 아벨은 양들에게 풀을 먹이는 유목민이었다. 아브라함은 이삭, 야곱과 함께 장막에서 살았다. 아브라함이 장막을 치고 살았다는 것은, 정착된 삶을 살지 않고 유목민

적인 삶을 살았다는 뜻이다. 즉 진화론으로 보나, 창조론으로 보나 우리의 조상은 유목민이었던 셈이다

둘째, 우리가 다시 유목민이 되어 가고 있기 때문이다. 우리는 유목민을 하대하고 그들의 역사를 폄하하지만, 우리의 삶 속에는 이미 정주성보다는 유목적인 이동성이 훨씬 큰 비중을 차지하고 있다. 초등학교는 시골에서 다니고, 중학교는 대전에서 다니고, 고등학교는 서울에서 다니고, 대학교는 미국에서 다니고, 일은 카자흐스탄에서 하고 있다면, 우리는 얼마나 정착민적으로 살고 있는 것인가? 신림동에서 화곡동으로, 목동에서 서초동으로, 잠실에서 분당으로 2년에 한 번씩 전셋집을 옮기는 우리는 과연 정착민인가? 분당에서 여의도까지 하루에 세 시간을 출퇴근 시간에 할애하고 있는 우리는? 온종일 인터넷을 타고 전 세계 웹사이트를 서핑하고, 일 년에도 수차례 낯선 곳으로 출장을 가야하는 우리는 과연 얼마나 정착민인가? 하루 24시간 꼬리에 꼬리를 무는 자동차 행렬이 가득한 서울이라는 도시는 과연 정착민의 마을인가? 한 기업을 창업하여 M&A를 시킨 뒤 또 다른 사업에 뛰어드는 우리의 일은 정착민의 비지니스인가? 한 기업의 특정 프로젝트가 완료되면 다른 기업의 프로젝트를 찾아 떠나는 전문가들은 어디에 정주하여 살고 있는 것인가? 끊임없이 지식을 습득하고, 새로운 능력을 키우면서 언제 어디로든 직장을 옮겨 다닐 준비가 되어 있는 우리는 이미 잡 노마드Job Nomad가 아닌가? "자식과 와이프를 빼고 모두 바꾸라!"는 어느 기업 오너의 말보다 더 노마드적인 것이 있을까? 프랑스의 경제학자이며 EBRD 은행장을 역임했던 자크 아탈리Jacque Atalli는 "21세기 사회는 유목민의 가치와 사상, 욕구와 삶의 방식이 지배하는 사회가 될 것이다."라고 했는데, 실제로 우리는 신유목민의 시대를 살고 있다.

원래 유목민이었고, 이제 신유목민으로 살고 있는 우리가 유목민을 폄하하는 것은 누워서 침 뱉기다. 이제 초등학교 교육에서 정착민이 유목민에 비해 우월하다는 명시나 암시는 세심하게 수정되어야 하지 않을까?

중앙아시아 유목민

그렇다면 유목민은 정착민을 어떻게 생각했을까? 그들도 물론 정착민에 대한 편견을 가지고 있었다. 유목민들은 '전쟁이란 정착민의 발명품이다' 라고 믿고 있다. 물론 이 또한 타자에 대한 왜곡이다. 인류의 발명품인 전쟁을 어느 한 집단의 발명품이라고 몰아붙이는 것은 모두 다 공정하지 못하다.

러시아의 민족학자인 플레트뇨바에 따르면, 유목민의 생활이 시대에

말젖 짜기(1936), 아블한 카스테예프.

따라 3단계로 변화해왔다고 한다. 가장 오래된 것은 스키타이, 중앙아시아의 사카, 몽골고원의 흉노 등의 부족으로서 가축을 방목할 수 있는 초원은 넓고, 인구는 적었던 시대에 가축떼와 함께 거의 자유롭게 이동하던 형태다. 다음이 민족구분에 의해 유목 지역이 한계지어지면서 나타난 중세 이후 유목의 형태다. 유목 지역의 한계로 인해 계절적인 추위가 찾아오면 겨울용 주거지에 임시적으로 정주하는 특징을 가졌다. 마지막 단계는 부유한 사람만이 유목에 종사하고, 가난한 사람들은 겨울용 주거지에 머물며 농경과 수공업에 종사하는 형태다. 이 마지막 단계에서는 당연히 주민들 사이에 유목이 농경보다 훌륭한 생업이라는 관념이 생기게 된다.

중앙아시아의 카자흐인들 사이에서는 유목민이 농경민을 경멸했다. 카자흐인들 사이의 "너 같은 놈은 네 똥이 있는 데서 계속 뒹굴며 살아라"라는 욕이 있다. 투르크맨에서는 생업 형태에 따라 유목민과 농경민의 두 그룹으로 나뉘었다. 그러나 양 그룹 사이에 명확한 경계선은 없었고, 아버지는 농경민이지만 자식은 유목민이 되는 예도 많았다. 농경민은 유목민을 동경했기 때문에 농경으로 가축을 늘리면 유목민이 되었으며, 유목민이었다가도 악천후나 전염병 등으로 가축을 잃으면 가난한 농경민이 되었다.

유목과 정주 사이를 자유롭게 넘나들던 중아아시아 유목민들이 오늘날과 같은 정착의 형태를 가지게 된 본격적 계기는 사회주의와의 만남이었다. 공간적인 유목을 지향했던 중앙아시아 유목민들에게 더 이상 공간에서가 아니라 시간 속에서의 노마디즘을 찾으라는 강요가 행해진 것이다. 이 땅에서 낙원을 향한 끝없는 여행, 계급 없는 사회를 향한 끝없는 여행이 강요된 것이었다. 사회주의 계획은 노동자들을 공장에 정착시키

유목지 이동(2003), 우미르벡 쥬바냐조프. 일리야 레핀의 '교회 행렬'을 연상시키는 구도로 유목민의 이주 장면을 생동감 있게 묘사했다. 쥬바냐조프는 카스티예프의 명성을 이을 차세대 민족화가이다.

고, 농민들을 조합에 정착시키며, 모든 사람들을 당의 세포조직 속에 정착시키고, 반동분자들을 강제노동수용소에 가두는 것이었다.

유목민과 사회주의의 만남은 시간과 공간의 부자연스러운 만남으로 그 자체가 이미 엄청난 비극을 잉태하고 있었다. 폭력적인 방식으로 유목민의 삶의 패턴이 순식간에 사라졌지만, 그들의 삶의 태도나 정신세계에 내재한 유목민적 기질이 한순간에 사라질 수는 없었다.

유목민적 기질 - 이동성이 가져오는 빠른 정보 수집

유목민적 기질의 가장 중요한 부분은 이동성이다. 삶의 중심 이동이 언제나 가능하다. 한 지역에 얽매이지 않는다. 이동성을 기본으로 하는 나그네 인생을 살아간다. 유목민에게는 우리가 말하는 "집 나가면 고생이다"라는 의식이 없다. 늘 새로운 환경에 노출되고, 적응해야 하기 때문에 이동성은 본질적으로 창의성을 동반해야 한다. 변화무쌍한 자연과 싸우고, 예상치 못한 적들과 대항하기 위해서는 철저한 준비성과 강한 모험정신이 필요했다. 창의성, 준비성, 모험정신을 동반한 이들의 신속한 이동성은 빠른 정보 수집을 필요로 했고, 결과적으로 많은 정보를 발 빠르게 취득했다. 이들은 정보의 탐색자이며, 수집자이며, 전달자였다. 오늘날의 수많은 웹서퍼들처럼 말이다.

이동성이 중요한 만큼 이들에게 중요한 것은 말이나 낙타와 같은 이동 수단이었다. KBS에서 방영된 적 있는 다큐멘터리 〈신실크로드〉에는 다음과 같은 카자흐 유목민의 인터뷰가 나온다. "내 말은 나 이외에 아무도

코지와 바얀(카자흐 서사시에서), 말(2004), 우미르벡 쥬바나즈프.

타지 못한다. 아들이나 딸조차도 안된다. 내가 죽으면 저 세상에서도 내 말을 타고 싶다. 그래서 이 말도 나와 함께 묻어 주었으면 좋겠다."

유목민 시대에 말이 지녔던 본질적 기능은 신유목민의 시대에서는 컴퓨터나 스마트폰이 맡고 있다. 따라서 유목민의 후예들에게 IT화도 매우 빠르게 진행되지 않을까? 유목민의 말에 대한 애정은 유목민의 후손에게는 차에 대한 집착으로도 나타나고 있다. 크고 건강한 말이 무엇보다 중요했듯이, 차 또한 크고 튼튼한 차량이 선호된다. 렉서스 LX, 랜드 크루저, 레인지 로버 등이 유목민의 후손들이 선호하는 차종이다. 집에 말이 많으면 많을수록 좋듯이, 차에 대한 욕심도 많아 여러 대의 차를 소유하려고 한다. 자기 집보다 자기 차가 더 큰 사람도 있지 않을까 싶을 정도다.

유목민적 기질 - 후한 손님 접대

유목 문화는 늘 새로운 환경을 맞닥뜨리고, 그 환경에 적응해야 하기 때문에 낯선 타인에게도 예의가 바르고, 개방적이고, 대접을 잘한다. 왜냐하면, 남을 대접하는 삶에 자신의 생존이 달려 있기 때문이다. 낯선 미지의 땅에 가서 천막을 쳤을 때, 혹시라도 부드러운 이미지를 남기지 못했거나 적대감을 준다면 생존이 위험에 처할 수 있기 때문이다.(후한 손님 접대는 28쪽 사진 참조)

카자흐스탄의 고려인 영화감독 송 라브렌치는 한 인터뷰에서 다음과 같은 말을 한 적이 있다. "1937년 우리 고려인이 카자흐스탄으로 강제이주되어 오던 당시 카자흐스탄에는 대기근이 일어나 수십만 명의 카자흐인이 아사하고 백만 명 이상이 국경을 넘어 중국, 몽골, 이란, 터키 등지로 흩어지던 시기였다. 그리고 소련정부는 카자흐인에게 고려인은 일본 제국주의의 첩자이며 심지어는 식인종이라는 험담까지 퍼뜨리며 고려인에 대한 혐오감을 미리 심어놓았다. 그런데도 카자흐인들은 강제로 이주당한 고려인을 따뜻이 맞아주었고 고려인이 정착하는 데 어려움이 없도록 아낌없이 도움을 주었다." 손님을 환대하는 카자흐인의 전통은 참으로 특별하다. 남을 대접하기를 좋아하는 유목민들에게 '잔인하다' '공격적이다' 라는 비판은 대단히 억울한 얘기다.

유목민적 기질 - 아끼지 않고, 모아두지 않는다

유목민은 아끼지 않고, 모아 두지 않는다. 아끼지 않기 때문에 손님에게 후한 접대를 할 것이다. 모아 두지 않는 것에는 보다 많은 주의가 필요하다. 모아 두지 않으므로 저축 성향이 낮고 소비 성향은 높다. 모아두지 않기 때문에 연금이나 보험의 문화적 기반이 약하다. 연금은 사회주의 영향으로 그나마 발달한 측면이 있지만, 자발적 보험의 문화적 기반은 특히 취약하다고 할 수 있다. 모아두지 않는다는 것은 미래를 위해 현재를 희생하는 경우가 적다는 것이다. '미래를 위해 현재를 희생하는 것' 이 경제학의 '투자' 개념이 아니겠는가? 투자의 문화적 기반이 약하다. 즉 저축, 보험, 투자 등 제반 현대 금융의 문화적 토대가 약하다고 할 수 있다. 모으지 않기 때문에 내부 금융자원이 모자랄 수밖에 없다. 2007년 서브프라임 모기지 사태로 촉발된 글로벌 금융위기가 카자흐스탄에 많은 영향을 미친 것도 이러한 연유가 있다.

디지털 유목민으로 살기

정착민들의 우선적인 관심은 농사였다. 경작할 토지와 비를 내려 줄 하늘이 무엇보다 중요하다. 따라서 옆을 볼 필요가 없다. 오로지 하늘(위)과 땅(아래)을 보기만 하면 된다. 농경문화 중심의 정착민들은 한 자리에서 먹을 것과 입을 것을 해결한다. 자연히 폐쇄적이고 기동성이 떨어진다. 자신들이 소유한 땅을 지키는 것에 집착한다. 더 넓은 세상을 알 필요도 없고 오로지 지키기 위해 각종 제도를 만들어 세금을 징수하고 행정을 펴는 관료제도가 나타난다. 얼른 보기에는 꽤 이상적인 사회 같지만, 이런 사회가 자정능력을 상실하게 될 때는 '자리'를 확보하기 위한 치열한 암투가 전개되고, 또 자리를 선점한 사람들에게 아부하려는 세력들의 권모술수가 판을 치게 된다. 자리를 잡은 사람들은 그 자리를 지키기 위해 학연, 지연, 혈연 등을 내세우며 수직적인 문화를 형성하게 된다.

그러나 산업사회는 정착민을 새로운 유목민으로 만들기 시작했다. 탐험가, 이주 노동자, 식민지 지배자, 출장자, 관광객 등이다. 나아가 정보통신의 급격한 발전은 세계화를 앞당겼다. 세계화는 정주성이 아주 높은 국가행정마저 와해시켰다. 국가는 아주 가끔씩 지나가는 대상 행렬들을 자기네 나라로 통과하게 만들려고 싸움을 벌이는 오아시스 정도에 불과하다. 이제 지리적 연대감은 더 이상 기능하지 못하는 정보화 시대가 되었다. 산업사회를 거쳐 정보사회를 사는 우리에게 유목민적 기질이 점점 더 많이 요구되고 있다.

유목민들은 항상 옆을 바라보아야 살 수 있다. 생존하기 위해 싱싱한 풀이 널려 있는 광활한 초지를 끝없이 찾아 헤매야 하고, 어떤 장소에 머무르기보다는 기약할 수 없는 내일을 향해 끊임없이 도전해야 한다. 언제 어디서 더 강한 적들을 만나게 될지 알 수 없으므로 더 뛰어난 이동기술과 무기를 개발해야 한다. 유목민에게는 고향이 없다. 언제 어디서 죽든 상관하지 않는다. 초원에는 정해진 주인이 없다. 오로지 실력만이 자신의 승리를 지켜주는 유일한 무기인 셈이다. 완전 개방적인 사고만이 보다 넓은 세계를 보장해 준다. 신속한 이동을 위한 정보가 중요하다. 이들의 수평적 문화에서 '자리'는 착취와 군림의 수단이 아니라 역할과 기능을 발휘하는 곳일 뿐이다.

유목민의 이동성은 인터넷 시대에 가장 필요한 기질이다. 유목민은 필요에 의해 끊임없이 이동하는 사람들이었다. 그들은 이동하는 삶을 위해 소지품을 간소화하고, 정보 수집에 능란하였으며, 또한 속도를 중시하였다. 서로 접속하고 소통하는 공동체를 만들어내는 것이 그들의 문명 형태였다. 바로 인터넷 시대의 문명 형태 그대로다. 정착민의 핵심은 주소다. 정착민의 주거 단위에 부여되었던 주소나 집 전화번호는 이제 이메일이나 휴대전화번호로 대체되었다. 이제 이동하는 개체가 곧 그 사람을 규정하는 것이 되어버린 것이다. 인터넷 시대에 우리는 이동, 속도, 접속, 소통 등 유목민의 기질로 살고 있는 것이다.

자크 아탈리는 뉴-밀레니엄 키워드를 설명한 《21세기 사전》에서 21세기는 디지털 장비로 무장하고 지구를 방랑하는 디지털 노마드의 시대라고 규정했다. 인류는 1만여 년의 정착생활을 청산하고 다시 유목생활로 되돌아가고 있는 것이다. 그렇다면 유목민적 기질이 많이 남아 있는 카자흐인들은 '신유목민으로 살아야 하는 21세기 디지털 노마드의 시대'에 우리보다 더 유리한 조건을 가지고 있는 것일까? 두고 볼 일이다.

결핍이라는 이름의 소비에트 유산

견익승 – 두산인프라코어 카자흐스탄 딜러

사회주의 유산이 현재의 구소련 지역 경제 시스템과 경제주체들의 심리에 미친 영향은 절대적이다. 필자는 사회주의 유산이 경제주체들의 심리에 미친 영향을 '결핍'으로 정의해 보고자 한다. 다만 필자는 사회주의 유산이라는 말을 좋아하지 않는다. 필자는 구소련 경제체제가 CIS 국가들에 남긴 경제적 유산을 논함에 있어 사회주의적이라는 표현보다는 소비에트적이라는 표현을 사용할 것이다. 소련 경제체제에는 계획경제와 사적소유 금지라는 사회주의적 대전제만 존재했던 것이 아니다. 이외에도 피라미드적인 소비에트 국가체제와 공산당의 역할이 경제체제에 미친 영향이 매우 심대했다. 사회주의적이라는 단어는 이러한 구소련 경제의 특징을 온전히 나타내주지 못하기 때문에 소비에트적이라는 표현이 더 적절하다고 생각한다.

다음의 우스갯소리 하나에는 꽤나 많은 소비에트 경제 현실의 진실이

서울대학교 외교학과와 동 대학원을 졸업했다. 모스크바 국립대학교 정치학 박사과정에서 〈대외경제변수가 러시아 국내정치에 미치는 영향〉을 연구했다. 하용출 워싱턴대 교수와 공동으로 〈러시아의 선택-탈소비에트 체제전환과 국가, 시장, 사회의 변화〉(서울대학교출판부, 2006)를 출판했다. CIS와 관련하여 모르는 것이 없는 진정한 CIS 박사다. 새로운 꿈을 찾아 학계를 떠나 비즈니스 세상에 발을 들인 것이 2007년이다. 현재는 카자흐스탄에서 두산인프라코어 딜러로 일하고 있다.

숨겨져 있다. 한 공장의 당원회합에서 지역당 간부가 소련의 밝은 미래에 대해 역설한다.

"이번 5개년 계획이 끝나면 우리 모두는 개별 아파트를 갖게 될 것입니다. 다음 5개년 계획이 끝날 때면 모든 인민이 자동차를 가지게 될 것입니다. 그리고 다음 5개년 계획이 끝날 때면 모든 가정이 비행기를 가지게 될 것입니다."

그런 와중에 한 청중이 분개해서 말한다.

"도대체 비행기가 우리에게 무슨 필요가 있단 말이오? 동무는 우리 고장에서 지금 감자가 부족한 사실을 모르고 있단 말이오?"

간부는 당당하게 대답한다.

"문제없습니다. 비행기가 나오면 모스크바로 날아가서 감자를 사면 될 것 아니오?"

실제로 1990년 초에 당시 소련 국영항공사 아에로플로트는 한국에 특별기를 보내 텔레비전 수천 세트를 구매해 간 적이 있다. 자사 직원들에게 연말에 텔레비전을 선물로 주기 위해서다. 개항 직후 소련 시절 서울-모스크바 간의 일반석 티켓 가격은 공식 환율로는 300~400달러 상당의 루불이었고, 달러를 암달러 상에게 환전하면 100달러 상당의 루불이었다. 당시에 한국 텔레비전의 공식 가격은 100달러이었고, 암시장에서의 가격은 200~300달러 수준이었다. 한국산 텔레비전은 소련식 경제관념에서 보면, 항공기로 수송해도 될만한 경제적 가치를 지닌 것이었다. 직원들에게 루불 액면가로 보너스를 지급하는 것보다는 이런 실물보너스가 훨씬 더 큰 경제적 이득을 보장하는 것이었다. 당시 환경에서 이런 종류의 전사적인 사업에 자사 소유의 항공기를 특별 배정하는 것은 하등 놀라운 일이 아니었다.

소비에트 경제체제의 특징은 결핍Shortage의 제도화Institutionalization라고 표현할 수 있다. '감자를 사기 위해 비행기로 모스크바로 날아가라!' 는 당간부의 천연덕스러운 제안은 '물건이 있는 곳으로 직접 가는 것이 유일한 해결책' 이었던 당시의 상황을 놀랍도록 잘 표현해 주고 있다. 이런 즉자적 해결책이 우리들 눈에는 경제적 왜곡현상으로 이해되지만, 이 시절을 보낸 많은 이들은 이 즉자적 해결책에 의존했던 크고 작은 경험들을 가지고 있다.

결핍에서 벗어나기 위한 가장 일반적이고 일상적인 해결책은 줄을 서는 것이었다. 줄을 서는 동안 '내가 직장에서 해야 할 업무, 자기개발을 위해 투자해야 할 시간적 손실' 에 대한 모든 비교가치는 사라지고 만다. 손에 넣어야 하는 물건의 가치가 모든 기회비용의 가치를 초월하여 존재한다. 손에 넣어야 하는 물건의 가치가 줄을 서는 이들에게 목적의식을 부여하는 것이다. 연봉 백만 불의 고급 인력이 일용직 노동자와 같은 줄에서 한 병의 보드카를 사기 위해 같은 시간을 투자하고 있는 셈이다. 이 과정에서 이루어지는 것은 완벽한 하향 평등이다. 백만 불 연봉의 고급 두뇌가 어느새 일용직 노동자화 되어버린 것이다. 이 시절을 경험한 경제 인력들은 따라서 자신들의 진정한 가치를 망각한 채 즉자적인 삶의 부름에 순응하도록 길들여졌다. 오늘날 아직도 많은 소련 시절의 전문가들이 자신의 진정한 가치를 실현할 수 있는 장을 만나지 못하고 일상 속에서 묻혀 지내고 있다. 줄 서는 행위에 지친 이들에게 지난 20년 동안 정부는 줄 서는 시간은 줄여 주었지만, 대신에 결핍을 해결할 수 있는 충분한 소득을 올릴 수 있는 기회를 제공하지는 못했다. 물건이 없어 못사는 현실이 현금이 부족해 못사는 현실로 변환되었을 뿐이다.

다음에 살펴 볼 것은 '줄을 서기 위해 가는 행위에 대해 어느 누구도 제재하지 않았던 현실'이 미친 영향이다. 관리자들은 줄을 서기 위해 자리를 비우는 직원들을 막아설 명분이 없었다. 한 덩어리의 버터를 위해 일을 팽개치는 직원들의 당당함과 이를 불러세우기엔 역부족인 관리자는 소비에트 사회의 공사구별의 관념을 약화시켰다. 국가와 공공의 이익을 과도하게 강조해오던 사회주의가 그 말기에 스스로 공사구별을 약화시킨 꼴이 되어버렸다. 오늘날 포스트 소비에트 체제에서 최소한의 공공의 이익에 대한 배려를 찾기 어려워진 것도 그 때문이다. 공공의 이익 대신에 자신의 개인적 목적을 위한 끊임없는 줄서기만이 이어지고 있다. '자기역할에 충실한 것이 결국은 줄서기보다 큰 이익으로 돌아온다'는 일반적인 의식 속에서 공공의 개념이 파괴되어버린 것이다.

결핍에서 벗어나는 또 다른 방법은 소위 말하는 연줄Syaz을 이용하는 것이다. 구소련 공화국들 모두에서 가장 흔하게들 쓰는 말이 여기서는 안 되는 일도 없고 되는 일도 없다는 것이다. 연줄을 통해 동경의 대상이었던 미국산 청바지를 손에 넣은 당시의 청소년들은 점점 더 강력해지는 연줄의 위력을 느끼며 성장해 갔다. 연줄을 동원하는 데 들어가는 비용은 일반적으로는 부패corruption로 알려져 있으나, 받는 자와 주는 자 모두가 이 정도는 윤활유라고 생각했다. 전 사회적으로 부패에 대한 도덕적 기준이 해이해지고, 자신의 지위를 이용해 추가수입을 못 올리는 이들이 오히려 열등한 인물로 치부되었다.

한편, 결핍경제에서 부를 쌓아온 소위 말하는 신경제주체들에게는 잘못된 자본주의의 법칙이 뇌리에 각인되었다. 매점매석에 의한 인위적 가격조작과 '공급이 부족하면 가격이 오른다'는 수요-공급의 법칙을 혼동하게 되었다. 즉 중상주의적 가치관을 현대 자본주의 가치관으로 이해해버린 것이다. 특히 공급이 근본적으로 제한되어 있어서 결핍의 해소가 쉽지 않은 공공부분에서의 횡포는 더욱더 가멸차다. 공장을 세우면서 자체 변전소를 건설해야 했던 자재 공장은 자잿값을 올려 받을 수밖에 없고, 주택을 지으면서 가스, 전기, 상수도 등 모든 공공시설을 부담해야 하는 사업자는 주택가격을 올려 잡을 수밖에 없다. 구소련 지역 전반에서 주택생산단가는 비교적 저임금의 노동력을 사용함에도 불구하고 서구의 평균단가보다 훨씬 높게 형성된다. 일부 물류적 요소를 제외하면 이런 고비용 구조는 생산성 저하, 행정비용 증가 및 공공요금의 압력에서 비롯된다. 이런 고비용 경제구조로는 국제사회와의 경쟁이 불가능하다. 많은 구소련 공화국들이 밖에 나가 경쟁하기보다는 자기들 내부를 틀어막고 지키는 위주의 대외경제정책을 펴고 있는 이유가 이 때문이다. 여기에는 공공부분의 혁신이 필수불가결한 과제이다.

　재화적 결핍 이외 구소련 공화국 경제주체들이 새로운 전환체제에서 맞닥뜨린 가장 원초적 결핍 요인은 이른바 경화Convertible currency의 결핍이었다. 이 경화의 결핍이 미친 영향은 정부의 대외 지불수단의 부족이라는 근본적 문제뿐만 아니라, 각 경제주체들의 경제행위에 큰 심리적 영향을 미쳤다. 한 순간에 휴지가 되어버린 자국화폐 대신 U.E.Conditional Unit로 불리우던 경화는 자신의 미래를 담보해주는 마지막 보루였다. 모든 자산가치의 기준은 달러에 의해 평가되고, 거래의 기본수단이 달러에 의존하는 현상Dollarization이 만연되었다. 90년대에 이루어진 달러화폐의 디자인 변경과 유로화의 등장에 가장 민감한 반응을 보인 곳도 다름 아닌 구소비에트 경제권이었다. 미국 이외 지역 중에서 달러 보유량과 유통량에 있어서 포스트 소비에트 국가의 비중은 터무니없이 높은 수준이었다. 이후 1998년과 2008년의 두 차례 금융위기를 겪으면서 잊혀져 가던 경화의 위력이 다시금 부활하게 된다. 이로서 포스트 소비에트 국가

화장지를 사려는 긴 줄, 쓰레기 더미를 뒤지는 장면 등 루블화 가치 하락으로 어려움에 처했던 모스크바인들의 생활상. 출처: englishrussia.com.

들의 경제적 안정성에 대한 평가기준의 알파와 오메가는 다름 아니라 실질적으로 달러에 대해 페그되어 있는 환율의 안정성이라는 사실이 다시금 입증되었다. 포스트 소비에트 국민들은 무수한 불합리한 경제여건은 다 감내할 자세를 갖추고 있지만, 달러의 움직임에 대해서는 곧바로 히스테리컬한 반응으로 이어진다. 우크라이나가 단적으로 보여준 것처럼 환율을 지켜내지 못하는 정부의 미래는 없다고 단언할 수 있을 정도다. 환율은 모든 경제주체의 심리적 바로미터이자 정권의 생사여탈권을 쥐고 있는 지표로 변모해버린 것이다.

　그런데 환율에 대한 이런 과잉반응 때문에 유지되고 있는 지나친 환율의 안정현상은 또 다른 위험을 키우고 있다. 사실상 다른 통화도 아닌 달러에 집중적으로 페그되어 있는 환율로 인해 경제주체들은 자신들의 경제체력을 나타내주는 유용한 계기판을 상실한 채 경기에 임하고 있는 셈이다. 이 빈틈을 이용하려는 불순한 잠재적 공격자들의 표적이 될 수 있는 위험에 처해 있는 것이다.

결핍의 주제로 생각해 볼 때, 가장 납득이 안가는 부분은 국가재정의 결핍이다. 중동 산유국들이 국부펀드를 내세워 해외투자에 열을 올리는 것과 비교해봐도 도대체 포스트 소비에트 국가들의 재정결핍 사유는 얼른 이해할 수 없는 측면이 많다. 이는 전적으로 산업 구조조정과 재정 지출조정에 실패한 대가이기도 하거니와 직접적으로는 이제는 돌이킬 수 없는 오류투성이 사유화 과정의 결과이다. 그러나 절대적인 재정의 규모와는 또 다른 요소들이 이들 국가들에서 재정의 역할을 축소시키고 있다. 우선은 정부가 자금을 조달할 수 있는 국내 자본시장의 존재가 미약하기 때문에 정부차입은 곧바로 대외차입이라는 공식이 성립한다. 정부 재정위기가 곧바로 대외지불상의 문제로 이어질 수 있는 것으로, 국내시장의 완충작용을 기대할 수 없다. 속수무책으로 나가떨어지는 유럽 중소국의 몰락 앞에서 더욱더 재정의 고삐를 졸라매었던 포스트 소비에트 국가들에게서 공격적 재정지출에 의한 경기부양정책은 성립되기 힘들었다. 경제의 기본체력이 바닥나는 상황에서도 개입하지 못하는 재정이라면, 파탄 난 재정과 무슨 차이가 있는 것일까?

마지막으로 결핍의 주제에서 다루려고 하는 것은 원래부터 이들에게 결여되어 있었던 원천적 결핍의 요소와, 결핍에서 풍요로의 도약을 준비하는 발판에 관한 이야기이다. 분명히 짧은 기간이나마 재정이 풍부한 적이 있었고, 물자가 부족하지 않던 시절도 분명히 있었고, 국제 금 시장을 좌지우지할 정도의 경화를 지녔던 시절도 있었지만 기업가 정신만큼은 이들 국가들에 존재하지 않았다. 프로테스탄티즘과 연결된 서구적 자본주의 기업가 정신이 아니더라도 일본과 한국은 유교적 전통에서 자신들의 기업가 정신 모델을 만들어내고 있고, 중국 역시 어설프게라도 공

아브라모비치 에브라스 회장과 호도르콥스키 전 유코스 회장, 두 사람은 묘한 대비를 이룬다. 권력과 잘 지내며 승승장구하는 아브라모비치를 만나려면 첼시 경기장을 방문해야 하고, 권력과 마찰을 빚다 모든 것을 빼앗긴 호도로콥스키를 만나려면 감옥으로 면회를 가야 한다.

산당체제와 연계된 기업가 모델이 존재한다. 그러나 탈 소비에트 지역에서는 기업과 자신의 존재가치를 동일시하며 돈을 버는 모습은 찾아보기 어렵다. 방법의 정당성에 대한 교육의 필요성도 느끼지 못하는 게 현실이다. 자랑스럽게 세계와 후손에 내세울 수 있는 기업과 기업가 없이 포브스의 억만장자 리스트만 채우고 있어서는 이 근본적 결핍의 과제는 해결될 수 없을 것이다(2008년 포브스가 선정한 60대 부자에는 러시아 기업인이 12명이나 포진하고 있다).

사실 결핍의 이미지는 구소비에트 공화국들과는 어울리지 않는 것이다. 세계에서 가장 넓은 땅과 무한한 지하자원을 가지고 있고, 이를 활용할 인적 자원도 가진 나라에 결핍이라는 용어는 정말이지 어울리지 않아 보인다. 그 혹독한 결핍의 시절에도 소비에트 가정을 방문한 외국인들은 융숭한 대접에 놀라곤 했다. 다 쓰러져가는 아파트 현관과 어둠침침한 복도를 지나고 맞이하는 온화한 아파트 내부의 풍요로움은 타국인에게는 언뜻 받아들이기 힘든 부조화였는지 모른다. 많은 소비에트 가정의 냉장고가 기름진 음식들로 가득 차 있었지만 내일 또 이 풍요가 이어질지 모른다는 불안감이 그들로 하여금 끊임없이 줄을 서게 만들었다. 과장된 결핍과 내일의 결핍에 대한 불안감이 경제주체들의 행위에 미치는 영향은 실로 막강하다. 내일의 결핍에 대한 불안감은 오늘의 과도한 포

2008년 포브스 선정 부자 55위 안
에 드는 구소련 지역 기업인들.

식과 축적을 추구하게 만든다. 사유화가 이루어지고 나의 재산이 법적으
로 보호받는다고 가르쳐도, 하루아침에 망명객이 되어버린 고위 실력자
를 보면 자신을 위한 고유한 보호책을 모색하지 않을 수 없을 것이다. 자
신들이 가진 풍요로움 전체를 향유하지 못하고, 풍요의 일각만을 떼어내
사유화하는 악순환이 계속되는 이상 자연이 선물한 이 땅의 풍요로움은
그 존재의 의미를 잃을지 모른다.

　과도기transition라는 애매모호한 용어로 포장된 20년을 사는 동안 많은
정책적 시행착오들이 범해졌다. 혁명적이었으나 애초부터 지향점이 없
었던 과도기는 만성적인 과도기를 예고하는 것이었다. 그러나 제시된 지
향점을 찾기 어려울 때면 지나온 과거와 현재를 부정해 보는 것도 한 방
법이다. 지향점은 자신의 것이 아닌 무엇인가로 제시될 수 있지만, 부정
해야 할 과거와 현재는 최소한 자신의 것에서 출발하는 것이다. 이러한
과거에 대한 확실한 부정 없이 과거의 결핍과 결별하는 것은 불가능할지
모른다.

국가가 선이고, 내가 선이다

윤영호 – Seven Rivers Capital 대표

기차역이나 학교 식당 같은 곳에서 한 번쯤은 전도를 생업으로 삼은 듯한 '신앙 외판원'을 만나보았을 것이다. 끈질긴 '신앙 외판원'을 뒤로 하고 도망하듯 자리를 뜰 때는 아주 찝찝하다. 뒤통수를 뚫어져라 쳐다 보는 '신앙 외판원'은 나를 얼마나 불쌍하게 생각할까. '당신은 행복한 가?' '당신의 마음에 평안이 있는가?' '당신은 진정한 행복이 무엇인지 모른다. 절대자 안에 있을 때에만 진정한 행복과 평안을 누릴 수 있다.' '당신은 모르고 있다. 당신은 스스로 행복하다고 느낄 수 있지만, 사실은 그게 진정한 것이 아니다!'

사회주의 70년도 이러한 경험과 크게 다르지 않다. '인민은 알지 못한 다. 무엇이 진정한 인민의 이익인가? 인민은 스스로 행복하다고 느낄 수 있지만, 그것은 부르조아 사상에 젖어있기 때문이다. 인민에게 남은 부 르조아적 요소를 제거하고, 외부에서 침입하는 부르조아적인 요소의 차 단을 통해서만 인민은 비로소 공산주의를 건설해 나갈 수 있고, 그 속에 서만이 인민은 진정한 자신의 이익을 발견할 수 있다. 그런 과정에서 인 민은 자신의 진정한 이익이 무엇인지 혼동을 일으키게 되고, 이것을 바 로 잡는 것이 프롤레타리아트 국가의 신성한 임무다.'

두 사람이 있는데 한 명은 진리를 알고, 다른 한 명은 진리는 고사하고 자신의 행복이 무엇인지조차 모른다고 가정해 보자. 권력의 관계는 명확해진다. 누가 말하고 누가 들어야 하는지, 누가 평가하고 누가 평가당해야 하는지, 누가 다스리고 누가 다스림을 당해야 하는지! 진리를 아는 자가 말할 때 이는 곧 명령이 된다. 누가 선이고 누가 악인지는 자명하다. 그렇게 프롤레타리아트 국가는 선이 되었고, 인민은 악이 되었다. 신자는 선이 되고 불신자는 악이 되며, 비신자는 계도의 대상이 되는 것과 같다. 그러나 종교는 현실 사회주의 교리보다는 덜 해로웠다. 믿음을 통해 절대자를 받아들이기만 하면 누구나가 선이 될 수 있고, 원하기만 하면 거리에 나가서 다른 사람을 악이라고 매도할 자격도 쉽게 얻을 수 있다. 따라서 선이라고 불릴 수 있는 기회는 많은 사람에게 공평하게 주어진다. 선이 되고 싶은 사람은 믿지 않아도 자신이 선임을 가장할 수도 있다. 누구도 그것을 증명해 보이라고 강요하지 않는다. 증명 없이도 절대자는 다 알기 때문이다. 그러나 현실 사회주의에서는 오로지 국가만이 선이었다. 국가가 아닌 개인은 설령 혁명에 자신의 모든 것을 바쳤더라도 스스로 선으로 자처할 수 없었고, 악으로 몰릴 때는 자신이 선임을 증명해야 하는 책임이 항상 자신에게 있었다. 그리고 실제로 악으로 몰렸을 때, 자신이 선이었음을 증명하는 데 성공한 사람은 거의 없었다.

인민의 갈 길을 제시하고 있는 모습의 레닌 동상으로 알마티에 있다.

국가가 절대선으로 받아들여지는 사회주의 체제에서 70년을 산 인민들이 국가를 어떻게 인식하고, 국가의 통치행위에 대해 어떠한 반응을 보이는가 하는 점은 구공산권 지역과 연계된 삶을 살아가는 많은 사람에게 매우 흥미로운 주제가 될 수 있다. 구소련 사람들이 국가를 어떻게 인식하는지 느껴볼 수 있는 많은 일화가 있다.

개고기와 국가의 허락

1997년에 알마티에서 택시를 탔을 때의 일이다. 택시 기사가 어디에서 왔냐고 물었고, 한국에서 왔다고 대답했다.

"한국 사람들은 개고기를 먹죠?"
"네. 왜요?"
"국가에서 허락하나요?"
"글쎄요. 예전에는 법으로 금지했었던 걸로 아는데, 법이 있긴 있었겠지만 실효성이 있겠어요?"

위의 대화에서 "국가에서 허락하나요?"라는 말이 좀 귀에 거슬릴 것이다. "그게 불법 아닌가요?"라고 물어야 될 곳에서 "국가가 허락하나요?"라는 표현이 나왔다. 오랜 관 위주의 전통, 일본 강점기의 강한 행정권력, 국가주도의 산업화 과정을 경험한 우리들에게도 매우 어색한 표현이다. 70년의 사회주의 경험이 이런 질문을 자연스럽게 만들어 내는데, 프롤레타리아 국가는 절대선으로 받아들여졌기 때문에(물론 처음에는 실제 국민의 마음속에, 그 다음엔 언어 속에서) 국가는 인민들에게 아무런 거리낌 없이 '명령'을 내리곤 한다. 모든 공문서는 말할 것도 없고 인민들에게 알리는 안내문 성격의 글도 종종 '명령서'란 제목을 달고 공공장소에 게시된다.

TV나 신문에서는 누구에게도(대통령이나 장관에게도) 존칭을 쓰지 않는다. 아마도 뉴스를 듣고 읽는 사람이 인민이고, 인민보다 높은 권위는 있을 수 없다고 보기 때문일 것이다. 따라서 일반 국민에게 전달하려는 목적의 안내문이라면 명령서라는 말을 붙여서는 안 될 것이다. '프롤레타리아 국가' '인민의 국가'라면 더욱 그래야 함에도 불구하고 국가는 모든 것을 인민에게 명령의 형태로 전달했다. 따라서 인민들에게 '국가의 허락'이란 용어가 너무나 자연스럽게 받아들여졌다.

교통경찰과 운전자의 관계

국가와 인민 간의 관계를 가장 잘 보여주는 확연하고 재미난 사례는 거리에서 매일매일 일어나고 있다. 경찰은 교통법규를 위반했다고 판단되는 차량을 세운다. 때로는 아무 잘못도 없는 차를 단순 서류 확인을 위해 세우기도 한다. 그러나 교통경찰과 운전자의 관계가 우리와는 근본적으로 다르다. 경찰의 정지신호를 보고 차를 정지하기까지는 시간차가 있으므로 보통 차는 경찰을 조금 지나쳐 서게 마련이다. 이럴 때 한국은 경찰이 운전자에게 다가간다. 운전자는 그 사이에 유리창을 열고 기다린다. 운전자가 차 밖을 나가 경찰에게 다가가는 경우는 거의 없다. 왜 그럴까? '무죄 추정의 원칙' 때문이 아닐까? 범죄 피의자는 확정 판결이 있을 때까지 무죄로 추정된다. 비록 경찰이 보기에 운전자가 교통 규칙을 위반했다 하더라도, 운전자에게 피치 못할 사정이 있었는지, 운전자가 생각하는 교통 규칙은 어떠한 것인시 등을 종합적으로 고려하여 경찰이 운전자에게 과실을 객관적으로 입증할 수 있을 때 비로소 운전자는 규칙 위반자가 되는 것이다. 따라서 이러한 최종 판정 전까지 운전자는 도덕적, 법적인 관점에서 경찰에게 열세일 하등의 이유가 없다. 따라서 '인민의 지팡이'인 경찰이 인민을 오라 가라 할 권한이 없으므로 경찰 스스로 운전자에게 다가가야 함이 마땅하다.

그러나 카자흐스탄에서 경찰이 다가오는 경우는 매우 드물다. 정지 신호를 보낸 후에 경찰이 그 자리에 서서 곤봉을 휘두르면서 딴청을 피우면, 운전자는 차를 세우고 면허증과 등록증을 찾아서 경찰에게 다가간다. 경찰이 다가가지 않는다는 사실은 국가가 인민을 어떻게 생각하고 있는지를 보여주는 단적인 예가 된다. 경찰은 인민에게 봉사한다는 관념이 없는데, '절대선 국가'를 상징하는 경찰이 '계도의 대상인 인민'에게 봉사한다는 관념이 있을 수 없음은 당연하다. 운전자가 불편을 감수하면서 경찰의 지시에 고분고분 따르는 것은 국가의 명령은 무조건적으로 존중되어야 한다는 관념이 의식적, 무의식적으로 지배하고 있기 때문이다.

경찰은 스티커도 자신의 차 안에서 발부할 때가 많다. 운전자는 경찰차 밖에서 기다리거나, 돈으로 해결하려면 경찰차 뒷자리에 탄다.

물론 그렇다고 국가 공무원이나 경찰이 존경의 대상이 되는 것은 아니다. 이들의 행동과 언어 습관 속에 여전히 남아 있는 '국가와 인민 간의 관계'가 그렇다는 것이다. 실제로 이곳 사람들이 가장 싫어하는 사람이 경찰이다. 경찰은 이곳에서 '무소르(쓰레기)'라고 불린다. 이와 관련한 우스갯소리가 있다. 동네 아이들이 쓰레기통 뚜껑 위에 앉아서 장난을 치고 있는데, 경찰이 근엄한 훈계조로 이곳은 쓰레기를 위한 것이지 너희들의 놀이터가 아니라고 말한다. 이에 아이들 왈, "자! 앉으세요!"

인민의 국가 체험

2007년 알마티에서 교통경찰의 단속에 걸렸을 때의 일이다. 경찰이 과속을 이유로 정지신호를 냈고, 경찰이 촬영한 과속 장면을 노트북으로 보여 주었다. 그러나 증거로 제시한 노트북 화면에는 다른 차량이 과속을 했고 필자의 차량은 규정 속도를 준수하고 있었다. 경찰은 우겼고, 필자는 부당함을 호소했다. 화면에 증거가 있는 이상 경찰의 논리는 궁했다. 그러나 그에게는 만병통치와도 같은 한마디가 있었다. "너를 빼고 누구도 나하고 논쟁하지 않는다!" 이 한마디로 더 이상의 논쟁은 무의미해지고 승리는 경찰의 몫이 되었다.

국가기관, 준 국가기관, 국영기업 등에서 일하는 공무원은 절대선을 집행하는 사람이었다. 절대선의 일을 하는 자는 자신의 업무상 실수나 태만, 인민에 대한 불친절, 심지어 횡령과 뇌물수수까지도 쉽게 정당화할 수 있었다. 보다 정확히 말하면, 애당초 정당화할 필요조차 없었다.

이런 식으로 국가 공무원은 무오류의 신화에 빠지게 되고, 공무원과 논쟁을 한다는 것은 바보 같은 행동으로 인식된다. 이러한 경험은 권위에 쉽게 복종하는 성향을 만들어 냈다. 앞에서 말한 교통경찰과 운전자와의 관계와 똑같은 현상이 금감원과 금융기관에서도 나타난다. 금융기관 직원들은 금감원의 공문을 불가침의 명령으로 인식한다. 이러한 권위의 관계는 모든 형태의 관리자와 피 관리자, 일의 집행자와 집행의 영향을 받는 자, 서비스 제공자와 서비스 수혜자의 관계에서 동일하게 드러난다. 하물며 은행 직원과 고객 간에도, 티켓 판매자와 구매자 간에도 그러한 권위의 흐름이 나타난다. 즉 위에서 말하는 권위란 단순히 직책이 높은 사람의 권위를 말하는 것만이 아니라, 일을 위탁하는 사람이 일을 처리하는 사람에게 인정하는 권위까지를 포괄하는 것이다.

단순히 권위에 쉽게 복종하는 것이 문제될 것은 없다. 해외 비즈니스를 하는 사람의 입장에서 보면 이러한 성향은 이용하기에 따라 매우 훌륭한 장점이 될 수도 있다. 그러나 그게 그리 간단한 문제는 아니다. '사회주의 70년의 경험이 인민들의 국가인식에 어떠한 영향을 미쳤는가?'하는 문제는 의외로 매우 복잡하게 얽혀 있다.

관료주의

사회주의가 붕괴되기 이전에 많은 사람들이 국가기관이나 준 국가기관, 국영기업에서 일했다. 대다수의 인민들은 직장에서 스스로를 국가로 자처했던 경험을 가지고 있다. 즉 누구나 자신의 일터에서는 절대선으로 인정받는 국가의 일을 했다. 자신의 업무에 대해서는 자신이 절대선을 관리하는 사람이기 때문에 다른 권위의 침입을 인정하지 않는 성향이 있다. 이는 앞서 말한 '권위에 쉽게 복종하는 성향'과 모순되는 측면이 있지만 실제로 모순되지 않는다. 구소련 지역에서 비즈니스를 하다가 어려움에 맞닥뜨리면 소위 말하는 '빽'을 이용하게 된다. '빽'으로 높은 사람을 동원하게 되면 모든 문제가 한 방에 풀릴 것으로 생각하는 경향이 있다. 이는 위에서 말한 '권위에의 복종 성향'만을 이해하고 있기 때문이다. 그러나 윗선을 이용한다고 일이 절대로 쉽게 풀리지는 않는다. 이는 위에서 말한 두 번째 성향 '자신의 업무에 대해서는 자신이 절대선이다'라는 것을 이해하지 못했기 때문이다. 자신의 업무에서는 자신이 절대선이라는 것을 네 글자로 하면, 그것이 바로 '관료주의'다.

'빽'을 쓸 때, 문제가 되는 곳의 직속상관을 찾아낼 수 있으면 앞에서 말한 '권위에 쉽게 복종하는 성향'으로 문제를 풀 수 있다. 그러나 바로 윗사람을 찾아내는 것은 어렵다. 단순히 높은 사람, 단순히 영향력 있는 사람의 권위를 빌리는 행위는 '자신의 업무에서는 자신이 절대선이므로 다른 권위의 침입을 인정하지 않는 성향' 때문에 오히려 역효과가 난다. 단순히 누군가 권위 있는 사람의 영향력으로 모든 문제를 풀 수 있다면 관료주의라는 말이 왜 나오겠는가? '내가 절대선이다'라는 것은 '짐은 곧 국가다'의 다른 표현이다. 절대군주가 가졌던 권력은 공유될 수 없고, 분할될 수 없으며, 누군가에게 양도될 수가 없다. 관료주의 시스템 하에서 권력을 쥔 담당자는 그 분야의 왕이다. 왕이 휴가를 간다고 누군가가 왕을 대신할 수는 없는 것이다. 책의 뒷부분에 나오는 〈카자흐스탄에서 석유 찾기!〉에서는 '행정 절차의 수평화'라는 표현으로 관료주의의 단면을 소개하고 있다.

'사회주의 70년 동안 존재해 왔던 국가-인민 관계'는 강한 흔적으로 구석구석에 만연해 있다. '권위에 복종하는 경향'과 '자신의 업무에서 군림하는 경향'은 일하는 동안 회사 내부에서도, 외부에서도 늘 만나게 된다. 오랫동안 축적된 인민의 의식이 하루아침에 바뀌는 것도 아니므로, 그것을 한탄만하는 것은 어리석은 짓이다. '권위의 복종 경향'을 이용하여 사람을 잘 관리하면 되고, '자신의 업무에서 군림하는 경향'을 자신의 업무에 대한 자부심과 자긍심으로 승화시켜 그에 따른 책임감을 부여하면 된다. 속이 터지지만 어쩌겠는가? 이해하고, 잘 활용하는 수밖에!

비단길이 21세기에 새롭게 태어난다

윤영호 – Seven Rivers Capital 대표

비단길의 재탄생

구소련 시절의 모든 도시에는 레니나, 까를라 막사, 깔리니나, 막심 고리까바 등의 거리 이름이 있었다. 혁명 영웅, 작가나 예술가 등을 기리기 위한 거리 이름이다. 구소련이 붕괴하면서 사회주의와 연관된 이름은 대부분 다른 이름으로 바뀌게 되었다. 카자흐스탄의 알마티 시에서도 레니나, 까를라 막사, 깔리니나 등의 이름이 새로운 명칭으로 대체되었다. 그러나 사람들의 머릿속에 과거 명칭이 강하게 남아 있어 혼란이 자주 발생한다. 혹자는 새로운 거리 명칭을 모르고, 혹자는 옛 거리 이름을 모르기 때문이다. 알마티 시의 거리 이름 바꾸기 중에 가장 성공적으로 정착한 사례가 '쥐벡졸리'다. 모두가 이 거리를 '쥐벡졸리'라 부르고 있다. 과거에 이 거리 이름이 '막심 고리까바'였다는 사실을 기억하는 사람이 많지 않다. '쥐벡졸리'는 바로 '비단길'을 나타내는 카자흐어다.

비단길의 도시에 '쥐벡졸리'라는 이름의 거리가 없었다는 것은 구소련이 비단길의 가치를 얼마나 경시했는지를 보여 주는 상징적인 예라고 하겠다. '쥐벡졸리'라는 명칭이 성공적으로 정착할 수 있었던 것은 '비단길'에 대한 카자흐스탄 사람들의 자긍심이 그만큼 높기 때문일 것이다.

비단길은 무엇인가?

비단길은 독일의 지리학자 리히트호펜이 1877년 자신의 저서에서 처음으로 사용하기 시작한 용어다. 일반적으로 비단길이라고 하면, 유라시아 대륙의 초원지역을 동서로 관통하는 초원로, 사막지대의 오아시스 도시를 경유하는 오아시스로(오아시스로는 다시 천산남로와 천산북로로 나뉜다), 남중국해와 인도양을 관통하는 남해로를 통칭하는 개념이다.

초원로는 가장 옛날부터 사용된 길로 북위 50도 부근의 유라시아 스텝지대를 횡단하는 길이다. 이 길은 고대로부터 스키타이, 흉노, 돌궐, 몽골 등 많은 유목민이 이용한 길로서 화북에서 고비사막을 넘어 몽골에 이르고, 남시베리아의 초원지대를 횡단하여 아랄 해, 카스피 해 연안에 이르는 길이었다. 북위 50도의 이해를 돕기 위해 예로 들면 지금의 카자흐스탄 수도 아스타나가 북위 51도에 위치하고 있고, 카자흐스탄 3대 도시인 까라간다가 49도에 위치하고 있다. 즉 카자흐스탄의 중북부 지역을 동서로 관통하는 길이 초원로였던 셈이다.

오아시스로는 중앙아시아 사막지대의 오아시스를 연결한 길이다. 역사상 가장 활발하게 이용된 길로 협의의 실크로드는 바로 이 오아시스로를 일컫는다. 장안에서 출발하여 난주, 돈황을 거친다. 돈황에서부터는 천산남로와 북로로 갈라지게 된다. 카자흐스탄의 경제 중심지 알마티는 천산북로에 해당된다. 남로와 북로는 우즈베키스탄의 사마르칸트와 부하라를 거쳐 메소포타미아 지방으로 연결된다.

실크로드는 기원전 8~7세기부터 기원후 18세기까지 존재해온 문명교류의 역사적 통로다. 실크라는 고가의 문물로 대표되는 이 길을 통해 종이·향료·종교 등이 전해졌으므로 종이로, 향료로, 종교로라고 해도 무

대상행렬, 울르그벡 무하메도프, 낙타 위에 있는 것은 비단이 틀림없다.

리가 없을 것이다. 실크로드라는 명칭을 처음 사용한 리히트호펜이 의도한 바는 아니겠지만, 실크로드라는 말은 문명의 흐름이 동에서 서로 이동했다는 것을 은연중에 암시했다는 의미에서 동의 입장에서는 나쁠 것이 없는 이름이라고 하겠다. 그러나 실크로드라는 말에는 동과 서의 존재가 부각되어 있지만, 그 동과 서의 중간에 대해서는 어떠한 암시도 없다. 바로 그곳에 유목민이 살고 있었다.

비단길에서 유목민의 역할

비단길에서 유목민의 역할에 대한 이해를 돕기 위하여 서울대 김호동 교수의 '실크로드는 단순한 길 아닌 문명 연결의 장'이라는 글을 길게 인용해 보겠다.

결국 실크로드를 통한 동서 간의 교통과 교류는 문명 간의 장벽을 허무는 결정적인 역할을 한 것이다. 그리고 그 개념은 시대가 내려오면서 확대되어 갔다. 처음에는 중국의 서부지역과 오리엔트 지방을 연결하는 건조지대의 교통로를 지칭했지만, 오늘날은 북방의 초원을 가로지르는 길과 남방의 인도양을 횡단하는 길까지 모두 포괄하는 경우도 많다. 그래서 이를 각각 '사막로' '초원로' '해양로' 라는 이름으로 부르기도 한다. 실크로드의 노선만 다양해진 것이 아니었다. 그 길이도 늘어나 동서 양쪽의 기점과 종점도 자꾸만 먼 곳으로 설정되었다. 동쪽 끝이 당나라 수도였던 장안(현재 산시성 시안)에서 한반도로, 심지어 일본으로까지 밀려났다. 서쪽도 마찬가지여서 바그다드나 이스탄불로, 다시 로마에까지 이르렀다. 실크로드 개념의 확장은 결코 기이한 일이 아니다. 지리적인 지식이 확대되고 새로운 교통로가 알려지면서 루트가 다양해지는 것은 당연한 이치였고, 교류의 폭이 확대되고 보다 먼 곳과의 접촉이 가능해지면서 기점과 종점이 연장되는 것 역시 피할 수 없는 결과였다. 따라서 이제는 실크로드를 중국의 장안과 서구의 로마를 잇는 교통로라고 단순히 말하기 힘들게 되었다. 실크로드는 근대 이전 유라시아 대륙을 횡단하는 거의 모든 교통로를 총칭하는 엄청나게 광범위한 개념이 되어버렸다.

이처럼 실크로드는 '유라시아' 라는 몸통을 구성하는 여러 지체들, 즉 남과 북 그리고 동과 서의 다양한 문명들이 유기적으로 연관되어 움직일 수 있도록 해 준 혈관과도 같은 것이었다. 그러나 우리가 실크로드를 '혈관' 이나 '간선도로' 라고 부르는 것은 자칫 역사적 현실을 호도할 수도 있다. 예를 들어 우리가 서울에서 고속도로를 이용하여 부산까지 간다고 상정할 때, 그 중간에 있는 지점들은 우리에게 아무런 의미도 없는 곳이다. 그저 빨리 지나쳐야 할 곳일 뿐이다. 실크로드라는 것이 과연 그러했을까. 물론 그렇지 않았다. 실크로드에서 교통과 교역을 담당했던 장본인은 다름아닌 중앙아시아의 주민, 상인들이었고 각 지역의 문물은 이 지역을 거치면서 또 그 주민들의 손에 의해 변용되어 전달되었던 것이다. 따라서 우리는 이제 '길' 혹은 '선線'으로서의 실크로드 개념에 대해 회의를 품지 않을 수 없다. 실크로드는 단순히 중국이나 서구의 문화가 상대편에게 옮겨질 때 사용된 도로가 아니었다. 그것은 상이한 문화들이 도입되어 머물면서 변화되고 다시 다른 지역으로 전달되는 '장場'이자 '면面' 이었던 것이다. 그리고 이 '장'은 바로 초원과 사막을 무대로 하는 '중앙유라시아Central Eurasia'였다. 이제 실크로드는 새로운 개념으로 다시 태어나야 할 때이다. 왜냐하면 그것은 동양과 서양'의 가교가 아니라 유라시아'의 가교였고, 역사적으로 그 역할을 수행했던 중앙유라시아의 세계야말로 실크로드의 모태였기 때문이다.

김호동 교수가 하려는 말은 다음과 같다. '실크로드가 동서 간의 교역로다'라는 것을 강조하다 보면, 정작 그 길의 대부분을 차지하고 있는 중앙아시아 지역에 대해서는 그 자체가 하나의 독자적인 세계라는 인식을 하지 못하게 된다는 것이다. 지금까지 실크로드와 관련된 담론에서 유목민은 부차적인 의미 밖에는 가지지 못했다. 유목민들은 때로는 국제상인들을 약탈하는 존재로, 때로는 댓가를 받고 안전을 보장해주는 존재로 묘사되었을 뿐이다. 그러나 유목민들의 역할은 농경민과 함께 실크로드 메커니즘이 있게 한 필수적인 요소였다. 실크로드는 단순한 교역루트가 아니라, 여러 지역과 문명을 연결하는 '면'들의 연속이었고, 또한 그것을 무대로 삼던 국제 상인들의 활동의 '장'이었으며, 동시에 북방 유목세계와의 상호작용을 통해서 발전된 메커니즘이었다.

비단길의 새로운 이름 파이프라인

앞 장에서 살펴보았듯이, 유목민의 시대는 가고 디지털 유목민의 시대가 왔다. 유목민의 말은 신유목민의 인터넷과 스마트폰으로 대체되었다. 그렇다면 비단길은 그저 사라지고 만 것일까?

18세기 이후 초원길, 오아시스길이 제 역할을 못하게 된 데는 많은 원인이 있을 것이다. 첫째, 민족국가의 발전으로 육상으로 국경을 넘는 것에 제약이 있었다. 둘째, 해상 운송 기술의 발전으로 육상 운송의 중요성이 떨어졌다. 이제 육상 비단길은 무역의 관점에서보다 체험이나 관광의 관점에서 더 중요한 의미를 가지게 되었다. 운송수단으로서 낙타와 말의 역할은 사라졌다. 낙타나 말이 운송수단이 아니라면, 이들에게 물을 먹여야 하는 오아시스가 가지는 의미도 자동적으로 퇴화한다. 자동차와 기차가 운송수단이 된다면, 이들에게 필요한 것은 물이 있는 오아시스가 아니라, 기름이 있는 주유소가 아닐까?

〈실크로드〉와 〈중국과 카자흐스탄 간의 파이프라인〉 두 그림을 비교해보자! 파이프라인이 마치 오아시스 길의 천산남로와 천산북로를 연상시키며 연결되어 있다. 비단길을 대표하는 오아시스 길은 사막 중간에 점점이 존재하던 오아시스를 연결한 대상로였다. 이제 오아시스 비단길은 지도에서 사라지고, 원유와 가스 생산지를 점점이 연결하는 파이프라인이 등장하였다. 비단길은 석유 가스 파이프라인으로 대체되었으며, 석유

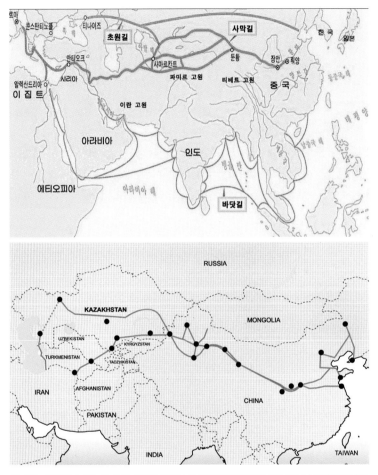

위 지도는 실크로드 노선도이고 아래는 중국과 카자흐스탄 간의 파이프라인이다. 이제 오아시스를 연결하던 실크 로드는 사라지고, 원유와 가스 생산지를 잇는 파이프라인이 등장했다.

Existing ■■■■■■ Planned

1. 아띠라우 - 사마라
2. CPC
3. 오르스크
4. 악타우 - 바쿠 - 트빌리시-제이한
5. 카자흐스탄 - 중국

카스피 해를 중심으로 뻗어 나가는 파이프라인. 카스피 해의 아띠라우와 악타우를 중심으로 사방으로 뻗어나가는 파이프라인의 모습을 볼 수 있다. 출처: www.kmgep.com.

가스 파이프라인을 '신비단길'이라고 칭할 만하다.

위 그림은 21세기 최대의 석유 생산기지라고 할 수 있는 카자흐스탄의 아띠라우와 악따우로부터 사방으로 뻗어나가는 석유 파이프라인을 보여 준다. 1번과 3번은 아띠라우에서 시작하여 러시아의 사마라, 옴스크로 향하는 파이프라인이다. 2번은 CPC 라인으로 아띠라우에서 시작하여 러시아 영토인 북카프카즈를 경유하여 흑해로 나가는 파이프라인이다. 4번은 아띠라우와 악타우의 석유가 아제르바이잔의 바쿠, 그루지아의 트빌리시, 터키의 세이한을 거쳐 지중해로 이어지는 파이프라인이다. 5번은 아띠라우에서 출발하여 중국으로 이어지는 초원길 같기도 하고, 오아시스 길 같기도 한 카자흐스탄-중국 간 파이프라인이다. 5번의 중국-카자흐스탄 라인과 2번 CPC라인, 4번의 BTC라인은 비단길의 경로를 연상시킨다.

비단길이 중국에서 생산된 비단을 서구의 소비자에게 전해주는 경로였다고 해보자. 김호동 교수의 공정한 시도에도 불구하고, 백번 양보하여 다음과 같이 말해보자! '중앙아시아는 단순 경유지였고, 유목민은 단순 조연이었다'고. 그러나 새로운 비단길인 파이프라인에서는 상황이 극적으로 반전된다. 단순 경유지였던 중앙아시아는 기원지가 되고, 유목민의 후예는 화려한 주인공이 된다. 구비단길을 따라 비단이 동에서 서로 흘렀다면, 신비단길인 파이프라인에서는 기름이 동으로도 흐르고 서로도 흐르게 된 것이다. 비단길을 통해 비단, 종이, 향로가 흘렀다면, 신비단길은 그것보다 훨씬 더 필수 불가결한 에너지가 흐르게 되었다. 비단길을 장악하려는 수많은 싸움보다 훨씬 더 처절한 다툼이 신비단길을 둘러싸고 진행되고 있다. 그래서 신비단길의 화려한 주인공은 비단길이라는 이름을 추억하며 흐뭇한 미소를 짓고 있다.

카자흐화는 빠르고, 현명하게 진행되고 있다

김상욱 – Central Asia Marketing 대표

카자흐스탄은 140여 개 민족이 모여 사는 다민족 국가이다. 그래서 카자흐스탄에는 대통령 직속으로 '민족총회'라는 국가기관이 있어 민족 간의 화합을 도모하여 국가발전의 창조적인 에너지로 승화시키고자 애를 쓰고 있다. 또 각 소수민족들이 자신들의 문화를 지키고 발전시킬 수 있도록 극장과 언론을 허용하고 있다. 140여 개 민족이라는 종족적 다양성은 유라시아 대륙의 동쪽 끝 한반도에서 민족적 단일성을 주장하며 살아온 우리에게 너무 낯설게 느껴지는 것이 당연하다.

이렇게 다양한 민족들이 섞여 살아가게 된 연유는 여러 가지일 것이다. 과거 동서양을 연결해주던 비단길의 영향일 수도 있다. 알렉산더 대왕에서부터 칭기즈칸과 오스만투르크 제국에 이르기까지 많은 민족들이 이 카자흐 초원을 지나갔다는 역사적, 지정학적 이유도 있다. 또 소련이 행한 거대한 민족이동 정책에 기인한 바도 있다. 실제로, 카자흐스탄의 어느 도시를 가더라도 유라시아 대륙에 사는 다양한 민족들을 거의 다 볼 수 있다. 만약 카자흐스탄 출장길에 알마티의 카페를 들르면, 손님이나 웨이터 또는 무대에서 노래를 하거나 밴드를 구성하는 악사들의 얼굴 생김새를 자세히 보라. 그 누구 하나 똑같지가 않다. 파란 눈에 노란 머릿결과 흰색 피부를 가졌는가 하면 또 어떤 이는 빨간색 머릿결에 얼굴

2010년 알마티 사람들.

은 동양적인 여인도 있다. 물론 카자흐스탄의 과반수는 우리와 같은 몽
고계통의 카자흐 민족이다.

이렇듯 여러 민족이 함께 살아가고 있는 카자흐스탄에는 민족문제가
중요한 국정과제 중의 하나이다. 그러나 이 글에서는 민족문제의 본질에
대한 거론보다는 카자흐스탄의 다민족 상황을 있는 그대로 살펴보겠다.
한편으로 '이 지역에 관심을 갖고 있는 한국의 정부나 기업들이 이 상황
을 어떻게 이해하고 활용할 수 있을까?'를 고민하였다. 그리고 카자흐스
탄 정부의 민족 정책에 대해 개략적으로 알아보면서, 이를 통해 카자흐
스탄 사회를 이해하는 것이 이번 글의 목표다.

카자흐스탄의 민족 구성

카자흐스탄에는 어떤 민족들이 살까? 2009년 실시한 인구센서스 자료에 따르면, 제일 큰 민족집단은 63.1%를 차지하는 카자흐인이다. 그 다음은 23.73%를 차지하는 러시아인. 세 번째로 큰 민족집단은 전체 인구 중 2.86%를 차지하는 우즈벡인이고, 그 다음은 2.08%를 차지하는 우크라이나인이다. 위구르인은 1.39%, 타타르인은 1.27%, 독일인은 1.11%를 차지하고 있고, 기타 나머지 민족들이 4.5%를 차지하고 있다. 기타 민족들 중에 우리가 알만한 것들로는 벨라루시인, 고려인, 아제르바이잔인, 폴란드인, 터키인, 체첸인, 그리스인, 바쉬인, 몰도바네인, 둥간인, 몰도바인, 타직인, 쿠르드인, 추바쉬인, 잉구쉬인, 유대인 등이다.

러시아, 우크라이나 민족 등 슬라브계 민족들이 카자흐스탄 내 민족규모로 2위와 4위를 차지하는 부분은 쉽게 납득이 갈 것이다. 중원을 장악한 청나라에 밀려 서쪽으로 이동해 온 중가르인들의 위협이 카자흐 초원을 공포에 떨게 했던 18세기, 카자흐스탄은 러시아 황제에게 자신의 안전을 보장받고자 했고, 카자흐 초원은 서서히 러시아화가 진행되었다. 이때부터 러시아 농민들의 이주가 활발했다는 것을 익히 알고 있기 때문이다.

그러나 카자흐스탄에 독일인이 1.11%를 차지한다는 대목에서는 쉽게 이해가 되지 않을 것이다. 이는 바로 제2차 세계대전의 발발과 이 전쟁을 파시스트로부터 사회주의 조국을 수호하기 위한 전쟁으로 규정하고 승리를 위해 총동원령을 내렸던 스탈린 정책의 결과물이다. 당시 스탈린은 독-소 전선 주변에 거주하는 독일인들을 나치 독일에 협력할 가능성이 있다는 이유를 들어 카자흐스탄으로 강제로 이주시켰다.

민족	1939	1959	1999	99년 비중	2009	09년 비중
카자흐	2,327,625	2,794,966	7,985,039	53.40%	10,098,600	63.10%
러시아	2,458,687	3,974,229	4,479,620	29.96%	3,797,000	23.73%
우즈벡	120,655	136,570	370,663	2.48%	457,200	2.86%
우크라이나	658,319	762,131	547,052	3.66%	333,200	2.08%
위구르	35,409	59,840	210,365	1.41%	223,100	1.39%
타타르	108,127	191,925	248,954	1.66%	203,300	1.27%
독일	92,571	659,751	353,441	2.36%	178,200	1.11%
기타	349,709	730,435	757,992	5.07%	713,400	4.50%
	6,151,102	9,309,847	14,953,126		16,004,000	

카자흐스탄 내의 민족별 현황 (2009년 인구조사). 출처: 통계청.

사실, 구소련 시절 제일 먼저 강제이주를 당한 민족은 바로 연해주 지역에 살고 있던 우리 한인 동포들이었다. 고려인이라고 불리는 이들 12만 명의 동포들은 일제의 스파이라는 이유로 갑작스런 강제이주를 당하였다. 그 뒤를 이어 1938년과 1944년 사이에 폴란드인, 발카리아인, 독일인, 칼므이크인, 크림반도 타타르인, 카라차에브인, 체첸인, 불가리아인, 쿠르드인이 카자흐스탄으로 강제이주되었고, 전후 1947년-52년에는 발틱공화국에서 라트비아인, 에스토니아인, 그리고 서부 우크라이나에 살던 우크라이나인들이 이주되었다. 1953년에는 유태인과 압하지아인들이 이주될 예정이었지만, 스탈린의 사망으로 이 계획은 이루어지지 않았다.

2009년 인구센서스에 나타난 특징

지난 10년간 카자흐인의 비중이 53.4%에서 63.10%로 크게 증가했다. 첫째 이유는 카자흐스탄 정부가 해외 카자흐인의 귀환정책을 적극적으로 추진했기 때문이다. 이에 대해서는 뒤에 다시 다루도록 하겠다. 둘째 이유는 러시아인, 우크라이나인, 독일인 등이 모국으로 대규모 이주했기 때문이다. 이는 각국이 추진한 귀환 정책 때문이기도 하지만, 카자흐에서 점점 강화되고 있는 카자흐스탄의 카자흐화 정책에 대한 불만이나 불안감이 작용한 측면도 크다. 인구센서스에서 카자흐인 비중이 큰 폭으로 증가한 셋째 이유이자 어쩌면 가장 강력한 이유는 '스스로 카자흐인이라고 자칭하는' 인구의 수가 늘었기 때문이다. 구소련 시절에 많은 인구가 스스로를 러시아인이라고 자처한 것과 같은 이유다. 기왕이면 주류에 편입되어야 손해를 보지 않는다는 인식으로 인해, 스스로를 '카자흐인'이라고 주장하는 인구의 수가 점점 늘어난다고 하겠다.

다민족환경은 역사적 아픔과 함께 조성되었다

주로 동물들을 운송하던 화차에 실려 중앙아시아로 이주당하면서 어린이와 노약자들이 도중에 죽어갔다는 고려인 노인들의 증언이나, 1/3이 학살당하고 남은 수의 절반마저 제 땅을 떠나 카자흐스탄으로 강제이주를 당한 체첸인의 예를 들지 않더라도, 현재 카자흐스탄의 다민족환경은 이렇듯 역사적 아픔과 함께 조성된 측면이 있다는 걸 반드시 알아야 한다.

하지만 시간은 흘러, 오늘의 카자흐스탄 국민들은 이러한 민족환경을 지극히 자연스럽고 당연한 것으로 여기고 있다. 이를 알 수 있는 재미있는 에피소드가 있다.

15년 전에 알마티 국립대학교에서 강의할 때의 일이다. KOICA의 6개월짜리 한국어 연수를 다녀 온 학생에게 "한국에서 가장 인상 깊게 본 것이 무엇이었니?"라고 질문하였다. 지금은 KOICA나 교육부뿐 아니라 국내의 대학들도 자체적으로 외국인 학생들을 초청하는 프로그램이 많아서 카자흐스탄 학생들이 한국을 다녀올 일이 흔해졌지만, 당시만 해도 1년에 1~2명의 학생만이 겨우 갈 수 있었다. 그래서 교수들은 학생선발에 공정을 기했고, 또 그만큼 연수효과에 대한 기대가 컸었다. 경복궁, 63빌딩, 롯데월드 등의 대답이 나올 것을 예상하고 학생의 대답을 기다렸다. "한국에는 한국 사람들만 사는 것이 너무 신기했어요!"라는 말을 듣고 순간 그 말뜻을 이해하지 못해 무척 당황했던 적이 있다. 그때 그 학생은 "서울 거리에 나가면 사람들이 똑같아 보였어요! 특히, 한국 여성들의 옷차림이나 화장이 똑같아요!"라면서 첫 한국여행에 대한 소감을 발표했었다.

세상은 이러저러한 민족들이 함께 섞여 사는 것으로만 알던 이 학생에게 난생처음 외국 여행지인 한국의 첫인상은 고층빌딩이나 거리를 메우는 자동차의 물결이 아닌 똑같은 얼굴을 한 한국 사람들만 사는 것이 제일 이색적으로 보였던 것이었다. 단일 민족 국가라고 칭해지는 나라가 있다는 사실이 이들의 입장에서는 신기했던 것이다. 이 사건 이후 매년 한국어 연수를 다녀오는 학생들에게 한국에 대한 인상을 꼭 물어보는 습관이 생겼다. 그때마다 듣는 대답은 똑같았다.

카자흐 민족정책의 결정체 민족총회

이러한 다민족 사회인 카자흐스탄의 사회통합을 유지하고 국가발전을 이루기 위한 중요한 장치가 카자흐스탄 민족총회이다 1995년에 창설된 이 조직은 818개의 민족단체를 통합하는 역할을 하고 있고 각 민족단체 대표들은 민족총회와 소수민족회의 구성원이 된다.

독일인, 위구르, 고려인 등 46개 민족은 각기 자체 민족문화센터를 보유하고 있다. 가끔씩 한국의 언론에 등장하는 '고려문화중앙'이라는 조직이 바로 이것의 하나이다. 또 2007년 헌법 개정으로 민족총회가 상원의원을 선출할 수 있게 됨에 따라 총회는 헌법을 통해 의회에서 민족의 이익을 대변할 수 있는 체계를 갖추게 되었다. 카스피언 그룹의 오너이며, 전 카자흐스탄 고려인협회 회장을 역임한 유리 최는 민족대표 케이스로 2008년 상원의원이 되어 카자흐스탄 정계에 진출했다.

카자흐스탄은 다양한 민족문화를 홍보하는 데에도 관심이 많다. 카자흐 극장 및 러시아 극장 외에도 우즈벡, 위구르, 고려인, 독일인 민족극장이 운영되고 있다. 위구르 극장은 알마티 시내 한복판인 나우르즈바이바트르/까반바이바트라 거리에 있고, 독일극장은 삿바예바/로즈바끼예바 거리에 있다. 다만 고려인 극장은 시내에서 다소 떨어진 쟌길지나 거리에 있는데, '춘향전' 등 전통연극과 창작 연극을 꾸준히 무대에 올리고 있다.

신문과 저널은 15가지 언어로 발간되고 있고, 라디오는 8개 언어, TV 방송은 11개 언어로 방영되고 있다. 33개의 언론사가 정부의 지원을 받아 운영되고 있는데, 이 중 19개가 민족 언론사이다. 또한 매년 나우르즈와 마슬렌니짜와 같은 민속명절을 기념하고 있으며, 쿠르반아이트와 정

교회 성탄절의 경우 종교명절로 인정하여 휴일로 지정하기도 하였다.

구소련으로부터 독립 후 카자흐스탄에는 각 민족들이 믿어 오던 종교
가 다시 부흥하기 시작했다. 1991년에 671개이던 종교사원이 2009년에
4,200개로 6배나 늘었는데, 현재 3,200여 개의 이슬람 사원, 교회, 기도
원 등이 운영되고 있다. 특히, 한국에서 온 많은 기독교 선교사들이 알마
티를 중심으로 아스타나, 쉼켄트 등 카자흐 각지에서 선교활동을 하고
있다. 또한 카자흐스탄은 2003년부터 저명한 종교인과 다양한 종교대표
자들이 참석하는 세계전통종교지도자회의를 아스타나에서 개최하고 있
다. 우리나라의 불교와 원불교 대표단이 카자흐 정부의 초청으로 이 회
의에 참가하기도 했다.

그러나 이러한 현상 이면에는 민족관계를 악화시킬 수 있는 요소들도
존재한다. 특히 위구르 족의 분리 독립운동이나 카자흐스탄의 남쪽 국경
을 이루는 우즈베키스탄과 키르기즈스탄을 통해 침투해 들어오는 이슬
람 원리주의자들이 그것이다. 이는 시장경제체제로 이행하는 과정에서
벌어진 빈부격차의 틈을 비집고 들어와 민족갈등을 부추길 수 있는 요소
이다. 만약 카자흐스탄의 경제적, 사회적 불평등이 심화되고 민족 간 평

등과 화합의 큰 가치를 교육 현장에서 설득력 있게 주입하지 못한다면, 인종과 문화가 다른 국민들 사이에서 유지되는 관용의 전통은 위험에 처해질 수도 있다.

알마티 이슬람 사원.

민족문제는 그 자체로 민감한 성격이 있으며, 그러한 민감한 문제에 대처함에 있어 문제의 존재를 인정하는 태도가 무엇보다 중요하다. 다행히, 카자흐스탄 사회는 모든 민족의 근본 이익을 통합한다는 원칙을 갖고 민족 간 모순을 해결할 수 있는 능력이 충분하다는 걸 보여주고 있다. 카자흐스탄 정부는 이러한 점을 늘 자랑하고 있다.

또 하나의 민족정책, 해외 귀환 카자흐인 정책

이러한 자신감은 전체 인구 중에서 카자흐인들이 차지하는 비율이 과반수를 넘었다는 사실에 기초한다. 사실, 카자흐스탄의 인구는 구소련 붕괴 후 계속 감소되어 왔었다. 1991년 말 소련이 붕괴되었을 때, 카자흐스탄의 전체 인구는 1천 7백만 명이었다. 그 후 1천 5백만 이하로 떨어졌다. 이것은 키르기즈스탄, 타직키스탄, 우즈벡키스탄, 투르크메니스탄과 같은 다른 중앙아시아 4개 국가들이 구소련 시절보다도 훨씬 높은 인구 성장률(10% 정도)을 보여주고 있는 것과도 현저한 차이를 이룬다.

이러한 인구상황과 관련해서 정부당국은 2001~2005년 사이에 인구 증가 계획을 수립하였고, 2004~2010년 사이에는 출산율 증가와 함께 해외 카자흐인들의 이주정책을 주요 정부정책으로 제시했다.

다시 말해 각 민족별 균형을 깨지 않고, 경제성장과 국가발전을 위해 필요한 인구를 증가시킬 수 있는 가장 적절한 방안은 바로 해외 카자흐 인을 고국으로 귀환시키는 것이라고 판단한 것이다. 카자흐스탄 정부의 계획대로 2015년까지 공화국 전체 인구가 2천만 명에 도달하기 위해서 는 자연성장을 고려하지 않고, 60만 명 정도가 해외에서 이주해 와야 한 다. 해외 카자흐 디아스포라들의 귀환정책이 또 하나의 민족정책으로 중 요시되는 이유가 여기에 있다. 이렇듯 해외 디아스포라들의 귀환 행렬이 이어지는 것만큼 이들 귀환자의 사회 내 정착 및 통합 역시 최근 카자흐 사회의 가장 뜨거운 문제 중의 하나가 되고 있다. 카자흐스탄은 1997년 12월 발효된 '동포의 이주와 관련한 법'에 따라 자신의 모국으로 돌아오 는 귀환자 가정의 이주와 정착을 체계화할 목적으로 대통령령에 따라 귀 환자 쿼터를 설정하였다. 2001년에는 정부 쿼터보다 15배가 많은 9,105 가정이 귀환했다. 그리고 2002년도에만 10,377가정이 이주해 들어왔다. 이러한 환경에 밀려 정부는 쿼터를 다시 상향조정했고, 2003년도를 위 한 쿼터는 5,000가정, 2004년에는 10,000가정, 2005년에는 15,000가 정으로 확대했다. 그러나 2003년 8월1일 현재 귀환해있는 67,882가정 중에서 오직 23,000가정만이 쿼터제 하에서 들어왔을 정도로 귀환자들 의 실제적인 수는 정부가 공식적으로 인정하는 것보다 훨씬 많다.

카자흐스탄 정부는 귀환자들을 위해 교통편, 주거 등 초기 정착지원에 상당한 재정적 지원을 해오고 있지만, 최근 홍수와 댐의 붕괴로 40여 명의 인명피해를 냈던 크즐아가쉬 지역의 귀환 카자흐인 마을에서도 볼 수 있듯이 초기 정착자들의 훈련, 창업지원 그리고 신용대출관련 편의 등이 제대로 이루어지지 않아 귀환자들의 마을은 빈곤화되고 있다. 이러한 문제점에도 불구하고 주요한 민족정책의 하나로써 해외거주 카자흐인들의 국내 귀환이 강력히 추진되고 있다.

결론을 대신하여

카자흐인들에게는 타민족을 포용하고 존경하는 전통이 있다. '타민족 사람들의 문화와 시각을 포용하고 존경하는 톨레랑스'가 발휘되는 것이다. 톨레랑스는 카자흐스탄에서 사람들이 실질적으로 교제하는 과정에서 생겨나고 자연스럽게 형성되는 것이며, 다른 민족의 전통과 가치에 대한 존경심이 묻어나는 문화적 교류 속에서 생겨난 결과물이다. 톨레랑스에서 가장 중요한 요소는 다른 민족의 시각, 풍습, 관습에 대한 이해이다.

톨레랑스라는 전통 이외에도 카자흐스탄의 평화로운 다민족사회를 가능하게 하는 것은 바로 튼튼한 경제적 토대다. 풍부한 자원이 바로 그것인데, 이를 통해 벌어들이는 달러는 카자흐스탄에 살고 있는 약 44%에 달하는 비카자흐 민족들의 다양한 요구를 수용할 수 있는 여유를 가질 수 있게 만들었다. 이와 함께 카자흐스탄이 처한 정치, 경제, 사회, 문화적 환경이 민족 간의 평화적인 동거를 추동하고 있다. 카자흐스탄의 경제와 문화, 학술 등 주요 부문에서 러시아인, 우크라이나인과 고려인들의 활약이 국가발전에 매우 큰 기여를 하고 있다. 정치권력은 비록 카자

카자흐스탄에 살고 있는 다양한 인종의 모습.

흑인들이 쥐고 있을지라도 현장의 주요 실무책임자들은 러시아인이나 고려인들이 차지하는 경우가 많다.

그래서 향후 카자흐스탄은 배타적인 민족국가로 나아가기보다는 다민족 국가의 다양성을 유지하면서 이를 국가발전의 에너지로 활용하는 방향으로 나아가려고 한다. 현실적인 필요에 의해서도 민족 간의 평화와 친선을 바탕으로 한 다민족 국가로 나아갈 수밖에 없다. 이러한 현실을 직시한 카자흐스탄의 나자르바예프 대통령은 사회주의국가 시절 최대 국경일의 하나였던 5월 1일 '메이데이(국제노동절)'를 '민족 친선의 날'로 바꾸는 현명함을 보였다. 그리고 향후 정권이 바뀌더라도 민족정책에 관한 카자흐인들의 이 현명함은 계속 유지될 것으로 보인다.

카자흐스탄의 고려인은 누구인가?

김병학 – 시인

고려인: 변방인으로서의 고뇌

지난 1997년 10월 11일 카자흐스탄 알마타 시 중앙운동장에서 한국과 카자흐스탄 간에 〈98프랑스 월드컵 축구예선전〉 경기가 있었다. 경기를 며칠 앞두고 카자흐스탄 주재 한국대사관은 고려인협회에 경기 당일 한국교민과 함께 한국대표팀을 응원하자고 요청했다. 그때까지 이어져온 한국대사관과 카자흐스탄 고려인협회의 긴밀한 협력관계로 미루어 이같은 요청은 당연히 받아들여질 것으로 예상되었다. 따라서 부탁이라기보다는 통보에 가까운 성격이었다.

그런데 고려인협회로부터 튀어나온 답변은 전혀 뜻밖이었다. "그게 무슨 말씀입니까? 우리는 카자흐스탄 국민입니다. 카자흐스탄 국민이 카자흐스탄 대표팀을 응원해야지 다른 팀을 응원한다는 게 말이 됩니까?" 구

2005년 《천산에 올라》라는 시집으로 등단한 시인이다. 전남대를 졸업하고, 1992년 카자흐스탄으로 이주한 시인은 카자흐스탄 한인의 상징적 존재다. 2007년에는 고려인 구전가요를 집대성한 《재소고려인의 노래를 찾아서 I,II》를 냈고, 2009년에는 에세이집 《카자흐스탄의 고려인들 사이에서》를 세상에 선보였다.

소련 붕괴 이후 무수한 어려움을 겪으면서 모국 한국에 정신적, 경제적으로 많은 것을 의존해왔던 고려인 대표들이 보여준 반응은 한인 사회에 상당한 충격으로 받아들여졌다.

경기 당일 수백 명의 한국교민들은 목이 터져라 한국대표팀을 응원했다. 우리가 풍물놀이 도구나 막대풍선 등으로 요란하고 떠들썩하게 응원한 반면에, 반대편에 앉은 카자흐인들은 아직 그런 응원방식이 생소한지 그저 조용히 앉아 관람하는 모습이 대조적이었다. 그런데 얄밉게도 한국교민 옆에서 한국인보다 더 큰 소리로 카자흐스탄을 응원하는 집단이 있었다. 그들은 언제 한국팀 응원단을 벤치마킹했는지 한국인들이 가지고 나온 응원도구도 다 손에 쥐고 있었다. 우리가 '대한민국!' 소리치면 그들은 기다렸다는 듯이 징과 꽹과리를 치며 더 큰 소리로 '카자흐스탄! 카자흐스탄!' 연신 외쳐댔다. 다름 아닌 고려인들이었다. 그들의 응원 덕분인지 한국과 카자흐스탄은 1대 1로 비기고 말았다.

그날 벌어진 일은 한국교민들이 우리와 혈연적으로 연결된 끈보다 더욱 강력하고 질긴 다른 인연의 끈에 고려인들이 묶여 있다는 사실을 비로소 인식하고 깨닫게 된 중요한 사건이었다. 그날 한국인 중 다수는 그동안 고려인을 일방적으로 짝사랑해온 것이 아닌가 하는 의구심과 배신감을 느꼈을 것이다. 허나 그날 고려인들은 결코 한국인을 배신하지 않았고 자기들의 본질을 있는 그대로 정직하게 보여주었을 뿐이다. 사실 카자흐스탄은 고려인들 대부분이 태어나서 자란 고향이자 조국이므로 그들이 카자흐스탄을 응원하는 것은 너무나 당연한 일이다.

하지만 다른 한편으로 같은 혈족인 한국인 앞에서 그들은 그날 분명 미안함을 느꼈을 것이다. 그래서 한국이 다른 팀과 경기를 하는 날이 오면 그때는 소리 높여 한국을 응원하겠다고 마음속으로 수없이 다짐했을 것이다. 실제로 고려인들은 5년 후 〈2002 한일월드컵〉 때 한국을 열렬히 응원해 주었고, 우리 못지않게 기뻐했다.

이와 같은 현상은 두 개 이상의 공동체에 소속된 소수민족이나 소수집단, 변방인에게서 전형적으로 나타나는 심리반응이다. 이러한 상황에 처한 개인이나 집단은 자기가 더 긴밀히 소속된(그리고 소속되어야 할) 공동체를 선택하여 그 집단으로부터 능력과 충성심을 인정받으려고 갖은 애를 쓴다. 이는 그들이 결코 비굴해서 그러는 것이 아니다. 이는 소외된 비주류집단의 인성이나 문화와 상관없이 일어나는 사회적 관계의 문제다. 소수자들이 미묘한 선택의 순간에 눈에 띄는 행동을 보이는 것은 그들이 주류집단으로부터 안정적인 생존을 보장받기 위해 표출하는 의식적 또는 무의식적 심리반응일 것이다. 그날 고려인들도 카자흐스탄 정부와 카자흐인들에게 자신들이 카자흐스탄 국민이라는 소속감을 인상 깊게 심어줌으로써 조화롭고 안정된 미래를 인정받으려고 일종의 작위적 충성심을 연출한 것이다.

고려인의 3가지 페르소나

고려인은 3가지의 페르소나를 지니고 있다. 러시아의 대표적인 민속목각인형 '마트료시카'처럼 맨 겉에는 '카자흐스탄 국민으로서의 고려인'의 얼굴을 하고 있고 그 안에는 '소비에트인(소련인)으로서의 고려인'이 들어있으며 더 안으로 들어가 보면 '한반도와 역사적, 혈연적으로 연결된 고려인'의 모습이 드러난다. 달리 표현하면 마치 세 개의 조각으로 이루어진 한 알의 오렌지처럼 위 세 얼굴이 선후의 구분 없이 동등하게 삼위일체를 형성하고 있다.

이 세 가지 얼굴은 한 뿌리에서 자라난 세 개의 나무기둥처럼 늘 함께 서로를 떠받쳐주지만, 마주치는 대상과 상황에 따라 재빨리 거기를 대표할 수 있는 얼굴을 전면에 내세우고 무대에 오른다. 그들은 카자흐스탄 국내문제에는 언제나 카자흐스탄 국민의 일원으로 링 위에 올랐고 언어를 포함한 문화예술이나 사고방식에는 소비에트시대 고려인의 모습을, 한국인이나 한국과 관련하여서는 우리와 혈연적으로 동일하고 역사와 전통문화를 공유하는 한반도 고려인의 얼굴을 내밀었다. 그러다보니 주로 한반도와 관련된 고려인의 얼굴만을 보아온 상당수의 한국인들이 그들의 중층적이고 복합적인 정체성과 심리상태를 올바로 이해하지 못하고 결정적 상황에서 드러나는 그들의 전혀 다른 모습에 놀라거나 실망하는 경우가 적지 않았다.

러시아 목각 인형, 마트료시카 .

카자흐스탄 국민으로서의 고려인
- 변방의 오두막에서 유목민의 천막을 향해

카자흐스탄 고려인은 무엇보다도 먼저 법적으로 카자흐스탄 국민이다. 그들 대부분은 대초원 카자흐스탄에서 태어나 자랐고, 중앙아시아 유목문화를 알게 모르게 체득하였으며, 카자흐스탄 국민으로서 권리를 누리고 의무를 이행하고 있다. 카자흐스탄이 구소련에서 독립한 지 채 20년이 되지 않았기 때문에 모든 고려인들이 카자흐스탄공화국에 완전한 소속감을 가지고 있다고 말할 수는 없다. 특히 거의 전 생애를 소비에트국민으로 살아온 강제이주 1세대나 최근에 인근 국가에서 이주해온 일부 고려인들의 경우에는 더욱 그러하다. 그러나 시간이 지남에 따라 그리고 세대가 내려감에 따라 카자흐스탄 국민이라는 유대의식은 한층 더 강화되고 있다. 고려인들은 점차 변방으로 밀려나고 있는 소비에트식 낡은 오두막을 벗어나 유목민 천막의 심장부를 향한 여정의 길을 떠나고 있는 셈이다.

특히 자민족 디아스포라의 귀환을 무제한적으로 받아들이는 독일이나 이스라엘과는 달리 고려인의 역사적 조국 한국은 그들의 모국이민을 허용하지 않고 있다. 이는 고려인들에게 카자흐스탄에 대한 귀속감을 급격히 강화시키고 있다. 그리고 카자흐스탄에 진출한 한국인 중 적지 않은 이들이 고려인이 처해있는 독특한 다문화적 환경과 복합적 정서를 무시하고 자신의 의사를 일방적으로 강요함으로써 그들의 마음을 돌려세우고 있다. 즉 카자흐스탄 고려인이 기댈 수 있는 마지막 언덕이 한국이 아니라 카자흐스탄이 되어가고 있는 것이다. 그들이 카자흐스탄을 과도하게 응원할 수밖에 없는 이유 중의 하나가 여기에 있다. 또한 고려인들은 최근 20여 년간 신생국 카자흐스탄의 각 방면에서 알게 모르게 적지 않은 공헌을 해왔다. 이는 두말할 것 없이 카자흐스탄에 대한 고려인의 애국심을 드높여준다.

카자흐스탄의 소수민족 고려인들은 앞으로도 종종 카자흐스탄의 정치경제, 사회문화적 상황을 고려하여 자신과 후손들의 장기적 안위를 생각하면서 기회가 될 때마다 눈에 띄게 과도하거나 적극적인 퍼포먼스를 벌일 것이다. 소수자의 퍼포먼스에는 항상 그들의 실존적 진실이 넘쳐난다.

'카자흐스탄 국민으로서의 고려인'의 얼굴은 '역사라는 이름을 가진 화가'가 화폭에 그린 지 그리 오래되지 않았다. 그래서 아직 붓질한 물감이 다 마르지도 않았다. 하지만 거기에 몇 번 더 덧칠이 이루어지고 나면 그때는 지금보다 훨씬 고상하고 뚜렷한 이목구비가 드러날 것이다.

소비에트인으로서의 고려인
- 언어는 그 언어사용자의 사유구조를 결정한다

겉으로 드러난 '카자흐스탄 국민으로서의 고려인'의 얼굴을 한 꺼풀 벗겨보면 '소비에트인으로서의 고려인(소련 고려인)'의 모습이 나온다. 이 얼굴은 가장 매끈하고 품위 있는 얼굴을 하고 있다. 이 얼굴은 수십 년 전에 완성되어 오랫동안 고려인의 언어와 문화와 세계관을 강하게 붙들어왔다.

'소련인', 즉 '1917년 10월 혁명 이후 공산주의 사상으로 새롭게 태어난 국제적 인간'이라는 개념은 오랫동안 고려인의 정신세계를 지배해왔다. 고려인들이 1917년 연해주에서 맞이한 신분철폐와 경제적 평등이라는 공산주의 혁명구호는 그 자체로 폭발적인 힘을 지녀, 그들의 가슴속에 요원의 불길처럼 번져나갔다. 아이러니컬하게도 그로부터 20년이 지난 1937년, 바로 그 혁명구호를 외친 공산당정권에 의해 고려인 강제이주가 자행됨으로써 그들이 내건 슬로건이 기만적이었음이 여실히 드러났지만, 소련인이라는 개념은 고려인 문화의 외연과 내면에 속속 침투하여 온통 소비에트 색깔로 물들여 나갔다.

우슈토베 고려인 초기 정착지를 기리는 표시석. 출처: 《한인일보》.

첫째로, 소비에트 공용어인 러시아어는 고려인의 언어를 점령해버렸다. 그리고 평등에 바탕을 둔 소비에트 예술과 세계적인 수준의 러시아 문학이 쉽게 받아들여졌다. 소련정부는 고려인을 포함한 소수민족들에게 제한된 방식으로나마 모국어를 보존하고 향유할 수 있는 길을 열어주었지만 체계적이고 수준 높은 모국어를 가꾸어나갈 수 있는 고등교육기관을 폐쇄함으로써 두 세대가 지나면서 자동적으로 소수민족어가 사멸하도록 만들어 놓았다. 그런 사회적 배경 속에서 고려인은 점차 러시아어를 모국어로 삼게 되었으며, 나중에는 스스로 러시아어와 소비에트문화에 흠뻑 빠져들어 갔다. 언어는 그 언어사용자의 사유구조를 결정해버린다. 고려인의 모국어가 되어버린 러시아어는 어느덧 고려인의 내면적 사유구조와 사고방식을 지배하게 되었으며 이는 그들이 전통의 옷을 벗어던지고 다시는 돌아오기 어려운 강을 건너게 만들었다.

둘째로, 고려인들은 1937년에 강제이주를 체험하였지만 이후 중앙아

우슈토베 벼농사 지역(2009). 우슈토베 지역은 벼농사가 가능한 북방 한계선이다. 강제이주된 고려인이 이곳에 벼
농사를 성공적으로 정착시켰다. 멀리 벼농사를 위해 준비된 농지가 보인다. 출처: 《한인일보》.

시아에서 특유의 근면성으로 눈에 띄는 농업생산 결과물들을 내놓아 소
련정부로부터 인정받게 되었다는 점이다. 소련 전체 인구의 0.2%밖에
안 되는 고려인이 전 소련 노력영웅의 16.7%(전체 1,200여 명 중 고려인
200여 명)나 배출한 사실만으로도 이를 단적으로 알 수 있다. 또한 중앙
아시아 대초원은 오래도록 개간의 손길을 기다리고 있다가 강제이주된
고려인에 의해 비옥하게 일구어져 나날이 옥토로 변해갔다. 고려인의 경
제생활은 이전과는 비할 바 없이 윤택해졌다.

이러한 결과는 소련에 대한 고려인의 귀속의식을 더욱 공고히 해주었
고 구소련 해체 이후에는 잊을 수 없는 향수의 근원으로 자리 잡고 있다.
소비에트 시기 내내 고려인은 각종 분야에 발 빠르게 진출하여 의미 있
는 성공을 거두었다. 그리고 전통적 생활양식을 강하게 고수하던 중앙아
시아 원주민에 비해 훨씬 더 빠르게 소비에트화되었다. 이는 고려인에게

자부심과 우월의식을 심어주기도 했다. 이는 두말할 것 없이 주류문화에 편입되기를 갈망하던 고려인의 피땀 어린 노력의 결과였다. 비록 강제이주의 비극은 더 이상 추락할 데조차 없는 절망을 남겨주었지만 이를 단기간에 이겨낸 고려인의 집념은 그야말로 놀라운 것이었다. 하지만 그 이면에는 대러시아주의로 무장한 소련정부의 수뇌부가 소연방을 구성하고 있던 각 공화국의 주류민족을 견제하기 위해, 소수민족들을 지방 주류민족보다 보이지 않게 더 우대한 측면도 희미하게나마 있었던 게 사실이다.

이렇게 소비에트 시대는 70여 년 동안 고려인의 의식과 물질생활에 지대한 영향을 미쳤다. 이는 강제이주와 같은 비극을 상쇄할 만큼 긍정적인 것들이었다. 소비에트 시대에 권력의 핵심인 소련정부로부터 자신들의 업적과 가치를 크게 인정받았던 소수민족 고려인이 그 시대를 그리워하는 것은 너무나도 당연한 일이다. 그리고 평등에 바탕을 둔 소비에트 정신과 문화는 상당한 수준의 것이었다. 소비에트 시대를 경험하지 못한 신세대 고려인에게도 이런 향수는 계속하여 이어질 것이다. 아직도 소비에트 문화가 카자흐스탄 사회 전반에 깊숙이 배어 있고 그 문화의 근간이 되는 러시아어가 여전히 모국어로 사용되고 있기 때문이다.

한반도와 혈연적, 역사적으로 연결된 고려인
- 존재의 알파와 오메가, 마지막까지 남을 자기 본질의 확인

'소비에트인으로서의 고려인'의 속살을 들추어내고 나면 맨 마지막으로 '한반도와 혈연적, 역사적으로 연결된 고려인'이 나온다. 이 얼굴은

연원을 알 수 없을 정도로 오래 전에 그려졌다. 헌데 남과 북으로 갈려 절반쯤 깨어지고 상처난 모습이다. 하지만 이 얼굴은 그들의 모든 영광과 상처, 성공과 좌절을 껴안아주었으며 앞으로도 마지막까지 존재의 의미를 지켜줄 것이다.

이 페르소나는 '카자흐스탄 국민으로서의 고려인'이나 '소비에트인으로서의 고려인'이라는 페르소나보다 훨씬 깊고 근원적이다. 이 두 페르소나가 시대적 상황과 맞물려 만들어진 것이라면 '한반도와 혈연적, 역사적으로 연결된 고려인'은 생래적으로 갖고 태어난 것이기 때문이다. 이 얼굴은 고려인 각 가정마다 우리의 언어와 문화와 전통이 세대를 통해 전승되면서 자연스럽게 그 윤곽이 드러나고 완성되어간다. 하지만 타민족들에 의해 끊임없이 고려인이란 사실을 확인받으면서 타율적으로 내면화되기도 한다.

먼저 '한반도와 혈연적, 역사적으로 연결된 고려인'은 매우 긍정적인 얼굴과 조금 덜 긍정적인 얼굴로 나뉜다. 매우 긍정적인 얼굴을 한 이들은 자신들이 일제에 항거하기 위해 한반도에서 연해주로 건너온 독립투사의 후손이라는 믿음과 강제이주 이전 직계 조상들이 연해주에서 찬란한 민족문화를 꽃피웠다는 사실, 특히 모국어 신문 《고려일보》가 유구한 역사를 자랑하며 존재해오고 있는 것이나, 세계에서 한민족 최초로 설립된 우리말 극장인 고려극장이 지금도 활동하고 있다는 사실 등에 커다란 자부심을 느낀다.

또한 그들 조상의 대부분이 한반도 동북지역에서 건너왔다는 점에서 심정적으로는 38선 이북을 훨씬 더 가깝게 느끼지만 분단 이전의 한반도나 분단 상태의 남과 북 모두, 그리고 장차 통일될 한반도 전체를 모국으로 여기고 한국인과 기꺼이 교류하면서 동질성을 확인하려고 한다. 그들은 자신들의 삶이 한반도에서 펼쳐져 나왔으므로 자신들의 뿌리와 존재의 근원을 항상 거기서 찾아야 한다고 확신한다. 그동안 고려인과 한국인 사이에 반세기 이상의 단절이 있었지만, 그들과 한국인이 공유할 수 있는 이해의 공간과 정신적 스펙트럼은 결코 협소하지 않다.

반면 조금 덜 긍정적인 얼굴은 강제이주 이후 소련정부로부터 민족적인 내용을 표현하는 것 자체를 금지당해 선조로부터 모국어와 역사의식이 더 이상 전수되지 못함에 따라 타율적으로 뿌리의식을 잊어버린 집단과, 구소련 시대에 적극적으로 소비에트 동화의 길을 걷다가 소연방이 붕괴되자 서둘러 민족이라는 위장의 옷을 두른 집단 등이 있다. 이들은 역사의식이 부족하고 모국어 해독능력을 잃어버린 까닭에 민족문화유산에 접근할 능력을 거의 상실했으며, 그들이 이해하고 있는 민족의식도 빈약할뿐더러 그나마 왜곡된 정보에 바탕을 둔 경우가 많다.

하지만 매우 긍정적인 얼굴이나 조금 덜 긍정적인 얼굴 모두 자신들이 인식하는 만큼의 민족의식을 바탕으로 자기들만의 상상의 공동체를 형성하여 자존감을 높여가고 있는 것도 사실이다. 긍정적 역사관을 지닌 이들이 분단을 넘어선 한반도의 전체 역사 및 문화와의 연결성을 깨달아 인식의 지평을 크게 넓혀왔듯이 일반 고려인들까지 그러한 연속성을 각성할 수만 있다면 고려인 사회는 진정한 공동체로 거듭날 수 있을 것이다. 하지만 그 길은 요원해 보인다. 고려인이라는 용어 자체가 남북분단의 산물이듯 한반도의 분단 상황은 우리와 마찬가지로 그들에게도 절망적이기 때문이다.

한편 고려인들은 다민족 국가 카자흐스탄에 거주하는 관계로 태어나면서부터 다른 민족들로부터 고려인이라는 사실을 끊임없이 확인받으며 살아간다. 그렇기 때문에 그들은 민족이라는 굴레를 평생 떠안고 지내야

하며 성인이 되면 받는 주민증과 여권에 명기되는 민족소속란도 이를 변함없이 확인시켜준다. 모든 고려인은 좋든 싫든 타인들에 의해 타자화된 고려인이 되는 것이다. 이는 사람에 따라 짐이 될 수도 있지만 결국에는 개인에게 비록 초기에는 고통스러울지라도 궁극적으로는 보람 있는 민족의식을 심어주기도 한다.

고려인의 정체성과 조국관
- 조국은 어머니가 아니라 아내와 같다

10여 년 전, 카자흐스탄에서 발행되는 고려인 신문(《고려일보》, 1997년 11월 15일자)에 〈이 세상에서 나는 누구인가?〉라는 제목의 흥미로운 기사가 실린 적이 있다. 카자흐스탄 국립대학교에 재학 중인 한 고려인 여학생이 러시아어로 쓴 기사였다. 그 학생은 자기는 고려인으로 태어나 자랐기 때문에 외모부터 모든 일상에 이르기까지 항상 고려인이라는 소속감을 느껴왔다고 쓰고 있다. 하지만 학교를 다니면서부터 줄곧 러시아어로 공부하며 자란 까닭에 지금의 자기를 형성해준 지적, 문화적 바탕이 러시아식 사유구조로 이루어졌으니 정신적으로는 러시아인에 훨씬 가깝다고 고백한다. 한 해 전에는 한국에 가봤는데 조상들의 뼈가 묻힌 그곳에도 진정한 소속감을 느낄 수가 없었다고 한탄한 뒤 자기가 누구인지, 어디에 소속되어야 할지 지금도 알 수 없노라는 고백으로 글을 맺고 있다.

고려인들의 중층적, 복합적 정체성과 그들의 고민을 고스란히 보여주는 글이다. 만일 그 여학생이 지금에 와서 이런 주제의 글을 다시 쓴다면 아마도 자기가 카자흐스탄 국민이라는 사실과 이 사실에 긍지를 갖는다는 내용을 추가하리라 생각된다. 하지만 아직 쓰이지 않은 글의 미래형 결론에 누구도 정답을 제시할 수는 없다. 당시 글쓴이의 고민스런 모습 자체가 거기에 공감하는 고려인들의 참된 내면일 뿐이다. 다만 이 글에서 한 가지 유추해볼 수 있는 것이 있다. 즉 국가정체성과 민족정체성이 동일한 대부분의 한국인에게 조국은 어머니와 같아서 그 무엇으로도 바꿀 수 없는 신성한 존재라면, 이 두 정체성이 같지 않은 고려인들에게는 한 러시아 시인이 절묘하게 표현했듯이 '조국은 아내와 같아서' 불가피하다면 바꿀 수도, 그래서 둘 이상의 아내(조국)를 동시에 사랑할 수도 있을 것 같다는 것이다.

한편 고려인 공동체와 그들의 모국 한국은 자식과 어머니의 관계에 비유할 만하다. 어머니는 늘 자식의 안위를 걱정하고 곁에 붙들어두려고 하지만 자식은 가능한 한 어머니로부터 벗어나 독립을 추구하려고 한다. 그리하여 대부분의 자식들은 어머니의 바람을 저버리고 자기만의 길로 나아가지만 결정적인 어려움에 직면해서는 어머니에게 돌아와 지친 심신을 위로받고자 한다. 그리고 점차 어머니의 마음을 알아간다. 한편 어머니는 자식이 항상 자기 주위에 머물러주기를 바라지만 다른 한편으로는 그가 완전히 독립하여 책임 있는 성인으로 자라나기를 진정으로 바란다. 그리고 자식이 언젠가는 어머니의 심정을 온전히 알아줄 것이라고 기대한다. 종국에 그들은 하나임을 느낄 것이다.

이와 같이 고려인공동체와 한국의 관계도 자식과 어머니처럼 하나면서 둘이고 둘이면서 하나인 떼려야 뗄 수 없는 존재이고, 또 궁극적으로 그래야 할 것으로 믿는다. 역사에 가정은 없다지만 만일 우리 한국인의 3-4세대 조상들이 구한말과 일본 강점기에 독립운동을 위해 그리고 살

끄질오르다 지역 추수 장면(1945), 고려인이 거주하는 집(1938).

길을 찾아 연해주로 이주했다고 가정해본다면, 그리고 카자흐스탄 고려인의 증조부, 고조부들이 그대로 한반도에 눌러 살았다고 상정해본다면, 입장과 처지가 완전히 뒤바뀌어 있을 현 세대 고려인과 한국인의 모습을 떠올리는 것은 별로 어렵지 않다. 그런 의미에서 고려인과 한국인은 서로를 되비쳐주는 거울이며, 우리가 서로 이해 못 할 일은 전혀 없는 것이다.

Kazakhstan
Eurasia Golden Hu

2부
경제와 산업

카자흐스탄에서 에너지 자원 찾기!

자우레 베크무카노바 – 카자흐 브리티시 공과대학 교수

카자흐스탄의 광물원료자원 개관

카자흐스탄은 풍부한 광물원료를 보유하고 있으며, 여러 종류의 천연 자원 확정매장량으로 보았을 때 세계 10위권에 해당된다. 약 90여 개 이상의 광물이 발견되었으며, 이들 광물의 개발 및 수출은 카자흐스탄 경제성장의 주요 원천이다. 카자흐스탄이 보유하고 있는 다양한 광물원료로 말미암아 카자흐스탄은 각 에너지 자원별로 유라시아 지역 내 뿐만 아니라 세계 시장에서도 중요한 역할을 담당하고 있다.

카자흐스탄은 자원의 절대매장량뿐만 아니라 생산량에 있어서도 세계적으로 막강한 위치를 차지하고 있다. 특히 망간, 텅스텐, 몰리브덴, 금, 인광석, 철, 아연, 납 등 에너지 자원을 포함한 다양한 광물자원 매장량으로 볼 때, 카자흐스탄은 세계 10위권 안에 든다. 전 세계적으로 텅스텐

1997년 카자흐 국립 과학원에서 지질학 박사 학위를 받았다. 이후 카자흐 국립 과학원과 영국 옥스퍼드 대학교에서 연구원으로 활동했다. 2004년부터 현재까지 카자흐 브리티시 공과대학(KBTU)에서 교수로 재직하고 있으며, 2009년부터는 카자흐스탄 한국 대사관에서 에너지 및 광물자원 분야 애널리스트 겸 자문관으로 일하고 있다.

의 50%, 우라늄의 27%, 크롬 함유 광물의 23%, 아연의 19%, 납의 13%, 동의 10%가 카자흐스탄에 집중적으로 매장되어 있다. 그 외에 건축 시 사용되는 모래 및 점토와 같은 원료 역시 많이 매장되어 있다.

좀더 세분화해서 보자면, 비철금속의 경우 카자흐스탄 국내 산업에서 중요한 분야로, 잠재력 면에서 높게 평가받고 있다. 특히 구리, 아연, 납 등이 풍부하게 매장되어 있다. 비철금속 추출 광석에서 구리, 아연, 납, 알루미늄, 티타늄, 마그네슘과 기타 희토류를 생산해낸다.

카자흐스탄의 철 금속 관련 광물 원료자원은 그 질이 매우 우수하며, 경쟁력 있고 수출할 수 있을 정도로 매장량도 풍부하다. 확인된 철의 매장량으로 보았을 때 카자흐스탄은 세계 6위를 차지하고 있으며, 망간의 경우 4위, 크롬은 2위를 차지하고 있다. 크롬의 경우는 확정매장량으로 산정했을 때 남아프리카공화국에게 1위를 내주었지만, 질적으로는 세계 최고이다.

카자흐스탄은 또한 희귀 광물자원의 보고이다. 카자흐스탄은 텅스텐 확정매장량 세계 1위, 몰리브덴 세계 4위를 차지한다. 희귀 광물 중 탄탈, 니오브, 주석, 희토류 같은 경우도 중요한 위치를 차지하고 있다.

카자흐스탄의 연료에너지 자원은 카자흐스탄 경제에서 중요한 역할을 담당하고 있다. 석유, 천연가스, 석탄, 우라늄과 같은 다양한 에너지 자원의 풍부한 매장량 덕분에 카자흐스탄은 국내 에너지 소비량을 충당할 뿐만 아니라, 상당 규모를 수출하고 있다.

석유의 경우 카자흐스탄은 확정매장량 기준으로 세계 8위를 차지하고 있다. 2008년 BP Statistical Review of World Energy 평가에 따르면 카자흐스탄에서 확인된 석유 매장량은 398억 배럴, 가스 매장량은 1.82조 세제곱미터이다. 탄화수소 원료의 대부분이 카자흐스탄 서부 카스피 해 석유·가스 매장지에 집중되어 있다. 텡기즈와 카라차가나크와 같은 석유 및 가스컨덴세이트 매장지가 위치해 있는 아띠라우 주에는 더 많은 추정매장량이 있다. 2000년 카스피 해 북부에 위치해 있는 카샤간 유전지의 석유 추정매장량은 70~90억 배럴이며, 전체 추정매장량은 380억 배럴로 이는 카스피 해 카자흐스탄 영해에 대한 투자를 유치하는 데 중요하게 작용하였다.

석탄 산업은 투자 측면에서 보자면 우선적으로 발전시켜야 하는 분야이다. 카자흐스탄은 확인된 석탄 매장량으로 볼 때 미국, 러시아, 중국, 호주, 인도, 남아프리카공화국, 우크라이나 다음을 잇는 주요국이다. BP Statistical Review of World Energy의 평가에 따르면 석탄 매장량은 310억 톤 이상으로, 전 세계 석탄 확정매장량 중 3.8%가 매장되어 있으며, 매장량을 분류했을 때 갈탄 66.5%, 무연탄 33.5%로 추정되고 있다.

카자흐스탄은 우라늄 매장량도 세계 2위를 차지하고 있다. 전 세계 매장량의 27%가 카자흐스탄에 매장되어 있는 것으로 추정하고 있다. 우라늄 생산 분야의 발전 가능성은 우라늄 매장지의 층별 침전물 분포와 관련 있다. 우라늄과 함께 지하 액체분리로 매장지로부터 레늄, 바나듐, 셀

레늄, 희토류 및 기타 다른 원소를 얻을 수 있다. 카자흐스탄의 광물원료 자원 분야는 향후 발전전망이 매우 밝다. 확정매장지를 중심으로 석유·가스, 우라늄 및 석탄 산업과 비철금속 및 철금속, 기타 유용광물 산업 기반이 구축되었다.

에너지 정책 - 경향과 목표

카자흐스탄 국내 에너지 정책 우선과제는 2015~2030년 카자흐스탄 발전 전략에 명시되어 있다. 카자흐스탄 에너지 장기정책기조는 다음과 같다.

- 지속가능한 경제발전을 위한 에너지 기반 구축
- 국내 에너지 소비자에 대한 안정된 가격 보장
- 에너지 안보를 보장하는 에너지 절약 시스템 개발
- 환경보호 및 기후변화 대응

카자흐스탄은 위의 정책기조를 실현하는 데 필요한 에너지 자원과 에너지 분야 관련 인프라를 충분히 보유하고 있다. 한편, 기존엔 에너지 자원의 대대적인 개발과 생산에만 치중되어 있었지만 이제는 에너지 소비와 에너지 절약의 효율성 제고가 에너지 전략의 핵심을 이루고 있다.

세계 석유생산 10대 강국이 되는 것은 카자흐스탄의 전략적 과제이다. 이를 위해 카자흐스탄 국내 석유·가스 분야에서 정부의 영향력이 커지고 있는 양상이 두드러지게 나타나고 있다. 석유 분야 발전을 위한 목적으로 국가이익 우선 에너지 시장에 국가의 영향력을 강화하는 방향으로 법적 기반을 변화시키고 있다. 또한 카자흐스탄 석유·가스 국영기업인 카즈무나이가스KazMunaiGas는 석유·가스 생산 및 가공 분야의 새로운 지분을 매입하고 있으며, 특히 석유·가스 분야 세계 대기업들과의 합작 프로젝트에 적극 참여하고 있다.

석유생산은 카자흐스탄 GDP와 예산의 상당한 부분을 충당하는 분야로 카자흐스탄 국내경제에서 가장 빠른 속도로 성장하는 중요한 산업 분야이다. 2009년 석유·가스 생산량은 전년도 대비 6.2% 증가하여 7천5백만 톤 수준에 달하며, 2010년 석유·가스 생산량은 8천만 톤, 2015년까지는 1억 톤 이상으로 늘릴 계획이다. 동 목표 달성을 위해 카자흐스탄은 카스피 해 카자흐스탄 영해 광구개발 국책사업을 채택한 바 있다.

무엇보다 에너지 자원 중 카자흐스탄에 있어 가장 전망 있는 분야는 천연가스이다. 2008년 기준 천연가스 생산량은 302억 세제곱미터였으며, 2010년에는 420억 세제곱미터까지 늘릴 계획이다. 카자흐스탄 국내 총 14개 주 중 가스공급이 이루어지고 있는 주가 9개라는 점을 감안하여 무엇보다 국내 가스공급이 가스 분야에서의 가장 중요한 우선과제이다. 향후 탄화수소 원료 개발 전망은 카스피 해와 아랄 해 부근에 매장된 지하자원에 대한 대규모 연구작업과 직결되어 있다.

석탄 생산 발전은 석탄의 품질과 액체연료 및 혼합물질을 얻을 수 있도록 하는 석탄가공 관련 화학 분야의 발전과 밀접한 연관이 있다. 2020년 카자흐스탄 석탄 산업 발전 컨셉의 주요 과제는 2020년까지 석탄 생산량을 1억 4,560만 톤까지 늘리는 것이다.

원자력 분야 발전 전망에 대해서 살펴보자면 카자흐스탄은 우라늄 생산 강국이 되고자 한다. 2009년 우라늄 생산량은 2008년보다 58% 증가한 135,000톤이며 천연우라늄 생산에 있어서는 세계 1위를 차지하고 있다. 2010년까지 카자흐스탄은 우라늄 생산량을 150,000톤까지 늘릴 계획이다. '2020~2030년 우라늄 생산 및 원자력 발전 컨셉'에서는 원자력에너지 분야 발전 주요 방향과 원칙에 대해서 다루고 있다. 카자흐스탄은 막대한 양의 천연우라늄을 보유하고 있는 국가로서 핵연료 성분을 생산하면서 세계 원자력 시장에서 잠재적으로 중요한 역할을 담당할 수 있다. 천연우라늄 융합 및 농축과 같은 유망한 분야가 지속적으로 발전하고 있으며, 우라늄 광업에서 원자로까지 이르는 핵연료 사이클 수직통합 체계를 구축할 계획이다. 원자력에너지 기반 조성과 전력 분야 발전은 카자흐스탄 대내외 국정의 중요한 방향이다.

2010년부터 카자흐스탄은 '2010~2014년 5개년 산업혁신 경제발전계획'을 실시한다. 동 경제개발계획은 기존 산업 분야 국가 발전계획 중 가장 유망한 계획으로, 동 계획에 따라 석유가공 및 석유·가스 운송 인프라 개발은 가장 중요한 국정사업으로 선정되었다. 그 외에 낙후한 석유정제 공장 현대화 및 재건립에 사용되는 새로운 기술 개발과 자원 이용 및 공급, 그리고 서비스에 이르기까지 모든 단계에 필요한 IT 기술의 개발과 도입 또한 중요한 과제에 해당된다.

카자흐스탄이 보유한 천연자원의 효율적 관리에 있어 중요한 분야는 바로 탄화수소를 포함한 원료가공의 혁신적 생산 구조를 구축하는 것이다. 2009년 5월 카자흐스탄 정부는 투자규모 40억 달러에 이르는 아티라우, 쉼켄트 석유가공 공장과 빠블오다르 석유화학 공장 현대화를 골자로 하는 '2009~2015년 카자흐스탄 석유가공개발 종합계획'을 발표하였다. 동 사업계획에 따라 2014년까지 카자흐스탄은 국내 석유가공 공장에서 생산한 고품질의 석유제품을 국내 시장에 공급하게 될 것이다.

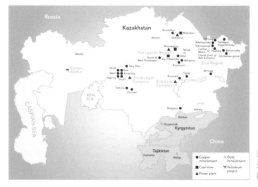

카자흐스탄의 대표적 동 생산업체
카작므스의 주요 광산 위치. 출처:
kazakhmys.com.

또한 향후 발전 전망이 밝은 분야로 광업철강 분야를 들 수 있다. 동 분야는 카자흐스탄 GDP 22%를 차지하고 있는 분야로서 카자흐스탄 경제의 중요한 산업 분야이며 전략적 산업 분야에 해당된다. 동 분야의 발전 수준을 더 끌어올리기 위해서는 무엇보다도 제품의 경쟁력을 제고해야 하며, 이에 대해서 나자르바예프 대통령은 이미 여러 차례 강조한 바 있다. 나자르바예프 대통령은 2015년까지 철강제품 생산 및 수출량을 두 배로 늘릴 것을 천명한 바 있다. 이에 따라 가공 분야 발전과 새로운 기술 구축을 통해 철강 분야의 총부가가치는 107% 이상 늘어날 것이다.

광업 및 철강 분야 발전에 있어 풍부한 광산 매장지를 가지고 있는 동 카자흐스탄에 이목이 집중되고 있다. 합금철 및 합금비철 완제품의 생산량이 늘어날 것이며, 항공 산업에 필요한 희귀금속 개발을 위한 혁신 분야 개발이 구축될 뿐만 아니라 관련 기계제작 및 생산 클러스터가 조성될 것이다.

카자흐스탄에서 에너지 찾기

외국인 직접투자 유치는 카자흐스탄 경제 현대화에 있어 중요한 부분을 차지하고 있다. 카자흐스탄은 개방된 대외 경제정책을 통해 유용광물 매장지 개발을 위한 외국인 투자를 활발하게 유치하고 있으며, 해외로부터 과학기술지식, 혁신, 최첨단 생산 및 경영 노하우를 유치하는 데에도 전념하고 있다.

이러한 측면에서 카자흐스탄의 투자자로서 안정된 교역 상대국이 바로 한국이다. 현재 양국은 에너지 및 유용광물자원 분야뿐만 아니라 기타 여러 분야에서 다각적인 관계를 맺고 있다.

한국과 카자흐스탄은 각각의 장점을 이용할 수 있는 상호보완적인 경제구조를 가지고 있으며 상호호혜적인 협력을 넓혀나갈 수 있다. 카자흐스탄은 산업개발을 위한 잠재력에 해당되는 원료자원 생산 분야와 완제품의 대규모 판로를 위해 한국자본을 유치하고 있다. 한국의 경우 자국 기술을 도입함으로서 카자흐스탄 국내 경제사회 인프라 구축 프로젝트에 활발히 참여하고자 한다. 한국기업들은 또한 광산업, 철강 및 화학 분야와 같은 카자흐스탄의 개발 우선 분야에서 풍부한 경험을 가지고 있다.

2009년 이명박 대통령의 카자흐스탄 국빈방문 중 열린 정상회담에서 카자흐스탄의 에너지 분야에 대해 한국이 50억 달러 이상을 투자할 계획이라고 발표한 바 있었다. 카자흐스탄 남부지역의 에너지 부족을 해소할 발하쉬 화력발전소 건설 사업에 한국 컨소시움(삼성&한전) 참여는 카자흐스탄에게 있어 매우 중요한 의미를 갖는다. 또한 한국기업은 카스피해 잠빌 석유광구 개발 참여를 발표하였으며, 그 외에도 아다 및 8광구 석유 매장지 개발 사업이 한국의 민간기업에 의해서 추진되고 있다. 많은 한국기업들은 카자흐스탄 기업들과 카스피 해 연안 해상광구뿐만 아니라 육상광구 개발과 관련된 합작 사업을 활발히 논의하고 있다.

한국은 사실상 특별한 자원이 없는 나라로 거의 모든 원료를 수입하고 있다. 따라서 한국은 에너지 자원뿐만 아니라 기타 유용광물을 필요로 한다. 반면 카자흐스탄은 풍부한 광물원료를 보유하고 있는 나라이지만 현재 유용광물 부족현상을 심하게 겪고 있다. 이는 전환기라는 복잡한 경제상황에서 유용광물 생산속도가 개발 탐사보다 더 빠르게 진행되는 과정과 관련이 있다. 카자흐스탄 매장지 개발 펀드가 부재한 상황에서 이제는 정부가 나서서 지질탐사작업을 추진할 시기가 도래했다. 새로운 대규모 매장지 개발 프로젝트에 한국이 투자하는 것은 카자흐스탄이 세계적인 광물자원 부국으로 자신의 자리를 굳히는 데 도움이 될 것이며, 한국으로서는 안정적인 원료자원을 얻을 수 있는 기회가 될 것이다.

카자흐스탄의 광산 철강 산업은 막강한 수출잠재력을 보유하고 있으며 한국의 관심을 끌 만한 분야이다. 그 예로 철강생산 분야의 세계적 리더기업인 한국의 POSCO는 카자흐스탄의 철강 산업 합작개발에 관심을 가질 수 있을 것이다. 카자흐스탄 국내 철강 산업 분야는 현대식 철강 산업단지 건설에 필요한 모든 조건을 갖추고 있다. 따라서 다량의 비철금속과 석탄을 보유하고 있는 이들 매장지를 합작으로 개발할 수 있을 것이다. 한국으로 원료를 운송하기까지는 많은 비용이 들기 때문에 카자흐스탄 매장지에서 채굴한 원료를 카자흐스탄 국내에서 가공할 수 있다. 이와 관련하여 최근 POSCO의 전략적 변화가 유의미해 보인다. 국내시장에만 치중되어 있었던 활동전략이 인도, 베트남 등의 해외 철강 플랜트 개발로 변화되고 있는 상황으로 보인다. 카자흐스탄 역시 철강 산업 분야에서 외국 투자자와 협력하는 데 큰 관심을 가지고 있다.

비철금속을 함유한 카자흐스탄의 광석은 희귀성분과 일반성분을 모두 고루 함유하고 있으나 관련 해당 기술의 부재로 일반성분과 희귀성분을 제대로 분리, 채취하지 못하고 있다. 사실 희귀성분 채취 비용이 일반성분 자체 가격보다 더 비싼 경우가 빈번하다. 이와 관련하여 광산 철강 분야에서 과학기술상으로 중요한 과제가 선결되어야 한다. 광석 채굴, 농축 및 철강 가공과정에서 도입해야 할 필요가 있는 첨단기술을 개발하는 것이다. 따라서 낙후된 기술을 보다 효율적이고 친환경적이며, 철강소모율을 낮출 뿐만 아니라 고부가가치를 가진 기술로 전환하는 프로젝트에 한국 측이 참여하게 된다면, 광산 철강 분야 발전과 경쟁력을 가진 상품 생산 증강을 위한 중요한 협력 분야가 될 것이다.

비금속철강 분야에서 우선적으로 발전시킬 수 있는 분야는 희귀 금속 및 희토류 분야이다. 희귀 금속 및 희토류 제품의 질에 대한 요구조건은 지속적으로 늘어나고 있으며 이는 기술 및 장비의 개선을 끊임없이 필요로 한다. 한국은 원자력 에너지, 전기 전자, 기계 제작, 반도체 소재 생산과 같은 다양한 분야에서 희귀 금속을 사용하고 있으며 또한 합금기술을 적용하고 있다.

대체에너지 개발 분야 또한 한국과 카자흐스탄의 협력 전망이 밝은 분야이다. 카자흐스탄 환경보호부는 〈재생에너지 이용 지원에 관한 법안〉을 마련하였으며, 이명박 대통령은 카자흐스탄 방문 정상회담에서 재생에너지 분야에서 카자흐스탄과의 협력을 지지하였다. 이 대통령은 "태양에너지와 풍력에너지와 같은 카자흐스탄의 풍부한 재생에너지 자원과 한국의 첨단 정보 및 녹색기술을 연결한다면 양국은 서로 윈윈하여 전 세계적으로 녹색혁명 시대를 이끌어 갈 수 있는 최상의 파트너가 될 것

이다."라고 언급한 바 있다.

환경보호문제에 있어 한국과 카자흐스탄은 재생에너지 사용과 친환경 기술개발 등을 통한 저탄소경제로의 빠른 전환을 목표로 하는 협력을 확대하고자 한다.

양국 협력의 장을 원자력 에너지 분야에서도 확대할 수 있다. 카자흐스탄은 2020년까지 최소 1개의 원자력발전소를 가동할 계획이다. 한국의 경우 전력의 대부분을 원자력에서 충당하고 있는 나라로, 원자력발전소 건설에 있어 풍부한 경험을 보유하고 있다. 2009년 5월 정상회담에서 양국 대통령은 중소형 원자력발전소 건설 분야의 협력에 대해 합의한 바 있다. 양국은 또한 SMART(중소형 원자로) 사업 개발기술 연구 점검 공동추진과 방사선 의료사용 분야 협력을 통해 향후 협력을 발전시켜나가기로 하였다.

앞에서 언급한 분야의 협력 이외에 기타 여러 분야에서 협력할 수 있는 많은 방안이 있다. 2004년 카자흐스탄 정부는 '비자원 분야의 클러스터 발전을 통한 카자흐스탄 국내 경제 다변화' 프로젝트를 시작하였다. 동 프로젝트 추진 목적은 천연자원개발과 관련 없는 카자흐스탄의 산업 분야를 발전시켜 경쟁력을 높이는 데 있다. 카자흐스탄의 우방인 한국은 카자흐스탄 비자원 분야 발전에 많은 도움을 줄 수 있다. 석유·가스 운송 관련 기계제작, 인프라 개발, 물류 서비스, 식품 산업, 섬유 산업 등과 같은 다양한 분야는 카자흐스탄 국내에서 클러스터 조성을 위한 준비가 잘 되어 있는 분야로서 한국과 카자흐스탄의 협력을 통해 최첨단기술이 필요한 분야를 발전시켜나갈 수 있을 것이다.

보건, 교육, 학술 및 과학 집약적 산업 분야의 발전을 위해 카자흐스탄은 국제협력을 지향해야 할 필요가 있으며 새로운 IT 기술과 경쟁력 있는 제품 생산을 위해 외국투자를 유치해야 한다. 이러한 점을 고려하여 이명박 대통령은 카자흐스탄 방문 중 카자흐스탄에 한국의 IT 기술을 제공할 준비가 되어 있다고 밝힌 바 있다.

결과적으로 한국과 카자흐스탄은 큰 잠재력을 가진 상호호혜적 관계에 필요한 수 많은 가능성을 가지고 있다. 나자르바예프 대통령은 한국과 카자흐스탄은 전략적 동반자 관계를 맺으면서 양국이 질적으로 다른 새로운 단계에 접어들었음을 강조하면서 한국은 카자흐스탄의 경제발전을 위한 중요한 파트너라는 점을 여러 차례 언급한 바 있다.

〈번역: 김태연〉

카자흐스탄에서 석유 찾기!

류상수 – 한국석유공사 카스피언 법인장

아다 광구의 경험을 바탕으로

현재 카자흐스탄에서 한국기업이 진출한 광구는 석유공사와 LG상사가 진출한 아다$_{Ada}$ 광구와 예기즈카라 광구, LG상사와 SK(주)의 EPC 무나이 제8광구, 석유공사 컨소시엄의 잠빌 광구와 사우스 카르포프스키 광구, (주)세하의 웨스트 바조바 광구와 사크라마바스 광구, KSR사의 살바잘가노이 광구, 대한뉴팜의 아이르샤길 광구, 지엔텍의 쥬살리 광구 등이다.

위에서 언급한 모든 광구 중 어디가 가장 성공했다고 말하기는 아직 일러 보이는 게 사실이지만, 아다 광구가 가장 생산에 근접해 있다고 평가된다. 따라서 아다 광구의 개발 과정을 통해 카자흐스탄에서 한국기업이 원유 탐사 및 생산에 진출할 때 발생할 수 있는 문제점을 조명하고,

서울대학교 자원공학과와 동 대학원을 졸업했고, Texas A&M에서 〈Reservoir Permeability Distributions from Multi-well Test Sequences in Heterogeneous Reservoirs〉(1995년)라는 주제로 석유공학 박사학위를 취득하였다. 한국석유공사에서 베트남 가스전과 동해 가스전 개발을 담당했고, 신규사업팀장을 거쳐, 현재는 한국석유공사 카스피언 법인의 법인장이라는 중책을 맡고 있다.

향후 나아갈 길에 대해 살펴보도록 하겠다.

　현재 석유공사와 LG상사가 참여하고 있는 아다 광구는 탐사와 개발이 한창 진행 중이다. 현재 일산日産 7,500배럴 수준의 원유 처리가 가능한 중앙생산처리설비Central Production Facility, 각 유정으로부터 생산된 원유를 이동시키는 원유수송관Flowline, 생산 계측 설비 모듈Auto Group Metering system, 그리고 원유 및 물 저장 탱크Oil and Water Storage Tank 등의 생산 처리 설비공사를 진행 중이다. 2010년 3월 현재 공정률 약 75% 진행 중이며, 2011년 3월 준공을 목표로 하고 있다. 아다 광구는 2009년 7월경 에너지-광물자원부Ministry of Energy and Mineral Resource로부터 2년간의 시험 생산 라이센스Pilot Production license를 획득하여, 4개의 유정(바셴콜-1X, 4X, 10X, 23X)에서 2009년 11월 말 기준으로 일산 1,700배럴의 원유를 생산 판매하고 있으며, 2010년과 2011년에 추가 탐사정 및 생산정 시추를 통해 매장량 추가 확보 및 생산량을 점차 증가시킬 야심찬 계획을 세우고 있다.

　비록 정부 등록 매장량(C1+C2 기준) 3천만 배럴 수준으로 텡기즈 및 자나졸과 같은 자이언트 급의 큰 유전은 아니지만, 시추 심도가 500~700m로 낮아 시추 및 개발 비용 자체가 타 광구보다 훨씬 적은 것이 장점이다. 또한 해상 광구보다 운영 측면에서 용이한 육상 광구의 이점을 가지고 있기에 총 개발비용 회수 측면에서 타 광구보다 유리한 측면을 지니고 있다. 실제로 2009년 시추 결과 한 공당 시추 및 유정 완결 비용이 70~80만 달러 수준에 불과했다. 향후 현재의 탐사계약 단계에서 생산계약으로 전환되어 수출 라이센스를 확보할 경우 광구 내에서 생산된 원유를 직·간접적으로 수출할 수 있게 되어 동 사업에 대한 경제성은 급격하게 증가할 것으로 기대된다. 통상 수출되는 유가는 내수 판매

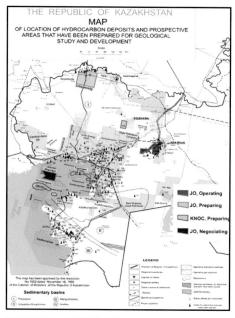

한국석유공사 카스피 해 광구도, 출처: knoc.co.kr.

되는 유가의 3~4배 수준이다. 아다 광구를 통해 발생하는 수익은 카자흐스탄 내 타 광구 진출을 위한 기초 토대가 될 것이며, 큰 자금줄의 역할을 하게 될 것이다.

그러나 아다 광구가 현 수준으로 개발되기까지 그 길이 순탄했던 것만은 아니었다. 그 사이 사이에는 내·외적으로 많은 어려움이 있었다. 그중 가장 큰 애로사항은 외형적인 부분으로, 카자흐스탄에 진출한 대부분의 한국기업들이 관련 법규와 제도, 그리고 기술표준 규정에 대한 이해가 부족하다는 점이다. 이는 양국의 기업문화 차이와 맞물려 때로는 크고 작은 의견 충돌로 파경에 이르기도 한다. 특히 석유탐사 개발 분야에서 서구식 국제표준에 익숙한 한국기업이 기존 러시아식 동구권 기술표준을 따르는 카자흐스탄식 기술표준에 동화되지 못하여, 사업 초기에 많은 시간과 인력을 낭비한 경험을 가지고 있다. 또한 최근에는 에너지-광물 관련 법률이 자주 개정되고 있다. 이에 대해 시기적절한 대응을 하지 못할 경우 큰 피해를 보게 된다. 아다 광구 또한 예상치 못한 법률의 개정 및 신규 법률 때문에 탐사 및 개발 진행 시 여러 번 일정 차

광구 현장 사진. 출처: 한국석유공사.

질을 빚었던 적이 있었다. 하지만 이를 통해 카자흐스탄 자원 관련 법률
및 규정의 지속적인 모니터링과 그에 대한 충분한 검토가 필요함을 인식
하게 되었고, 이는 카자흐스탄 내 타 광구의 작업을 위한 정부 승인 작업
시 숙지해야 할 교훈이 되고 있다.

　둘째로, 정부 규정의 빈번한 개정 못지않게 작업을 어렵게 하는 것이
승인까지 소요되는 시간이다. 이는 아직 카자흐스탄에 잔재하는 구소련
사회 문화 중 '행정 절차의 수평화' 때문이다. 말하자면, 어떤 안건에 대
한 승인이 각 부서를 통과해야 하는데 각 부서가 완전히 독립적인 결재
권한을 지니고 있는 상황을 의미한다. 독립적인 결재 권한은 민간기업에
서도 유사한 구조가 나타나지만, 구소련 사회에서 결재권의 독립 정도는
상상을 불허한다. 카자흐스탄 국영기업이나 정부부처에 그러한 문화가
남아 있어 일처리가 매우 더디게 진행되고 있다. 어떤 안건을 올리면 최
소 4개에서 6개 부서를 거쳐야 한다. 더군다나 각각의 부서에서 이견이
발생하면 수정하여 다시 올려야 한다. 단계별로 결재 라인이 지정되어
있기에, 예를 들어 특정 결재권자가 출장이라도 가게 될 때에는 기다리는
수밖에 없다. 이는 일을 더디게 할 뿐만 아니라 정부 승인 이후 진행되어
야 할 업무들의 일정에 많은 악영향을 미친다. 지금껏 진행되어온 아다
광구의 탐사 및 개발도 이로 인해 사업 진행 시 어려움을 겪어 왔다. 여기

서 볼 수 있듯이 타 광구 작업을 위한 정부 승인 작업이 있을 경우에는 충분한 시간을 고려하여 준비해야 한나는 점을 명심해야 될 것이다.

셋째로, 정부에서 강화하고 있는 현지인 및 현지 업체 이용 비율 관련 이슈이다. 카자흐스탄 내 경제위기로 인해 실업률 및 도산하는 현지 업체의 수도 급증하고 있다. 이를 해결하기 위해 카자흐스탄 정부는 현지인 및 현지 업체 사용 비율을 법률로 규정하여 그 수를 늘리고 있는 실정이다. 이는 외국인에 대한 노동 허가Work Permit의 발급을 제한하여, 한국인과 외국의 고급 인력의 채용 수에 제약을 가하게 된다. 특히, 아다 광구와 같이 운영권을 가지고 있는 광구에 대해서는 주요 운영 인력에 대한 충분한 숫자가 확보되어야 하기에 현지화localization 비율의 점진적인 증가는 악조건으로 다가올 수 있다. 또한, 현지 업체 의무 사용 비율의 증가는 입찰 가격의 상승 및 작업 성과의 저해를 초래하였다. 실제로 카자흐스탄 내 현지 업체들의 담합은 관행화되고 있고, 작업 성과 또한 외국 업체에 비해 많이 부족한 실정이다. 실제로 각종 설비를 발주하다 보면 견적가와 입찰가가 크게 차이가 나지 않았던 적도 있었고, 작업 성과의 기준 미달로 인해 해당 업체와 수차례 마찰을 빚으며 업무를 진행한 적도 있었다. 이와 같이 외국 인력 및 업체의 사용 제한은 비용 및 작업 효율 측면에서 많은 어려움을 겪게 하였다. 앞으로도 이 법률은 유지되거나 강화될 예정이므로 이에 대한 대처 방안의 마련이 필요하다 하겠다.

위에서 언급한 세 가지 난제는 정부와 관련된 외적인 부분이다. 이 뿐만 아니라 카자흐스탄 내 사업을 위해 내적으로 해결해야 할 부분에 대해서 언급하겠다.

첫째로, 언어에 대한 장벽이다. 카자흐스탄 내에서는 카자흐어와 러시아어를 기본으로 사용하고 있으며, 특히 아다 광구가 위치하고 있는 악

오일 펌프.

토베 지역은 알마티 지역에 비해 카자흐어 사용 비율이 높다. 앞서 언급한 현지인 의무 고용에 의해 영어 사용이 원활하지 않은 인력도 채용이 불가피할 때가 많다. 이로 인해 현지 인력과의 직접적인 의사소통이 불가능하다. 제삼자를 통해서만 의사소통이 가능하므로 그 과정 중 의사 전달이 제대로 되지 않을 경우가 허다하며 또한 문서 자체도 러시아어와 영어, 심지어 카자흐어까지 세 가지 언어를 사용하여 작성해야 될 때가 있어서 업무상의 비효율이 크다. 특히, 대부분의 정부 관련 문서들은 러시아어를 기반으로 하고 있다. 업무 조정을 위해 만나야 할 정부 관료들도 대부분 영어를 사용하지 못하기 때문에 상호 간의 불완전한 이해로 인해 피해를 보는 경우도 종종 발생한다. 사실상 세계 어느 나라를 가든지 간에 언어의 차이에 의한 문제는 발생하기 마련이다. 다만, 이를 좀 더 원만하게 극복하기 위한 절차의 수립, 문서의 간소화, 영어가 가능한 현지인의 고용 비율 증가 등의 해결 방안이 필요하다.

둘째로, 문화의 차이로 발생하는 현지인과의 갈등이다. 카자흐스탄은 구소련에 포함되어 있던 곳으로 행정 절차, 사회 조직, 문화 등에서 구소련의 특징이 아직도 많이 남아 있다. 그 중 하나를 꼽자면 모든 일의 처리에 서면 증빙, 공증을 요구한다는 것이다. 법적으로 아무런 하자 없이 업무를 처리하는 것은 당연히 반겨야 할 업무 문화이고 국제 표준에도 부합하는 것이다. 그러나 현지에서 요구하는 정도는 우리의 상식을 넘어설 때가 많다. 단순 금융업무, 민원제출과 같이 한국에서는 쉽게 처리되는 건도 카자흐스탄에서는 굉장히 많은 증빙 서류를 제출하고, 문제가 있을 경우 설명을 해야 하는 경우가 매우 흔하다. 그렇기 때문에 사업 운영자로서 현지 고용인들에

육상 시추시설. 출처: PetroKazakhstan.kz.

게 업무를 지시하면서 적지 않은 갈등이 발생한다. 한국과는 다른 속도로 처리되는 업무를 한국과 동일한 속도로 처리하려는 것이 경영진의 생각이다 보니, 현지 고용인들은 압력을 느끼게 되고 사업 초기에 그러한 압력이 쌓여 갈등을 초래하는 경우가 많았다. 현재는 이러한 처리과정에 대한 일련의 절차가 그간의 시행착오를 거치며 정립되었고, 문화 자체를 받아들이되 업무 속도에는 지장을 주지 않는 방향으로 진행하려고 노력하고 있다.

"로마에 가면 로마법을 따르라"고 하지 않는가? 아무리 윽박지르고 다그친다고 해서 수십, 수백 년 간의 문화가 바뀔 리 없다는 점을 인정해야 한다. 구소련 사회의 문화적 울타리 내에서 사업을 빠르고, 현명하게 진행하는 방법을 배운 것이 아다 광구 사업을 진행하면서 얻은 큰 소득이

라고 할 수 있다. 하나 덧붙인다면 현지 직원과의 관계를 원만히 유지하는 것 또한 매우 중요하다. 이는 현지에서 발생하는 모든 문제는 언어적인 문제 때문에 현지 직원의 손을 빌려 처리할 수밖에 없기 때문이다.

요컨대, 앞서 언급한 것과 같이 내·외적으로 발생한 많은 문제점들을 극복하였기에 아다 광구가 현 개발 시점까지 올 수 있지 않았나 생각한다. 이는 카자흐스탄에서 진행한 첫 번째 광구이기에 필연적으로 겪어야 할 일련의 시행착오와 같은 것이었고, 문제점 자체가 당시 다소 손해와 피해를 끼치긴 하였으나 좋은 뜻으로 해석하면 추후 더 큰 손해를 방지할 수 있는 액땜과 같은 것이었다. 다행히 아다 광구는 시행착오와 액땜치고는 아주 큰 문제없이 현재까지 잘 순항하고 있으며, 이로 인해 지금까지 쌓아온 노하우는 몇 년 후 상업적 생산 개시의 더 큰 목표를 이루기 위한 주춧돌이 될 것이다.

향후 석유공사 뿐만 아니라 기회의 땅 카자흐스탄에 많은 한국기업의 진출이 예상된다. 앞서 아다 광구를 통해 조명한 정부 승인 및 현지화 비율의 상승 문제, 언어와 문화의 차이로 야기되는 문제점은 카자흐스탄 내에서 사업을 진행할 경우 필연적으로 발생하는 것이며, 이는 말처럼 쉽게 극복될 수 있는 부분은 아니다. 하지만, 정상 생산을 목전에 둔 아다 광구가 지나온 길을 보며 다른 신규 및 개발 사업 진행 시 발생할 수 있는 문제점에 대해 미리 예상하고, 그에 대한 대처 방안을 사전에 숙지한다면 추후 사업의 원활한 진행에 조금이나마 도움이 될 것이다.

카자흐스탄에서 한국기업의 석유 개발에 대한 위상은 아다 광구 외에 아직 가시적인 성과가 없기에 미미한 실정이다. 하지만 참여하고 있는, 그리고 참여할 광구 모두 한발 한발 나아가면서 좋은 성과를 내어 한국기업의 위상을 드높이는 그런 날이 오기를 기대해 본다.

석유의 부가가치를 높여라!

류상수 – 한국석유공사 카스피언 법인장

현재 카자흐스탄은 육, 해상에 걸쳐 172개의 유전, 42개의 콘덴세이트 전, 94개의 가스전을 보유하고 있다. 2009년 현재 석유의 확인매장량은 약 400억 배럴로 세계 8위를 기록하고 있으며, 가스의 확인매장량은 약 3조㎥로 세계 12위를 기록하고 있다. 그리고 2008년 기준으로 약 1.5백만 배럴/일 수준으로 석유를 생산하고 있으며, 하루 석유 소비량은 240천 배럴/일, 하루 수출량은 약 1.3백만 배럴/일 수준이다. 아직 집계가 되진 않았지만 2009년에는 약 1.7백만 배럴/일 수준으로 추정된다. 주요 생산 유전으로는 카라샤가낙Karachaganak 유전(250천 배럴/일), 텡기즈 Tengiz 유전(280천 배럴/일), 켄키약Kenkiyak 및 자나졸Zhanazol 유전(120천 배럴/일), 우젠(Uzen) 광구(135천 배럴/일), 망기스타우무나이가스 Mangistaumunaigas 유전(115천 배럴/일) 그리고 쿰콜Kumkol 유전(70천 배럴/일) 등이 있다. 이들 유전에서는 전체 생산량의 약 70%인 1백만 배럴/일 수준으로 현재 원유를 생산 중이다. 나아가 2013년 이후 금세기에 발견된 유전 중 최대 규모의 매장량을 기록한 카샤간Kashagan 유전의 생산이 개시되면 일산 약 3.0백만 배럴 이상의 거대산유국이 되며, 카자흐스탄 정부는 세계 5위권 내의 산유국 진입을 구상하고 있다.

앞으로 카자흐스탄 내 원유 생산량은 세계 각국의 석유 개발 참여의

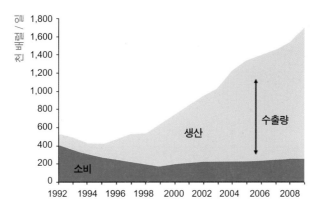

카자흐스탄 내 원유 생산 및 소비량 추이.

증가 및 기존 광구 생산량 증대를 위한 노력에 따라 위의 그래프에서도 보듯이 매년 지속적으로 증가할 것으로 예상된다.

위와 같이 원유 생산량의 증가를 위한 노력과 더불어 최근 카자흐스탄 정부 내 새로운 변화의 조짐이 일고 있다. 단순 원유 추출에서 벗어나 부가가치가 높은 다운스트림down stream 분야에 대해 관심을 보이고 있다. 지금까지 카자흐스탄은 석유, 가스를 채굴하여 러시아나 유럽 등 소비시장에 팔고, 반대로 고부가가치 상품인 석유화학제품을 수입하는 기형적인 에너지 무역 구조를 유지해왔었다. 그리고 해외자본 유치에 대한 전략 역시 석유개발 분야에 국한되거나, 단기적 성장을 위한 자본 확보에만 주력해온 측면이 있다. 따라서 기반 산업의 인프라 부족에 따른 사회 전반에 걸친 산업 구조의 불균형이 극복되지 않고 있는 실정이다. 이를 해결하고자 정부는 지난 2003년에 이미 '혁신전략 2015'를 통해 에너지 산업의 채굴량을 보다 확대함과 동시에 부가가치가 높은 다운스트림 분야에 대한 투자도 강화할 것을 선언하였다. 이를 토대로 정유 공장 및 석유화학 복합단지의 건설 등 전반적인 사회간접자본의 발전을 이룩하려는 것이다. 동시에 고부가가치를 창출할 수 있는 석유화학 제품을 생산함으로써 산업 구조의 균형을 꾀하고 있다.

또한, 2000년대 중반 이후 카스피 해로부터 동서 대륙 간 파이프라인 수급을 둘러싼 이권 경쟁이 본격화되었다. 카자흐스탄은 이러한 이권 경쟁에 본격적으로 참여하면서, 다운스트림 육성 방안을 고민하고 있다. 다운스트림 분야가 전무한 중앙아시아는 물론, 거대시장인 중국과 유럽에 인접해 있다는 강점을 가지고 있기 때문에 석유화학 정제 분야의 산업 요충지 역할을 할 수 있다고 생각하고 있다. 현재는 국제경제 침체로 주춤하고 있지만, 새로운 고유가 시대의 등장 가능성이 높아지고 있는 가운데 카자흐스탄은 원유 생산, 정제 산업에 있어서의 강자를 꿈꾸고 있다.

현재 카자흐스탄에는 빠블오다르Pavlodar 지역, 아띠라우Atyrau 지역, 그리고 쉼켄트Shymkent 지역에 국가 주요 정유시설을 보유하고 있다. 망기스타우 무나이가스MMG 소유의 빠블오다르 정유시설은 서시베리아 파이프라인에서 공급되는 원유를 연간 약 4백만 톤 규모(2008년 기준)로 정제하며, 아띠라우 지역 정제소는 카자흐스탄 북서부 지역에서 생산되는 원유를 연간 약 4백만 톤 규모로 처리하고, 페트로카자흐스탄 소유의 쉼켄트 지역 정제소는 쿰콜Kumkol, 악튜빈스크Aktyubinsk, 마카틴스크Makatinsk 등의 유전에서 생산되는 원유를 연간 약 4.3백만 톤 규모로 정제처리하고 있다. 그 외 중소규모 정제시설을 통해 연간 약 1.2백만 톤의 원유를 처리하고 있으며, 전체적으로 2008년 카자흐스탄 내 정유시설을 통해 약 13.5백만 톤(약 97백만 배럴)의 원유를 정제하고 있다. 2007년 대비 약 10%의 증가율을 기록하였지만 정제시설 가동률은 50~60% 수준에 불과하며, 이들 공장들은 노후화되어 효율성이 떨어지기 때문에 현대화

페트로카자흐스탄 석유정제시설.
출처: PetroKazakhstan.kz.

가 시급한 실정이다.

그간 정제 대상 원유의 국내 판매 가격이 낮아서 석유 생산업체들이 정제보다는 수출을 선호해 왔다. 따라서 정제 부문에 대한 투자가 상대적으로 적을 수밖에 없었으므로 지금과 같이 정제 산업이 발전하지 못한 것은 당연한 결과다. 그러나 실상 2005년까지 카자흐스탄은 원유 수입국으로 대부분의 제품유를 러시아로부터 들여왔다. 순 수출국으로 전환된 것은 2005년부터이며, 주요 판매 대상 국가는 스위스, 이태리, 중국, 네덜란드다.

카자흐스탄 정부는 정유 공장의 용량을 연간 1,700만 톤으로 확장할 야심찬 계획을 가지고 있는데, '2009~2015 정유부문 개발 계획'을 통해 3개 정유 공장의 설비 재건, 신규 생산 플랜트 건설 및 운송 인프라 재건에 총 31억 달러를 투자할 것임을 밝힌 바 있다. 또한, 동서부 갚챠가이(정제능력 60천 배럴/일), 남동부 망기스타우(150천 배럴/일), 중서부 쟈나졸(50천 배럴/일)의 신규 정유시설 건립을 검토 중이다.

	정유공장	위치	정제능력 (천 배럴/일)	정제물량 (천 배럴/일)	운영회사
대형	Atyrau	서부	106	27	KazMunayGas
	Pavlodar	북동부	163	38	KazMunayGas
	Shymkent	남부	132	78	Petrokazakhstan Oil Product
소형	Kondensat	북부	9	0	Kondensat
	PetroPavlovsk	북부	10	0	Kondensat
	Ust-Kameongorsky	동부	10	0	Kondensat
	Karachaganak	북서부	8	(콘덴세이트)	Karachaganak Petroleum operating

카자흐스탄 주요 정제 시설.

또한, 카자흐스탄 정부는 석유화학 산업 발전을 위해 아띠라우 석유화학 플랜트에 총 53억 달러를 투자하여 연간 폴리에틸렌 40만 톤, 폴리프로필렌 40만 톤 등을 생산하는 석유·가스 화학단지를 추진 중이다. 그동안 카자흐스탄은 원유 생산지라는 유리한 고지를 선점하고 있었음에도 불구하고 대량 생산체제의 미비, 내수시장 협소 등의 이유로 오히려 석유화학제품을 수입해왔다. 하지만 이 아이러니한 구조를 조정하고자 직접적인 투자뿐만 아니라 외국 투자자의 유치에 힘쓰고 있다. 일례로 2009년 11월 29일 중국계 회사인 시노펙Sinopec Engineering과 아띠라우 정유 공장 석유화학단지 건설 계약을 맺었다. 계약(건설) 기간은 2009~2013년, 계약(투자)금액은 14억 달러 수준이며, 정유 시설의 재건 후에는 연간 133천 톤의 벤젠과 석유화학 업계에서는 매우 중요한 원재료인 paraxylol을 연간 496천 톤 처리할 수 있는 능력을 보유하게 된다. 더구나 아띠라우 정유공장에서 정제 후 상업적으로 판매되는 가솔린의 질도 Euro-4 수준(가솔린 내 벤젠 함량 1% 미만, 방향성 탄화수소 35% 미만)으로 향상되고, 이 고품질 가솔린을 연간 550천 톤 판매할 수 있게 된다.

　요컨대, 위에서 언급한 것과 같이 최근 카자흐스탄에서는 단순 원유 생산 및 판매에서 벗어나 정제 및 2차 처리를 통해 부가가치가 높은 제품을 생산할 수 있는 방향으로의 전환을 꾀하고 있다. 이를 통해 사회기반 산업의 동반 성장을 도모하여, 국가 산업 기반의 다양화를 목표로 야심찬 계획을 실행해가고 있다.

　한 가지 첨언하자면, 카자흐스탄의 최인접 열강 중 하나인 중국은 이미 자국의 에너지 수급정책 해결을 위해 카자흐스탄에 대한 전략적 시장의 중요성을 인식하고 업스트림과 다운스트림 부분에 대한 참여와 투자를 급격히 늘리고 있다. 그러나 한국은 상대적으로 많이 뒤처져 있는 것이 사실이다. 한국도 중국처럼 대규모 경제원조를 동반한 사업 참여기회 확대 방안 모색과 SNPC나 SINOPEC 사와 같이 다운스트림 부분에 대한 동반 진출을 고려할 수 있겠으나, 많은 한국기업들은 카자흐스탄을 포함한 주변 중앙아시아 지역의 시장성에 의문을 가지고 있다. 석유정제 산업과 석유화학 산업 등 업스트림을 제외한 부분에 대한 투자를 결정하기에 매력적이지 못하다는 견해가 일면 일리가 있는 것도 사실이다. 관련 인프라 구조 및 기반 산업의 환경이 열악한 것도 투자 결정을 미루는 원인이 된다. 투자 자금 회수에 대한 의문 이외에도 투자 이후에 발생하는 관리상의 어려움, 세제나 법률제도상의 난관이 적지 않기 때문이다. 실례로 대부분의 거대 석유회사가 서부 카자흐스탄 지역의 대규모 유전에서 원유처리 부산물로 생산되는 황(유황)을 처리하지 못하고 있고, 이에 대해 환경법 위반으로 벌금 판정을 받은 일이 있다. 일반적으로 이러한 유황은 농업비료 분야, 플라스틱 및 유기화학 분야, 제지 산업, 페인트 산업, 제철제강 산업, 그리고 의약업 분야에 촉매나 원료로 이용되고 석유정제 분야에서 재촉매로 이용되기도 한다. 그러나 카자흐스탄에는 사회기반 산업의 구조가 열악하여 부산물을 효율적으로 이용하지 못하고 있는 실정이다. 석유 산업의 대표적 미들, 다운스트림 부문인 석유화학 및 석유정제 산업은 환경친화적인 산업이 아니다. 대기, 토양, 수질오염의 원인이 된다는 점 또한 중단기적인 중소규모 프로젝트 투자전략으로는 적합하지 않다고 할 수 있을 것이다.

반면, 한국은 뛰어난 기술력과 브랜드 파워, 그리고 다양한 환경에서의 사업운영 경험을 바탕으로 다른 국가들보다 상대적으로 강한 경쟁력을 가지고 있다. 석유개발 분야뿐 아니라 다른 어려운 산업 부분에서 난관을 극복하며 성공사례를 만들어 나가고 있는 점을 감안해 볼 때, 석유정제 분야가 절대 난관의 사업 분야라고 할 수는 없을 것이다. 장기적인 전략으로 중소규모의 관련 산업 참여를 시도할 수 있을 것이다. 이미 유사 산업 분야에 진출한 외국회사와 공동으로 초기 시범 사업을 이끌어가는 등 다양한 접근 가능성이 존재한다고 본다.

앞으로 산업 기반의 다양화를 통해 카자흐스탄은 크게 변모할 것이다. 그러한 다변화에 기여하면서 성공적인 비즈니스를 전개해나갈 한국기업의 활약상을 기대해 본다.

카자흐스탄의 에너지 수송로 전략

이유신 – 영남대학교 교수

서론

중앙아시아* 지역에서 에너지 자원 수송망은 매우 중요한 의미를 가진다. 특히 에너지 자원 수송망은 이 지역 국가들의 석유와 가스 생산과 직결되어 있다. 일례로, 지난 2001년 CPCCaspian Pipeline Consortium 송유관이 개통될 당시 카자흐스탄의 석유생산량은 하루 평균 836,000배럴에 머물렀으나 2002년에는 약 22% 증가해 하루 평균 1,018,000배럴을 생산했다(〈표 1〉 참조). 이 외에도 2005년 BTCBaku-Thilisi-Ceyhan 송유관이 완공되기 이전인 2004년 아제르바이잔의 석유생산량은 하루 평균 315,000배럴에 머물렀으나 이후에 급격히 증가해 2005년에는 하루 평균 452,000배럴, 2006년에는 하루 평균 654,000배럴을 각각 생산했다(〈표 2〉 참조).**

연세대학교 노어노문학과를 졸업하고, 인디애나대학교에서 러시아 지역 연구로 석사학위를 받았다. 미국 존스 홉킨스 국제대학원에서 〈Formation of a Coherent Concept of Russia's National Interest in the Caspian Sea: A Contructivist Explanation〉라는 논문으로 박사학위를 받았다. 주요 논문으로는 〈Toward a New International Regime for the Caspian Sea〉(2005)와 〈중앙아시아 가스자원의 함의와 가스관 경쟁: 러시아와 서방세력을 중심으로〉(2009) 등이 있다. 영남대학교 교수로 재직 중이다. CIS 자원외교 전문가로서 《조선일보》 등에 칼럼을 기고하고 있다.

석유 운송 장면(출처: PetroKazakhstan.kz)과 초원을 가로지르는 BTC 파이프라인(출처: hydrocarbons-technology.com).

　이 글은 카자흐스탄의 에너지 자원 수송로 전략에 대해 살펴볼 것이다. 특히 이 글은 카자흐스탄의 송유관 전략에 초점을 맞추고 있는데, 그 이유는 석유가 국가 수출액의 50퍼센트 이상을 차지하는 가장 중요한 수출 품목이기 때문이다. 이 글은 서론을 포함해 4절로 구성되어 있다. 두 번째 절은 중앙아시아 지역의 석유·가스 자원에 대해서 소개하고, 그런 다음 세 번째 절은 카자흐스탄의 에너지 자원 수송로 전략에 대해 살펴볼 것이다. 그리고 마지막 절은 지금까지의 논의를 종합하고 카자흐스탄의 송유관 정책을 전망할 것이다.

연도	하루 평균 생산량 (배럴)	증가율 (%)
2000	744,000	
2001	836,000	12.4
2002	1,018,000	21.8

표 1. 2001년 11월 CPC 송유관 완공 후 카자흐스탄의 석유생산량, 2000-2002. 출처: *BP Statistical Review of World Energy 2009*.

연도	하루 평균 생산량 (배럴)	증가율 (%)
2004	315,000	
2005	452,000	43.5
2006	654,000	44.7

표 2. 2005년 5월 BTC 송유관 완공 후 아제르바이잔의 석유생산량, 2004-2006. 출처: *BP Statistical Review of World Energy 2009*.

* 이 글에서 중앙아시아는 특별한 언급이 없는 한 우리가 전통적으로 알고 있는 카자흐스탄, 키르기즈스탄, 우즈베키스탄, 타지키스탄 및 투르크메니스탄 5개국 이외에도 카스피해 연안국인 아제르바이잔을 포함하고 있다.

** *BP Statistical Review of World Energy 2009*.
http://www.bp.com/liveassets/bp_internet/globalbp/globalbp_uk_english/reports_and_publications/
statistical_energy_review_2008/STAGING/local_assets/2009_downloads/statistical_review_of_world_energy_full_report_2009.pdf (accessed July 21, 2009).

중앙아시아 석유 · 가스 자원의 개관

석유자원

측정기관마다 다소의 차이는 있으나 중앙아시아 국가 중 상대적으로 많은 양의 석유자원을 보유한 나라는 카자흐스탄, 아제르바이잔, 투르크메니스탄 및 우즈베키스탄이다(〈표 3〉 참조). 이들 4개국이 보유한 석유 확인매장량은 전 세계 석유매장량의 약 3.8퍼센트에 해당한다. 중앙아시아 국가 중 가장 많은 양의 석유를 보유한 나라는 카자흐스탄으로 확인매장량이 398억 배럴에 달한다. 카자흐스탄 다음으로 석유자원을 많이 보유한 나라는 아제르바이잔으로 70억 배럴을 보유하고 있다. 그리고 나머지 두 국가인 투르크메니스탄과 우즈베키스탄의 석유 확인매장량은 상대적으로 적은로 각각 6억 배럴씩을 보유하고 있다.

석유 확인매장량은 생산량에도 영향을 미쳐 석유자원을 가장 많이 보유한 카자흐스탄이 가장 많은 석유를 생산하고 있다. 〈표 4〉에서 보듯이 2008년 카자흐스탄은 하루 평균 155만 4천 배럴을 생산했고 이 중 22만 9천 배럴을 소비했다. 따라서 카자흐스탄은 비교적 많은 양의 석유를 수출할 수 있는 여력을 갖추고 있다. 카자흐스탄 다음으로 석유를 많이 생산하는 나라는 아제르바이잔으로 2008년 하루 평균 91만 4천 배럴을 생산했다. 아제르바이잔의 경우 적은 인구로 인해 석유소비량은 카자흐스탄의 소비량에 훨씬 못 미치고 있다. 따라서 아제르바이잔은 석유생산량의 90퍼센트 이상을 외국으로 수출할 수 있다. 아제르바이잔 다음으로 석유를 많이 생산하는 국가는 투르크메니스탄으로 2008년 하루 평균 20만 5천 배럴을 생산했고 이 중 60퍼센트를 국내에서 소비했다. 따라서 투르크메니스탄이 수출할 수 있는 석유량은 상대적으로 적은 편이다. 이

에 비해 중앙아시아에서 가장 많은 인구를 보유한 우즈베키스탄은 2008
년 하루 평균 11만 1천 배럴을 생산했고 이보다 많은 11만 3천 배럴을 소
비했다. 따라서 우즈베키스탄의 경우 외국으로 석유를 수출할 수 있는
여력이 없다.

국가	확인 매장량
카자흐스탄	398
아제르바이잔	70
투르크메니스탄	6
우즈베키스탄	6 (억 배럴)

표 3. 2008년 중앙아시아 4개국의 석유 확인매장량. 출처: *BP Statistical Review of World Energy 2009*.

국가	석유 생산량	석유 소비량
카자흐스탄	1554	229
아제르바이잔	914	71
투르크메니스탄	205	123
우즈베키스탄	111	113 (천 배럴)

표 4. 2008년 중앙아시아 4개국의 하루 평균 석유생산량과 석유소비량. 출처: *BP Statistical Review of World Energy 2009*.

가스 자원

가스 자원도 석유자원과 마찬가지로 측정기관마다 서로 다른 수치를
제시한다. 이러한 사실을 감안하더라도 중앙아시아 국가 중 상대적으로
많은 양의 가스 자원을 보유한 나라는 투르크메니스탄, 카자흐스탄, 우
즈베키스탄 및 아제르바이잔이다 (《표 5》 참조). 이들 4개국이 보유한 가

스 확인매장량은 전 세계 가스매장량의 약 6.8퍼센트에 해당한다. 이 수치는 중앙아시아 국가들의 석유 확인매장량이 전 세계의 석유 매장량에서 차지하는 비중보다 2배 가까이 큰 것이다.

중앙아시아 국가 중 가장 많은 양의 가스를 보유한 나라는 투르크메니스탄인데 이 국가의 가스 확인매장량은 2008년에 급격히 증가했다. 영국의 석유회사 BP에 의하면 2007년까지만 해도 투르크메니스탄의 가스 확인매장량은 2조 4300억 세제곱미터로 추정되었으나, 이 수치는 2008년에 들어 3배 이상 늘어 7조 9400억 입방미터로 증가했다.[*] 투르크메니스탄의 가스매장량은 그 동안 논란의 대상이 되어 왔다. BP와 같은 서구의 기관들은 매우 보수적인 수치를 제시해온 반면에, 투르크메니스탄 당국은 매우 긍정적인 수치를 제시해 왔다.[**] 일례로, 지난 2006년 12월에 사망한 투르크메니스탄의 대통령 사파무라트 니야조프Sapamurat Niyazov는 자국의 가스 매장량이 24조 세제곱미터에 이른다고 주장해 왔다. 당시 많은 전문가들은 이러한 주장에 의문을 제기했다. 하지만 니야조프의 주장을 뒷받침해줄 증거는 2006년부터 서서히 나타나기 시작했다. 그해 11월 남동부에 위치한 욜로텐-오스만Yoloten-Osman 가스전에서 대규모의 가스가 발견되었다. 투르크메니스탄 당국은 이 가스전에 매장된 가스양에 대한 신뢰성을 높이기 위해 영국의 유전 평가기관인 GCAGaffney, Cline & Associates에 의뢰해 가스 매장량을 측정하게 했다. 2008년 10월에 공개된 측정의 결과는 니야조프의 주장에 힘을 실어주었다. GCA는 욜로텐-오스만 가스전에만 매장된 가스양이 최소 4조 세제곱미터에서 최대 14조 세제곱미터에 이를 것이라고 발표했다.[***] 〈표5〉에서 보듯이, 투르크메니스탄 다음으로 가스 자원을 많이 보유한 국가는 카자흐스탄, 우즈베키스탄 그리고 아제르바이잔 순이다.

[*] Ibid.
[**] International Crisis Group, "Central Asia's Energy Risks," Asia Report 33 (May 24, 2007), p. 12.
[***] Vladimir Socor, "New Turkmen Gas Fields Change the Strategic Gas Export Picture," Eurasia Daily Monitor (October 15, 2008).

국가	확인 매장량
투르크메니스탄	7.94
카자흐스탄	1.82
우즈베키스탄	1.58
아제르바이잔	1.20 (조 입방미터)

표 5. 2008년 중앙아시아 4개국의 가스 확인매장량 . 출처: *BP Statistical Review of World Energy 2009.*

국가	가스 생산량	가스 소비량
투르크메니스탄	661	190
카자흐스탄	302	206
우즈베키스탄	622	487
아제르바이잔	147	93 (억 입방미터)

표 6. 2008년 중앙아시아 4개국의 가스생산량과 가스소비량. 출처: *BP Statistical Review of World Energy 2009.*

연도	가스 생산량	가스 소비량
1998	72	71
1999	90	77
2000	104	94
2001	105	98
2002	102	108
2003	126	129
2004	200	149
2005	226	188
2006	239	203
2007	264	195
2008	302	206 (억 입방미터)

표 7. 카자흐스탄의 가스생산량 및 가스소비량 변화추이, 1998~2008. 출처: *BP Statistical Review of World Energy 2009.*

중앙아시아 국가 중 가장 많은 양의 가스를 생산하고 있는 국가 또한 투르크메니스탄이다. 투르크메니스탄은 지난 2008년에 661억 세제곱미터를 생산했는데, 이 중 70퍼센트 이상인 471억 세제곱미터를 수출했다. 카자흐스탄의 경우에는 비교적 많은 양의 가스를 보유하고는 있으나 석유생산에 치중한 나머지 가스 생산에 많은 투자를 하지 않았다. 그 결과 카자흐스탄은 지난 10년 동안 2002년과 2003년에 걸쳐 두 번씩이나 가스를 수입한 바 있다. 하지만 2003년 이후 카자흐스탄의 가스 수출은 서서히 증가해, 2008년에는 약100억 세제곱미터를 수출했다(〈표 7〉 참조). 카자흐스탄 당국은 2010년에 이르러 약 200억 세제곱미터의 가스를 수출할 계획을 세워 놓았다.[*] 〈표 6〉에서 보듯이, 우즈베키스탄은 중앙아시아의 최대 가스 생산국인 투르크메니스탄과 비슷한 양의 가스를 생산하고 있다. 하지만 생산량의 80퍼센트 정도가 국내에서 소비되고 있기 때문에 2008년 가스 수출량은 카자흐스탄과 비슷한 수준인 135억 세제곱미터이다. 아제르바이잔의 가스 생산량은 다른 중앙아시아 3개 국가들에 비해 상대적으로 적고, 이 가스 생산량의 60퍼센트 이상이 국내에서 소비되고 있기 때문에 현재의 가스 수출량은 미미하다. 하지만 아제르바이잔의 카스피 해 해역에 위치한 샤-데니즈 Shah-Deniz 가스전에서 가스 생산이 본격적으로 이루어지면 생산량은 급격히 증가될 것으로 예상되고 있다. 한 예측에 의하면 2015년에 이르러 아제르바이잔은 매년 350~400억 세제곱미터의 가스를 생산할 것으로 기대되고 있다.[**]

소연방 붕괴 이후 카자흐스탄은 에너지 자원 수송로 분야에서 양면 전략을 취했다. 다시 말해, 카자흐스탄 당국은 러시아와 호혜적인 관계를 유지하면서 동시에 다변화정책을 추구했다. 카자흐스탄이 러시아와 호혜적인 관계를 유지할 수밖에 없었던 중요한 이유는 바로 지리적 요인과

[*] Energy Information Administration, " Kazakhstan," *Country Analysis Briefs* (October 2006).
[**] " Azerbaijan' s Oil Production to Reach 60 mln Tons by 2015" *Trend* (February 25, 2010).

소비에트 시절 건설된 송유관 시스템 때문이다. 중앙아시아는 육지로 둘러싸여 있기 때문에 이 지역에서 유조선까지 석유를 수송하기 위해서는 최소한 한 국가 이상을 통과해야만 한다. 그리고 소련이 붕괴되기 이전에 건설된 중앙아시아의 모든 송유관은 북쪽에 위치한 러시아와 연결되어 있었다. 따라서 소연방 해체 직후 중앙아시아 국가들이 석유를 수출하기 위해서는 러시아 영토를 통과하는 송유관을 활용해야만 했다.

CPC라인 해상 터미널. 출처: cpc.ru.

이러한 상황에서 카자흐스탄은 아띠라우-사마라 Atyrau-Samara 송유관을 통해 대부분의 석유를 수출했다 (《지도 1》의 번호 1 참조). 하지만 이 송유관의 용량은 하루 평균 10만 배럴로 작은 편이었다. 이를 해결하기 위해 카자흐스탄 당국은 아띠라우-사마라 송유관 용량의 확장과 CPC 송유관 공사를 추진하였다. 전자의 확장공사는 1990년대 중반 이후에 진행되어 현재는 하루 평균 32만 배럴의 석유를 수송할 수 있는 용량을 갖추고 있다.[*] CPC 송유관은 카자흐스탄의 텡기즈 Tengiz 유전과 러시아의 흑해에 위치한 노보로시스크 Novorossiisk를 잇는 약 1,500km짜리 파이프라인으로, 소련 붕괴 당시 700km 정도 구간의 공사가 진행된 상태였다 (《지도 1》의 번호 2 참조). 하지만 소연방 붕괴 이후 1996년까지 공사가

[*] " KazTranOil and Transneft to Expand the Atyrau-Samara Pipeline," *Silk Road Intelligencer* (July 10, 2008). http://silkroadintelligencer.com/2008/07/10/kaztransoil-and-transneft-to-expand-the-atyrau-samara-pi peline/ (accessed September 6, 2009).

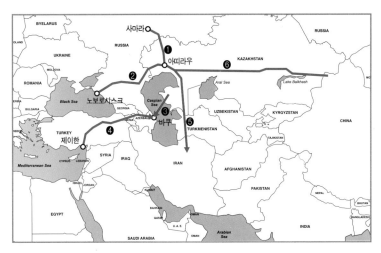

지도 1. 건설 계획인 송유관을 포함하여 중앙아시아의 주요 송유관. 송유관 노선은 필자가 그린 것임.

더 이상 진척되지 않다가 이후에 공사가 진행되어 2001년에 완공되었다. 완공 당시 CPC 송유관이 수송할 수 있는 용량은 하루 평균 70만 배럴에 달했다. 아티라우-사마라 송유관과 CPC 송유관의 가장 큰 차이점이라면 전자가 러시아 한 국가의 소유라면 후자는 여러 국가 (러시아, 카자흐스탄, 미국 및 영국)의 소유라는 것이다.[*] 이러한 차이에도 불구하고 두 송유관은 모두 러시아 영토를 통과하고 있다.

이러한 상황에서 카자흐스탄 당국은 송유관 다변화정책을 추구했다. 1990년대 당시 카자흐스탄이 건설을 추진한 석유 수송로는 카스피 해 횡단Trans-Caspian 송유관, 이란 송유관 및 카자흐스탄-중국 송유관이다. 카스피 해 횡단 송유관은 소련 붕괴 이후 서방 세력이 적극적으로 건설을 추진한 파이프라인으로서 건설이 완료되면 BTC 송유관에 연결될 예정이었다(〈지도 1〉의 번호 3과 4 참조).

카자흐스탄은 카스피 해 횡단 송유관의 건설에 깊은 관심을 보여 왔는

---

[*] CPC 송유관의 지분구조는 다음과 같다. 러시아의 트랜스네프트 (Transneft)가 31%의 지분을 카자흐스탄이 19%의 지분을 보유하고 있고 나머지 지분은 8개의 석유회사들이 보유하고 있다. 이들 8개 회사 중 가장 많은 지분을 소유한 회사는 미국의 세브론 (Chevron)이다 (15%).

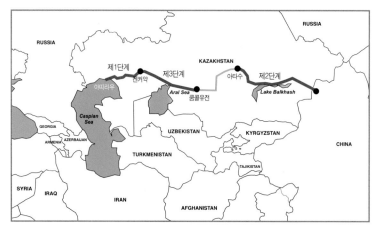

지도 2. 카자흐스탄-중국 송유관의 3단계 공사구간. 송유관 노선은 필자가 그린 것임.

데 그 이유는 이 송유관의 건설이 자국의 석유 수송로를 다변화할 수 있는 좋은 기회라고 판단했기 때문이다. 하지만 카스피 해 횡단 송유관의 건설은 현재까지 이렇다 할 진척이 없는 상황이다. 이란 송유관도 마찬가지이다 (〈지도 1〉의 번호 5 참조). 이 송유관은 지난 1996년 카자흐스탄 당국이 이란 당국과 건설을 추진하기로 합의한 파이프라인이다.[*] 하지만 이후에 아무런 진척이 없는데 가장 중요한 이유는 미국의 반대이다. 미국은 이란에 대해 경제적 제재를 가하고 있고 양국 간의 관계는 아직까지도 정상화될 기미를 보이지 않고 있다.

이와는 반대로, 카자흐스탄-중국 송유관은 지난 2009년 7월에 완공되었다(〈지도 1〉의 번호 6 참조). 이 송유관의 시작은 1997년으로 거슬러 올라간다. 당시 카자흐스탄을 방문한 중국의 총리 리펑Li Peng은 양국을 잇는 송유관 건설을 추진하기로 약속했다. 하지만 이후 중국 당국은 경제성을 우려해 이 프로젝트를 5년 가까이 연기하다가 2001년에 와서야 송유관 건설을 본격적으로 추진하기 시작했다.[**] 카자흐스탄-중국 송유

[*] " Iran: Caspian Sea Oil Pipeline Deal Signed with Kazakhstan," *Tehran Voice of the Islamic Republic of Iran First Program* (May 11, 1996) in *FBIS-NES-96-093* (May 13, 1996), p. 61.
[**] Dekmejian, Hrair R. and Hovann H. Simonian, *Troubled Waters: The Geopolitics of the Caspian Region* (London and New York: I.B. Tauris Publishers, 2001), pp. 36-37.

관 공사는 3단계로 나누어 진행되었는데 제2단계 공사가 끝난 후 7개월이 지난 2006년 여름부터 카자흐스탄의 중부지역에 위치한 쿰콜Kumkol 유전에서 생산된 석유가 중국으로 수출되기 시작했다(〈지도 2〉 참조).[*] 이로써 드디어 카자흐스탄은 소련 붕괴 이후 처음으로 러시아 영토를 통과하지 않는 송유관을 통해 석유를 수출할 수 있는 길을 확보하게 되었다. 그리고 제3단계 공사는 지난 2009년 7월에 완료되었고 이 시점부터 카스피 해의 석유가 3,000km짜리 송유관을 통해 중국으로 수출되기 시작했다. 현재 카자흐스탄-중국 송유관의 용량은 하루 평균 20만 배럴에 달하는데 이를 2배 확장하는 계획이 세워진 상태이다.[**]

전망

이 글은 카자흐스탄의 에너지 자원 수송로 전략을 송유관 중심으로 살펴보았다. 앞에서 언급했듯이, 이 전략의 핵심은 러시아와 호혜적인 관계를 유지하면서 동시에 다변화정책을 추구하는 것이었다. 현재 카자흐스탄은 대부분의 석유를 러시아 영토를 통과하는 송유관을 통해 수출하고 있다. 물론 2006년부터 카자흐스탄과 중국을 잇는 송유관의 일부 구간이 개통되면서 이 파이프라인을 통해 중국으로 석유가 수출되었다. 하지만 이 양은 상대적으로 적다. 일례로, 2007년 기준으로 러시아 영토를 통과하는 송유관을 통해 수출된 석유량은 하루 평균 80만 배럴에 달했고 이 양은 앞으로도 증가할 것으로 기대된다.[***] 이에 반해, 현재 카자흐스탄-중국 송유관이 최대한으로 수송할 수 있는 용량은 하루 평균 20만 배럴에 불과하다.

[*] CNPC website. http://www.cnpc.com.cn/eng/cnpcworldwide/euro-asia/Kazakhstan/ (accessed September 10, 2009).
[**] Energy Information Administration, " Kazakhstan," *Country Analysis Briefs* (February). http://www.eia.doe.gov/emeu/cabs/Kazakhstan/pdf.pdf (accessed August 31, 2009).
[***] Socor, " Kazakhstan' s Oil Export Picture Detailed," *Eurasia Daily Monitor* (October 15, 2007).

따라서 카자흐스탄은 향후에도 러시아의 영향을 받을 수밖에 없다. 이러한 상황에서 카자흐스탄 당국은 이 영향을 최소화하기 위해 다변화정책을 계속 추구할 것으로 예상된다. 현 시점에서 가장 건설 가능성이 높은 파이프라인은 카스피 해 횡단 송유관이다. 이 송유관 건설은 무엇보다도 카스피 해를 둘러싼 법적지위의 미해결이라는 문제를 극복해야만 한다. 하지만 이러한 난관에도 불구하고 카스피 해 횡단 송유관을 건설하려는 움직임은 현재까지도 지속되고 있다. 그 대표적인 예가 바로 카자흐스탄의 카샤간 유전 지분을 보유한 프랑스의 석유회사 토탈Total이 주도가 되어 실행하고 있는 카스피 해 횡단 송유관의 타당성 검토이다.[*]

[*] "Kashagan Partners Eye US$4-bil. Trans-Caspian Oil Transport System to Connect to BTC Pipeline," *Global Insight* (2007). http://www.ihsglobalinsight.com/SDA/SDADetail6096.htm (accessed September 12, 2009).

카자흐스탄에서 광물 찾기!

윤영호, 양용호, 김상욱

　카자흐스탄에는 멘델레예프 주기율표에 나오는 모든 원소들이 매장되어 있다고 한다. 혹자는 카자흐스탄에 140여 개 민족이 모여 살고 있는데, 땅 위의 다양한 민족의 수보다 땅 밑 광물자원의 수가 더 많다고도 한다. 카자흐스탄 GDP 중에서 원유 및 가스가 차지하는 비중이 56%, 철광석, 구리, 우라늄 등 광물자원이 차지하는 비중이 26%라고 하니 카자흐스탄은 가히 자원의 나라라 할만하다.

　단순히 자원이 많이 매장되어 있고, 자원이 산업에서 차지하는 비중이 높다는 사실만이 중요한 것은 아니다. 카자흐스탄 이외에도 브라질, 칠레, 페루, 오스트레일리아 등 자원부국은 많다. 그럼에도 불구하고 자원부국하면 카자흐스탄이 떠오르는 것은 카자흐스탄이 신흥 자원개발 국가이기 때문이다. 텡기스와 카샤간이 카자흐스탄에 위치해 있지 않았다면, 이미 70년대에 생산에 들어갔을 것이다. 카작므스의 제즈까즈간 광산이 카자흐스탄에 있지 않았다면, 역시 80년대에 채굴이 완료되었을 것이다. 발하쉬 인근에 광범위하게 존재하는 동 광산이 카자흐스탄에 있지 않았다면, 이미 탐사 및 개발을 완료하여 생산 단계로 들어갔을 것이다.

　1950년대 중반부터 소비에트 중앙정부는 카자흐스탄 북쪽 지역에 처녀지 개간 운동을 벌여 농업을 일으켰다. 구소련 시기에 카자흐스탄은

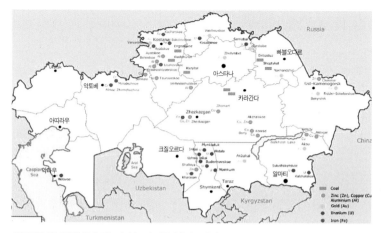

부존 광물자원 현황을 알 수 있는 카자흐스탄 광물자원 지도. 출처: visocap.com.

광업보다는 농업의 나라로 인식되어 있었다. 구소련이 붕괴하고, 카자흐스탄은 외부 세계에 문을 열었다. 제조업, 농업, 자원개발 할 것 없이 모두 붕괴되어 폐가처럼 방치되었지만, 사실은 모두 보물이었다. 그러나 그것이 보물이라는 것을 알아차린 해외 기업은 생각보다 많지 않다. 지난 15년 동안 기념비적인 성장을 한 카작므스를 예로 들어 보자! 카작므스의 최대 동 광산인 제즈까즈간 광산은 일찍이 카자흐스탄의 민족 지질학자인 샷바예프에 의해 발견되었다. 독립 후 많은 카자흐스탄인들이 제즈까즈간 동 광산을 한국기업을 비롯한 전 세계 기업에 소개했지만, 넓은 들판에 삽자루 하나 꽂혀 있던 제즈까즈간 광산의 가치를 알아보는 기업은 많지 않았다. 1995년 무렵에야 삼성물산이 그 가치를 알고 투자하게 되었다. 삼성물산의 적극적인 투자로 현대화 시설을 갖추게 된 카작므스는 이후 2005년 런던증권거래소LSE에 상장되었고, 2010년 3월 말 현재 120억 불의 시가 총액을 가진 기업이 되었다.

카작므스의 말에 따르면, 제즈까즈간과 같은 광산은 널려 있다. 카작므스의 성공에 고무된 많은 해외 기업들이 카자흐스탄 자원을 향해 밀려 들어 온다. 1849년 캘리포니아 골드러시처럼 말이다. 골드러시에서 그랬던 것처럼 많은 기업들은 허탕을 칠 것이다. 카자흐스탄에 대한 이해 부족, 경험 부족, 자금 부족, 끈기 부족 등 그 이유는 많을 것이다. 그러나 그런 어려움을 뚫은 기업은 제2의 카작므스가 될 것이고, 제2의 ENRC가 될 것이다.

이제 카자흐스탄의 자원 현황을 간략하게 살펴보도록 하자! 카자흐스탄 지질위원회에 따르면 3000여 개의 매장지에 광물자원이 산재해 있다. 주요 광물자원의 매장량은 아래의 표와 같다. 매장량 기준으로 세계 순위를 매겨 본다면, 우라늄 매장량 2위, 아연 매장량 3위, 철광석 매장량 7위, 몰리브덴 매장량 8위, 보크사이트 매장량 10위, 동 매장량 11위를 기록하고 있다

광종	단위	카자흐스탄(A)	세계(B)	A/B(%)	세계순위
우라늄	톤	436,620	2,619,310	16.7	2
아연	백만톤	14	180	7.7	3
레늄	톤	190	2,500	7.6	4
연	톤	5,000,000	79,000,000	6.3	4
카드뮴	톤	41,000	490,000	8.3	5
창연	톤	5,000	320,000	1.5	6
철광석(금속량)	백만톤	8,300	150,000	5.5	7
몰리브덴	톤	130,000	8,600,000	1.5	8
석탄	백만톤	34,000	984,211	3.5	9
보크사이트	백만톤	360	27,000	1.4	10
동	백만톤	18	550	3.2	11

카자흐스탄 광물 매장량 현황, 매장량은 경제성 있는 가채 기준 광량이다. 출처: USGS, Mineral Commodity Summaries 2009, 광진공 자료 재인용.

광종	단위	2004	2005	2006	2007	2008
고령토	톤	20,000	n.a.	n.a.	n.a.	n.a.
금(광산)	톤	16.8	17.9	21.4	21.4	20.9
동 (광산)	천톤	468.2	435.6	446.3	406.5	419.9
(정련)	천톤	445.8	418.9	429.7	406.1	399.9
(제련)	천톤	444.5	404.8	424.8	392.8	392.3
망간(광석&정광)	천톤	2,318.1	2,207.7	2,200.0	2,200.0	n.a.
몰리브덴(광산)	천톤	0.2	0.2	0.2	0.2	n.a.
바나듐	톤	1,000	1,000	n.a.	n.a.	n.a.
백금(광산)	톤	0.1	0.1	0.1	0.1	n.a.
백색 비소	톤	n.a.	n.a.	n.a.	n.a.	n.a.
보크사이트	천톤	4,705.4	4,815.4	4,884.0	4,942.6	5,160.0
붕산염	톤	30,000	30,000	n.a.	n.a.	n.a.
석면	톤	346,500	305,500	n.a.	n.a.	n.a.
석탄	천톤	86.9	86.4	n.a.	n.a.	n.a.
선철	천톤	4,283	3,582	n.a.	n.a.	n.a.
셀레늄(정련)	톤	40.0	40.0	40.0	40.0	n.a.
소듐	톤	347,850	178,167	n.a.	n.a.	n.a.
아연 (광산)	천톤	361.4	364.3	404.6	386.0	386.8
(슬래브)	천톤	279.5	357.1	364.8	358.2	365.6
알루미늄(제련)	천톤	-	-	-	62.5	106.0
연(정련)	천톤	n.a.	31.0	48.1	40.2	39.0
연(광산)	천톤	n.a.	135.4	116.0	117.6	105.9
우라늄	톤	3,719	4,346	5,281	6,637	n.a.
은(광산)	톤	689.8	883.2	806.1	721.8	681.8
인광석	천톤	1,699	1,534	n.a.	n.a.	n.a.
조강	천톤	5,372	4,477	n.a.	n.a.	n.a.
중정석	톤	119,900	119,900	n.a.	n.a.	n.a.
창연(광산)	톤	76.0	76.0	57.0	40.0	n.a.
철광석	천톤	20,303	19,471	n.a.	n.a.	n.a.
카드뮴(정련)	톤	2,358.0	1,624.0	1,140.0	996.0	996.0
크롬(광산)	천톤	3,287.1	3,581.0	3,366.0	3,881.0	n.a.
텔루륨(정련)	톤	20.0	20.0	20.0	20.0	n.a.
페로실리코망간	톤	155,300	170,001	n.a.	n.a.	n.a.
페로실리코크롬	톤	104,800	97,870	n.a.	n.a.	n.a.

카자흐스탄의 주요 광물 생산량. 출처: WBMS, World Metal Statistics(2009, 8), BGS, World Mineral Statistics 1998-2002(2004), 광진공 재료 재인용.

3000여 곳 중에 1000여 곳에서 채광이 진행되고 있다. 생산 중인 주요 광종으로는 철광석, 동, 연, 아연, 크롬, 망간, 보크사이트, 우라늄, 금, 석면 등이다.

자원이 필요한 나라 대한민국

자원은 어느 나라에나 필요하지만 우리나라에는 더욱 필요하다. 우리나라는 원유과 광물자원을 수입하여, 가공 후 수출하는 것을 산업의 근본으로 삼고 있다. 삼성전자, POSCO, 현대차, 현대중공업, 대우중공업, LG화학, 한화석유화학 등의 기업이 오늘날의 우리나라를 만들었다. 이들 모두 원유 및 광물자원의 공급 없이는 존재 자체가 불가능한 기업이다. 동·아연 등이 삼성전자에 필요하고, 철광석·크롬·니켈 등이 포스코에 필요하며, 포스코의 생산물은 현대차·현대중공업·대우중공업에 필요하며, 원유가 LG화학과 한화석유화학에 필요하다. 이뿐만이 아니다. 화력발전소에 석탄 연료가 필요하고, 우리나라 발전량의 40퍼센트를 점유하고 있는 원자력발전소에 우라늄이 필요하다.

카자흐스탄 광물자원 분야의 첫 진출은 삼성물산이다. 1995년 카작므스 사를 위탁 경영하기 시작하여 2000년 11월에는 지분의 42퍼센트를 보유하여 최대 주주의 지위에 있었다. 한편 한국광물자원공사는 2003년 카자흐스탄 지질위원회와 광물자원 분야의 공동조사 및 기술 협력에 대한 MOU를 체결하고, 2004년부터 2007년까지 총 15만㎢에 달하는 카자흐스탄 동남부 지역의 광물자원에 대한 공동조사를 실시했다.

포스코는 스테인리스강의 원료인 페로크롬을 카자흐스탄으로부터 수입하고 있으며, 삼성물산은 카작므스 사의 동 처리 부산물로 나오는 금을 IT 소재용으로 수입하고 있다. 또한 원사력발전소 원료로 사용하기 위해 우라늄을 2005년부터 공급받고 있는데, 카자흐스탄으로부터 공급받고 있는 우라늄의 양은 국내 필요량의 27퍼센트에 해당한다.

이제 주요 광업자원의 개발 현황을 구체적으로 살펴보자!

동과 카작므스

카자흐스탄의 연간 동 생산량은 40만 톤 내외다. 이 중에 카작므스의 1년 생산량은 32만 톤이다. 카작므스가 차지하는 비중이 80퍼센트에 달하므로, 동을 이야기하면서 카작므스를 빼놓을 수가 없다.(주로 아연을 생산하는 카즈징크 사가 2대 동 생산업체다.) 카작므스 사는 세계 10대 전기동 생산업체로, 동 이외에도 금, 은, 아연 등을 생산하고 있으며, 은 생산량은 세계 4위다. 주력 광산으로 제즈까즈간 광산이 있으며, 최근에는 악토가이와 보쉐쿨 광산에 대한 개발을 진행 중이다. 악토가이 광산에서는 2013년부터 향후 30년간 연간 14만 톤의 동 생산이 가능할 것으로 보이며, 보쉐쿨 광산에서는 2013년부터 향후 40년간 연간 6만 톤의 동이 생산될 예정이다. 악토가이와 보쉐쿨이 본격 생산에 들어가는 2013년에는 카작므스의 연간 동 생산량은 42만 톤이 되어 2009년보다 31퍼센트 증가할 것으로 예상된다. 카작므스는 동 광산 이외에도 제즈까즈간과 발하쉬 등에 제련소를 보유하고 있다. 또한 에키바스투스 발전소를 포함한 다수의 발전소를 보유한 카자흐스탄 최대 발전사업자이기도 하다.

카작므스의 동 생산원가는 2009년 톤당 2182달러였다. 2008년 말 한때 동 가격이 3000달러를 하회한 적이 있으나 2010년 3월 현재 동 가격은 톤당 7600달러 정도다. 원가 경쟁력으로 보나, 향후 생산량 증가 여지로 보나 카작므스는 보면 볼수록 매력적인 회사다.

카작므스 동 광산 채굴 현장.
출처: kazakhmys.com.

철광석과 ENRC

철광석은 주로 중·북부지역에 집중되어 있다. 대표적인 생산업체는 ENRC의 자회사인 SS GPO 사다. 주요 보유 광산으로 소콜로프 사르바이, 꾸르준쿨, 카차르 등이 있다. 2009년 ENRC의 철광석 생산량은 1,470만 톤에 달했다. 대부분의 생산량은 중국과 러시아로 수출되고, 일부는 테미르타우에 소재하고 있는 아르셀로 미탈 테미르타우에 공급된다. 세계 최대 제철회사인 아르셀로 미탈 스틸의 자회사인 아르셀로 미탈 테미르타우는 연간 550만 톤의 제강 능력을 가졌다. 자체 석탄, 철광석 광산을 보유하고 있고(석탄 매장량 15억 톤, 철광석 매장량 17억 톤) 자체 전력 설비를 갖추고 있는 등 최상의 제철 인프라를 보유하고 있다.

ENRC 자회사 SS GPO 사의 철광석 채굴 현장.
출처: enrc.com.

크롬과 카즈크롬 사

카자흐스탄은 크롬 매장량 및 생산량 순위에서 세계 2위, 페로크롬 생산량은 세계 3위를 기록하고 있다. 전 세계 크롬 매장량의 26퍼센트가 카자흐스탄에 존재한다. 현재 생산량 기준으로 향후 140년간 생산이 가능하다. ENRC의 자회사인 카즈크롬 사는 2009년에 페로크롬 106만 톤을 생산했고, 페로실리콘 35천 톤, 페로실리코크롬 39천 톤, 페로실리코망간 167천 톤을 생산했다. 이로써 페로알로이 총 생산 규모는 1,306,000톤에 달했다. 이는 2008년 1,231,000톤 대비 6.1퍼센트 증가한 수치다. 이 밖에도 크롬석 591천 톤, 망간석 572천 톤, 페로망간석 72천 톤을 생산했다. 카즈크롬 사는 악토베 지역에 페로합금 공장과 돈스코이 크롬 채광단지를 보유하고 있으며, 빠블오다르 지역에 페로합금 제련소를 보유하고 있다. 카즈크롬 사의 페로크롬 생산원가는 전 세계 주요 페로크롬 생산 회사 중에 가장 낮은 lb당 35센트 수준이다.

카즈크롬 사의 채굴 현장. 출처: enrc.com.

보크사이트 · 알루미늄과 ENRC

카자흐스탄의 알루미늄을 대표하는 회사는 철광석, 크롬과 마찬가지로 ENRC다. ENRC는 알루미늄 사업부에 알루미늄 카자흐스탄AoK 사와 카자흐스탄 알루미늄 제련소KAS를 보유하고 있다. KAS에 대한 투자는 2005년에 시작되어 3단계에 걸쳐 알루미늄 제련소를 건설 중에 있다. 2009년 ENRC은 알루미나를 1,359,000톤, 알루미늄을 125,000톤 생산했다. 2단계 투자까지 드는 비용은 총 5억 불이었으며, 2단계 투자가 완료되는 2011년이 되면, 알루미늄 총 생산량은 375,000톤으로 증가하게 되고, 알루미나 생산량도 1,700,000톤으로 증가하게 된다. ENRC 알루미늄 사업의 최대 강점은 낮은 생산 단가다. 보크사이트와 알루미나를 자체적으로 공급받고 있고, 자체 발전소를 보유하고 있기 때문에 제련의 생산원가도 매우 낮다.

ENRC 자회사 AoK 사의 보크사이트 생산 현장. 출처: enrc.com.

앞에서 ENRC의 주요 생산품인 철광석, 크롬, 알루미늄에 대해 살펴보았다. 카작므스가 좋은 회사지만, 성장 잠재력과 다양한 제품 프로덕트 믹스를 볼수록 ENRC 또한 카작므스 못지않은 회사로 보인다.

금

카자흐스탄 비철금속 산업에서 가장 중요한 부문 중 하나다. 30개의 금광을 비롯하여, 동, 은, 기타 광물을 포함하는 광산을 포함할 경우 경제성 있는 금의 생산이 가능하다고 판단되는 225개 지역에서 탐사가 진행되고 있다. 대표적인 광산으로는 카자흐스탄 최대 금광으로 동카자흐스탄에 위치한 바쿠르칙, 스즈달스코예, 북카자흐스탄에 위치한 바르바린스코예, 바실코프스코예, 잠블 지역의 악바카이스코예가 있다. 리더소콜노예와 노보레니노고르스코예에는 대규모 복합광석자원이 매장되어 있다. 카작골드와 러시아의 폴리메탈이 금광 개발에 전력을 기울이고 있다. 부산물로 금을 일부 생산해내는 카작므스는 키르키즈스탄에서 금광 개발을 시도하고 있다.

폴리메탈 사의 금 광산 및 생산 금. 출처: polymetal.ru.

연, 아연, 니켈

카즈징크 사는 스위스의 글렌코어 인터내셔날이 99퍼센트의 지분을 보유하고 있다. 연간 500만 톤 이상의 광석을 채굴하며, 연, 아연, 금, 은, 황산, 희유금속 등을 생산하고 있다. 카즈징크 사는 지리아노브스크 콤플렉스, 리데르스키 콤플렉스, 우스찌 까메노고르스크 콤플렉스 등의 광산과 부흐타르마 에너지 콤플렉스, 떼켈리 에너지 콤플렉스 등을 보유하고 있다. 카작므스는 발하쉬에서 아연 제련소를 운영하고 있으며 주로 수출용 아연을 생산하고 있다.

위에는 카즈징크 사 리데르스키 광산 채굴 장면.
출처: kazsink.kz.
아래는 오리얼 리소시스 사 현장 사진.
출처: OrielResources.com.

악튜빈스크 지역의 낌페르사이스코예 니켈 광산은 1940년대부터 가동되어 왔다. 현재 이 광산의 산화 광석들은 남부 우랄 지역 제련소들에서 용해 첨가제로 사용되고 있다. 영국의 오리얼 리소시스Oriel Resources 사는 AIM과 TSX에 상장되어 있으며, 토착기업인 뮤즈벨과 합작으로 카자흐스탄 북부지역의 세브첸코 니켈 광산 개발을 준비 중에 있다. 매장량은 C1과 C2 기준 7900만 톤(0.92% Ni)이다.

우라늄

카자흐스탄은 전 세계 우라늄 매장량의 20퍼센트를 보유하고 있는 것

카즈아톰프롬 사의 우라늄 정광(Yellow Cake). 출처: kazatomprom.com.

으로 추정되는데, 이중 60퍼센트가 남부지역인 수작 지구에 부존되어 있다. 카자흐스탄은 세계 우라늄 생산량의 3퍼센트 가량을 생산하고 있으며, 국영발전사인 카즈아톰프롬KazAtomProm 사가 확정 및 추정매장량 165만 톤을 보유하고 있다. 카즈아톰프롬 사는 국영기업으로 카자흐스탄의 우라늄 수출입을 담당하고 있다. 국영회사인 카즈아톰프롬 사는 캐나다의 카메코, 프랑스의 아레바, 일본 종합상사들과 합동으로 남카자흐스탄에 소재하는 많은 우라늄 광산을 탐사 및 개발하여, 시험생산을 거쳐 본격 생산에 돌입하고 있다. 2010년에 1만 5천 톤을 생산할 예정이다. 이로서 카자흐스탄은 세계 우라늄 생산의 주도권을 쥐게 될 것으로 보인다.

우리의 과제

자원, 특히 광업자원 관련한 진출이 우리에게 특히 요구되는 이유는 이 글의 서두에서 언급한 바와 같다. 그러한 필요에 가장 부합하는 나라

중의 하나가 카자흐스탄인 것도 사실이다. 그러나 단순한 수요자 입장에서의 필요성만으로 충분한 것은 아니다. 우리가 진출하려고 하는 카자흐스탄에 자원이 풍부하다는 사실도 역시 단순 필요조건일 뿐 충분한 것은 아니다. 우리나라의 크고 작은 카자흐스탄 광업 진출이 삼성물산을 제외하고는 큰 성과를 낼 수 없었던 것도 그만큼 어려운 사업 여건이 기다리고 있기 때문일 것이다.

광업 진출 시의 어려움과 과제

첫째는, 물류비용 과다의 문제다. 카자흐스탄의 석유 가스의 경우에는 파이프라인 망이 상당 부분 갖춰지고 있다. 남쪽 이란으로 가는 파이프라인 계획만 지지부진할 뿐, 북쪽의 러시아 라인, 서쪽의 CPC·BTC라인, 동쪽으로 가는 중국라인이 잘 정비 되어 있다. 그러나 광물의 경우 고가의 금속을 제외하고는 철도나 도로망을 이용하여 운송해야 한다. 그러나 철도, 도로의 인프라 수준이 열악한 것이 문제다. 현재는 이러한 미흡한 운송 인프라로 인해 구소련 국가, 중국 등으로 수출 지역이 제한되어 있다. 그나마도 지속적으로 상승하는 운송 요금의 증가는 카자흐스탄 광업 분야의 지속적인 위협이 되고 있다. 물류비용 과다의 문제는 장비와 기자재 조달의 어려움과도 연결되어 있는 문제다. 즉 장비 도입에 많은 시간과 비용이 들게 된다.

둘째로, 사회주의 유산인 관료주의 행태가 해외 기업의 진출에 큰 장애물로 작용한다. 자원 관련 사업은 다른 산업 분야보다도 훨씬 관료를 상대해야 하는 일이 많다. 정부기관의 관료주의적인 횡포와 안일은 해외 기업의 생산성을 크게 저하시키는 원인이 된다. 정부 관료에게 만연한 비밀주의와 관료주의의 영향으로 정보 공개가 잘 이뤄지지 않는다. 과거의 탐사 및 개발 정보에 대한 정리 및 보관 상태가 부실하고, 정보 공개 관련 규정이 정비되지 않아 담당 직원이 자의로 일 처리를 하는 경우가 많다. 이로서 정보를 예측 가능하게 활용하는 것이 어려워진다. 관료주의와 관료의 자의성은 얼핏 보면 모순되는 개념인데, 그 모순 개념이 동시에 병존하고 있다. 이에 대해서는 앞의 글 '국가가 선이고, 내가 선이다'를 읽어 보면, 이해하는 데에 도움을 받을 수 있다.

마지막으로는 법률, 세제인 문제다. 자원 관련 세제 및 법제는 해외 진출 기업을 지속적으로 곤란에 빠트리는 이슈다. 가장 어려운 점은 관련 법규가 자주 변경된다는 점이다. 2010년 3월에는 에너지광물자원부 MEMR에서 석유가스부가 떨어져 나와 신설되었고, 자원 관련 기업의 M&A 시 에너지광물자원부에서 주관하던 웨이버(정부의 우선 매입권 미행사) 문제의 소관 부처도 MEMR에서 지방정부로 이관될 움직임을 보이고 있다. 비단 자원 관련 분야에 국한된 것은 아니지만, 법률 규정의 미비, 법률 규정의 구체성 결여로 관계 부서가 유권해석을 내리지 못하는 사례도 종종 있다. 관련 법규에 관하여 카자흐스탄 내에 존재하는 법무 법인에 해석을 의뢰해도 명확한 답변을 얻지 못한 채 돈만 낭비하게 되는 경우가 많은데, 이는 카자흐스탄 법률이 가지는 불명확성에 기인하는 바가 크다고 하겠다.

(이 장은 주요 저자 3인이 공동으로 쓴 글로 〈카자흐스탄 투자 가이드〉, 〈바이저 캐피탈 리포트〉, 〈르네상스 캐피탈 리포트〉, 주요 자원 기업의 홈페이지와 한국광물자원공사에서 나온 기타 자료를 이용하여 작성했다.)

농사는 하늘과 땅의 대화!

윤영호- Seven Rivers Capital 대표

현재 농작물 재고량이 수십 년 만에 최저치를 기록하고 있어 조만간 농산물 가격 상승과 농지 가격 상승이 일어날 것이다. 농부라는 직업은 지난 30년간 가장 어려운 직업 중 하나인데 향후 20년간은 가장 선망의 대상이 될 것이다. 만약 미래에 직업을 바꾸길 바란다면 농부가 되어라. 월스트리트의 주식 중개인은 이제 곧 농부들을 위한 트랙터를 몰게 될 것이다. 농기업에 투자하는 것보다 농산물이나 농지 자체에 투자하는 것이 더 나을 것이다.

　- 짐 로저스

예전에 우리는 '농자천하지대본'이라고 말했다. 아마 지금 그런 말을 하면 정신이상자로 취급받을지도 모른다. 카자흐스탄 빠블오다르 지역에서 농사를 짓고 있는 마랏은 "농사는 하늘과 땅의 대화다."라고 말한다. 그 말대로라면 농부는 하늘과 땅을 연결하는 전령인 셈이다. 이제 카자흐스탄에서 하늘과 땅은 어떻게 대화하는지 살펴볼 차례다.

카자흐스탄은 전 세계에서 9번째로 큰 국토면적을 가지고 있다. 하지만 이게 얼마나 큰 것인지 실감하지 못하는 사람들이 많다. 아래의 그림은 세계 지도에서 살펴 본 것으로 왼쪽 부분은 서유럽의 전역을 보여주

서유럽 전지역과 카자흐스탄 영토를 비교해보면 크기가 비슷함을 알 수 있다.

고 있고, 오른쪽은 카자흐스탄 영토를 보여 준다. 실제로 두 지역의 면적은 거의 동일하다.

카자흐스탄 하면 자원을 떠올리지만, 카자흐스탄은 사실 농업국가다. 국토 면적의 76.9퍼센트가 공식적으로 농지로 등록되어 있는데 이는 전세계에서 가장 높은 수치다. 카자흐스탄 인구의 35.4퍼센트가 하늘과 땅의 대화에 관여하고 있으니, 땅 면적으로 보나 인구 구성으로 보나 카자흐스탄은 명실상부한 농업국가다.

카자흐스탄의 농업은 구소련 흐루시쵸프 시절에 본격화되었다고 할 수 있다. 지금의 수도인 아스타나는 구소련 시절 첼리노그라드라고 불렸는데, 흐루시쵸프가 시작한 처녀지 개간 운동의 수도에 해당되는 도시다. 그만큼 카자흐스탄의 수도 아스타나는 러시아에도 각별한 의미를 가지는 도시다. 아스타나를 포함한 북쪽 지역은 전 세계에서 가장 질 좋은 밀이 생산되는 곳이다. 노벨 문학상 수상자이며 범슬라브주의자인 솔제니친은 구소련 붕괴 후 아스타나 북쪽의 밀 곡창지역을 러시아 영토로 편입해야 한다고 주장하기도 했다. 이는 나자르바예프 대통령이 알마티에서 아스타나로 수도를 옮긴 이유 가운데 하나이기도 하다.

방대한 밀 생산 지역과 질 좋은 밀 등 카자흐스탄은 엄청난 잠재력을 가진 농업국가임에도 불구하고, 농업 현실은 여전히 후진성을 면하지 못하고 있다. 아래의 표를 통해 카자흐스탄의 농업 현실을 잠시 살펴보자. 첫 번째 도표는 헥타르당 비료 사용량이다. 영국이 헥타르당 314kg의 비료를 사용하고, 중국이 258kg을 사용하는 데 반해, 카자흐스탄은 단 2kg만을 사용하고 있다. 이는 비슷한 농업 환경을 가진 우크라이나의 15kg, 러시아의 12kg과 비교해도 8배에서 6배 가량 차이가 나는 수치다.

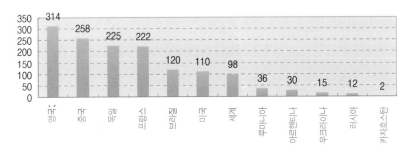

헥타르당 각국 비료 사용량 비교(단위: kg)

두 번째 도표는 1만 헥타르당 사용하는 농기계 수치다. 영국이 877대를 사용하고, 독일이 801대를 사용하는 데 반해 카자흐스탄은 22대만을 사용하고 있다. 이는 비슷한 농업 환경을 가진 우크라이나의 108대, 러시아의 62대와 비교해도 5배에서 3배가량 차이가 나는 수치다.

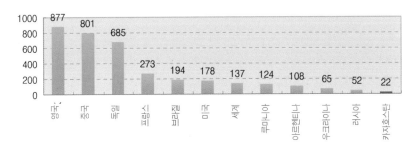

각국 농기계 사용 정도 비교

쉽게 말해서 비료 안 쓰고, 농기계 안 쓰고 농사짓는다는 이야기다. 하늘과 땅이 대화하는데 전화도 없고, 이메일도 없고, 그냥 소리만 지르다가 가끔 전보 정도 치는 수준으로 대화한다는 것이다. 따라서 당연히 단위 면적당 생산량이 적을 수밖에 없다. 밀의 경우 헥타르당 생산량은 영국이 8톤, 독일이 7.6톤인데 반해 카자흐스탄은 평균 0.9톤을 생산한다. 이는 비슷한 농업 환경인 우크라이나의 2.8톤, 러시아의 1.9톤에 비해서도 3배에서 2배가량 차이가 나는 수치다. 2008년에는 0.7톤, 2009년에는 1.1톤을 생산했다. 모든 것을 하늘의 처분에 맡긴다. 한마디로 농업의 후진국이라는 이야기고, 좋게 말하면 잠재력이 무궁무진한 농업 개발도상국이라는 말이다.

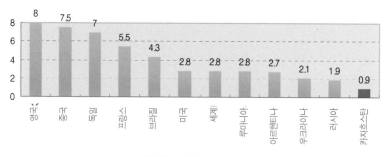

각국 헥타르당 밀 생산량 비교(단위: ton)

카자흐스탄 지역의 농업 환경의 특징은 농지 확보가 쉽다는 점이다. 경작지 면적으로 볼 때, 구소련 말기에 비하면 1/3의 경작지만 활용되고 있다. 소련 붕괴와 함께 집단농업체제가 붕괴되면서 많은 땅이 버려졌기 때문이다. 따라서 농업회사나 농민 입장에서 단위 면적당 생산량을 늘리기 위해 비료나 농기계를 더 투입하는 것보다는 여유 자본이 있다면 농경지를 추가 확보하는 데에 돈을 투입하는 편이다. 현지 농업회사 입장에서는 농지를 추가로 확보하는 데 돈이 많이 들지는 않는다. 다만 장기 휴경지를 개간하기 위해서는 개간 비용이 투입되어야 한다.

그렇다면 왜, 대규모 농경지를 쉽게 확보할 수 있는 카자흐스탄에 한국기업이 진출하지 않는가? 일단 한국의 해외경작지 확보 사업이 그간 여러 가지 잘못된 방향으로 접근했기 때문이다. 현지 경작, 현지 판매라는 기본 틀로 접근하는 일본의 해외경작지 사업과는 달리 한국은 국내 반입의 관점에서 해외 경작 사업에 접근해 왔다. 따라서 바다에 면해 있지 않은 카자흐스탄의 경작물을 한국으로 반입하기에는 많은 물류비용이 들기 때문에 해외경작지 확보 고려 대상의 우선순위에서 밀렸다고 할 수 있다.

최근에 삼양사가 카자흐스탄 제분 사업의 타당성을 검토했고, 현재는 삼성물산이 밀 경작지 확보와 관련하여 타당성 조사를 벌이고 있다. 개인 사업자들이 감자, 채소, 쌀 부분에서 경작 사업을 추진하고 있으며 일부 성과를 내고 있다. 하지만 한국의 카자흐스탄 농업 진출이라는 이름을 달기에는 아직은 미흡한 단계다.

카자흐스탄에서 생산되는 주요 농산물 현황에 대해서는 한국농어촌공사에서 2008년에 발행한 '카자흐스탄 농업 환경 조사 보고서'를 참고하면 된다. 서부와 남부지역에는 쌀·옥수수·콩·면화 등이 제배되고 있으나, 주요 생산물은 역시 북부지역의 밀·보리·해바라기라고 할 수 있다. 만일 한국의 기업 또는 투자가가 카자흐스탄 농업에 진출을 모색한다면 어떤 길을 걸을 수 있을까? 밀 경작 사업을 예로 설명해 보겠다.

대규모 땅을 확보하는 것이 첫 번째 과제가 될 것이다. 두 번째는 파트너와 함께 진출할 것인가의 문제다. 셋째는 경작을 직접 할 것인가 위탁할 것인가의 문제일 것이다. 이런 세 가지 문제는 서로 밀접히 연관되어

추수 직전의 밀밭 풍경(2008년 9월)

있다. 카자흐스탄 농업에 파트너와 함께 진출한다면 파트너의 첫 번째 역할은 농지의 확보일 것이고, 두 번째 역할은 경작의 대행일 것이기 때문이다.

사업 파트너로 생각해 볼 수 있는 국가기관은 카즈아그로홀딩(농업 분야 국영지주회사), 지방정부 또는 지역개발공사일 것이다. 위의 세 기관 어디를 찾아가도 듣는 답은 한 가지다. '돈만 가져오라. 땅 찾아 주는 것은 일도 아니다!' 땅을 찾는 것은 일이 아닐지 모르지만, 위의 세 기관 중에 한 곳과 일하는 것은 성미 급한 한국 사람에게 쉬운 일은 아니다. 카즈아그로홀딩과 손을 잡을 경우에는 판매, 보관, 각종 금융지원 면에서 유리할 수 있다.

경작지 자체의 확보 측면에서 보면 지방정부와 파트너쉽을 맺는 것이 유리할 수 있다. 카자흐스탄은 지역개발공사법을 만들어 토지, 지하자원 등 국가가 보유한 주요 자산을 개발할 때는 지역개발공사를 통할 것을 의무화하고 있다. 아래의 그림과 같이 두 개의 주를 하나로 묶어 지역개발공사를 설립하여 운영하고 있다. 밀 사업의 파트너가 될 수 있는 지역

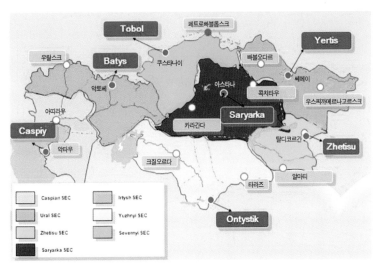

지역개발공사 현황. 출처: sec-tobol.kz.

개발공사로는 쿠스타나이 지역의 따볼, 아스타나 지역의 사르야르까, 빠블오다르 지역의 예르티스가 될 수 있을 것이다. 그러나 지역개발공사가 설립 초기 단계이므로 스스로 자기 역할을 잘 모르는 곳도 있고, 지방정부와 주도권 다툼을 벌이는 곳도 있어 생각만큼 일이 빠르게 진행되지는 않는다.

이미 검증된 농업 경영 능력을 보유하고 있으나 최근 밀 가격 하락으로 어려움을 겪고 있는 민간기업과 합작을 하는 것도 생각해 볼 수 있다. 알리비, 이볼가, 카라수, 복비, 아그로센터 아스타나 등이 50만 헥타르 이상의 경작지를 보유하고 있는 민간기업이다. 이들 기업이 자신의 기존 경작지 주변 땅을 확보하고 한국의 기업이 개간 비용 및 농기계를 제공하는 방식으로 합작기업을 만들 수 있다. 이미 농업 경작을 하는 기업이라면 농기계가 있을 것이고 그것을 빌려 쓰면 되지 않을까? 그렇지 않다. 카자흐스탄은 엄청난 일조량으로 양질의 밀을 만들어 낸다. 하지만 짧은 경작 가능기간이 리스크이기도 하다. 파종과 추수는 모두 2주일 정도 밖에 시간 여유가 없다. 추수 시에는 모든 콤바인이 24시간 쉬지 않고 일을 해야 제때에 추수를 마칠 수 있다. 쉽게 말해 자신의 농기계를 보유하지 않

아그로센터 아스타나가 신규 경작을 위해 개간해놓은 땅(2008년 10월). 미개간지를 경작지로 바꾸기 위해서는 2년의 시간과 헥타르당 80불 가량의 비용이 든다.

고, 타인의 농기계를 빌려 쓴다는 개념은 있을 수 없다. 따라서 합작 사업의 경우 한국 투자가에게 요구 되는 것은 경작지 개간 비용과 농기계 구입비용이 될 것이다.

CJ가 카즈아그로홀딩과, 삼양사가 따볼과, 삼성물산이 알리비와, 한화가 아그로센터 아스타나와 함께 카자흐스탄에서 경작지를 확보하고 밀을 생산하는 그런 날을 상상해 본다. 서로 경쟁하며 도우면서 말이다. 삼성물산이 허허벌판 노천 광산에서 세계적인 구리 회사 카작므스를 만들어 냈듯이 우리 기업이 허허벌판 밀밭에서 세계적 농업기업을 만들어낼 수 있지 않을까? 일본은 본토의 2.5배에 달하는 해외경작지를 확보해놓은 상태라고 한다. 우리나라 연기금은 뉴욕, 런던에 고층 오피스를 매입하느라 바쁘다. 고층 건물만이 땅과 하늘이 소통하는 유일한 방법이라고 생각하는 듯하다. 그러나 우리 조상들은 '농자천하지대본' 이란 말로 '농사가 하늘과 땅을 소통하는 가장 훌륭한 방법이다!' 라고 말했다. 우리 조상들은 이미 카자흐스탄 농부 마랏과의 만남을 그렇게 예언하고 있었던 것은 아닐까?

차는 벤츠, 밀은 카자흐스탄

윤영호 – Seven Rivers Capital 대표

빠블오다르! 제정 러시아 시절에 황태자 빠벨이 태어나자 빠벨에게
바친다는 의미로 빠블오다르라는 도시명이 생겼다. 물론 빠벨은 빠블오
다르에는 와보지 않았다. 어쩌면 자신에게 바쳐진 도시가 있다는 사실
조차 몰랐을지 모르겠다. 그렇게 생각하니 약간 서글프지만, 크게 이상
할 것도 없다. 우리의 삶은 항상 누군가에게, 무언가를 위해 바쳐지지
만, 정작 받는 자는 그 사실을 모를 때가 많지 않는가!

빠벨의 도시

알마티로부터 1시간 50분의 비행이 끝나고, 활주로를 걸어서 청사로
들어온다. 청사의 낡은 문은 '이 곳에서 편안함이나 안락함을 기대해서
는 안 된다'고 말하는 듯하다. 순박한 농사꾼 인상의 카자흐 남자 두 명
이 어색하게 양복을 입고 기다리고 있다. 주차장에는 긴 여정을 인도해
줄 렉서스 RX350이 기다리고 있다. 두 사람의 카자흐인과 한 대의 자동
차가 이틀간 빠블오다르 평원을 안내해줄 것이다.
  엘-인베스트 홀딩 주식회사 산하의 빠블오다르 제르노 프로덕트 유한

회사에 대한 실사 차 황태자 빠벨에게 바쳐진 도시에 왔다. 빠벨은 황제의 자리에 오르지 못했다고 하니, 빠블로다르로서는 안타까운 일이다. 도시는 공항에서의 인상과는 달리 깨끗해 보였다. 간간이 신축 아파트 공사 현장도 있었다. 좋은 지역의 아파트는 제곱미터에 1500달러 정도 하며, 보통의 아파트는 700달러 내외라고 한다. 도시는 평온해 보였고, 지나가는 사람들 대부분이 여유롭고, 건강하고, 잘 생겨 보였다. 호텔도 충분히 깨끗했고, 편안했다. 그러고 보면, 공항의 문짝이 뭔가를 잘못 말해준 것이다. 그 문짝을 바꾸는 것이 맞을 것 같다.

출발: 끝없는 들판

아침 6시, 드디어 출발이다. 고속도로 주변에 있는 음식점에서 만두로 아침을 대신한다. 여종업원은 대단한 미인이다. 이곳은 졸린 기사의 잠을 여종업원의 아름다움으로 깨우는 곳이다. 좋은 기분으로 900km, 16시간의 여정을 시작한다. 비포장도로는 평균 30km로, 포장도로는 평균 70km로 달린다.

창밖으로는 밀밭과 보리밭이 끝없이 이어진다. 어디가 누구의 밀밭인지 알고 찾아가는 게 신기하다. 남의 밭에 콤바인을 가지고 와서 수확하여 달아나도 모를 것만 같다. "남의 밭을 수확하여 달아나는 사람은 없나요?" "내가 올해로 여기서 32번째 수확을 맞이하는데, 그런 이야기는 들어 본 적이 없어요. 빠블로다르는 그런 곳이 아닙니다." 벌써 수확이 시작되고 있다.

오늘 우리가 둘러볼 곳은 총 72,000헥타르다. 땅이 모두 한 곳에 있는 것이 아니라 산재해 있기 때문에 그 모든 농토를 다 가보는 것은 쉬운 일이 아니다. 헥타르 개념이 익숙하지 않은 분을 위해 설명 드리면, 1헥타르는 1만 제곱미터다. 가로 세로가 100미터인 사각형이 1헥타르다. 평으로 따지면 3천 평이다. 마지기 개념에 익숙하신 분이라면 1헥타르가 15마지기다. 오늘 둘러 볼 땅의 면적은 7만 2천 헥타르, 7억 2천만 제곱미터, 2억 2십만 평, 1백9만 마지기다. 이 정도 농토만이라면 카자흐스탄 농업회사로는 큰 규모라고 할 수 없다.

농지 임대와 파종은 어떻게 하는가?

농지는 국가로부터 49년간 임대하여 사용한다. 임대권 취득 비용은 헥타르당 267달러 정도다. 빠블오다르에는 아직도 임대 가능한 땅이 여전히 많이 있다. 지금 방문하는 회사는 3년 안에 경작지를 지금보다 두 배로 늘릴 계획을 가지고 있다. 15만 헥타르를 보유하는 것이 목표다. 정부는 경작지에 파종 보조금을 지불하여 경작을 장려하고 있다. 파종 보조금은 헥타르당 밀과 보리의 경우 5.5달러, 해바라기의 경우 40달러를 준다.

얼마를 수확하는가?

빠블오다르 지역의 많은 부분이 이제 갓 경작을 재개한 지역이 많아서 토질이 회복되지 않은 농토가 많다. 따라서 헥타르당 평균 수확량으로 따지면 다른 곡창지역에 비해 높지 않은 수치다. 하지만 장래성이 좋은

추수 직전의 들판을 배경으로 강수량이 적었던 아쉬움을 토해내는 마랏 부사장.

다크호스다. 헥타르당 생산량은 적을 때는 0.7톤, 많을 때는 1.2톤을 생산한다. 지난 5년을 평균하면 헥타르당 0.9톤 정도를 생산했다. 생산량을 좌우하는 첫 번째는 강수량이고, 두 번째는 냉해다. 비료 사용을 늘린다면, 생산량을 늘릴 수 있지만, 여러 가지 이유로 비료는 일부 지역에만 공중 살포할 뿐이다.

자동차가 벤츠라면, 밀은 카자흐스탄 밀이다

마랏의 표현에 의하면, "자동차는 메르세데스 벤츠고, 전자제품이 소니라면, 밀은 카자흐스탄 밀이다." "카자흐스탄 밀은 밀이 자라기 가장 적절한 위도인 45~55도에 위치해 있다. 캐나다의 일부와 카자흐스탄 북부에서만 가장 질 좋은 밀이 생산된다. 강한 햇빛과 밤낮의 큰 기온 차이가 고밀도의 밀을 만들어 낸다. 추가 성분을 넣지 않고 긴 마카로니 면발을 만들어 낼 수 있는 것은 오직 카자흐스탄과 캐나다 밀 뿐이다." "모르는 사람들은 우크라이나가 곡창지대라서 좋고, 오랜 농경문화를 가지고 있는 우즈베키스탄이 밀농사의 적지라고 말하는데, 무식에는 약이 없다." 카자흐스탄에도 그런 말이 있나 보다. "무식에는 약이 없다."

밀은 땅과 하늘의 대화다

"밀은 땅과 하늘의 대화다." 마랏은 거의 시인이다. 밀과 보리는 땅과 하늘의 대화란다. "역사는 과거와 현재의 끊임없는 대화다"라는 말보다 훨씬 더 와 닿는 표현이다. 아래 사진을 통해서 잠시 땅과 하늘의 대화 내용에 귀 기울여 보자!

땅이 하늘을 향해 조심스레 다가가며 말을 걸고, 하늘은 그의 말에 변덕스럽게 답한다. 땅은 밀을 통해 하늘과 소통한다. 매우 은밀하게. 그래서 이름이 '밀'인가 보다. 땅은 남자고, 하늘은 여자다. 옛날 우리 조상들은 반대로 생각했다니 이상하다. 밀을 보면, 틀림없이 남자는 땅이고 여자는 하늘이다. 그렇다면 밀은 땅이 하늘에 대고 하는 기원이며, 사정이다.

하늘과 땅의 대화. 빠블오다르 평원(2008).

해바라기는 땅이 하늘에 거는 민망한 수작이다

빠블오다르 지역은 밀, 보리, 해바라기를 주로 재배한다. TOO '빠블오다르 제르노 프로덕트'는 1백9만 마지기의 땅에 밀 40퍼센트, 보리 45퍼센트, 해바라기 15퍼센트를 재배한다. 보리를 많이 재배하는 이유는 그룹 내에 동물 사육 자회사가 많기 때문이다. 빠블오다르 최대 사료 공장도 가지고 있다. 동물 사료를 위해 보리를 많이 생산한다.

빠블오다르에는 해바라기도 광범위하게 재배하고 있다. 밀이 땅이 하늘에 거는 은밀한 대화라면, 해바라기는 무엇이 될까? 그것은 노골적이어서 민망한 수작이라 할만하다. 해바라기는 마진이 매우 높은 농작물이다. 카자흐스탄 정부는 해바라기 파종을 적극 장려하고 있다. 밀의 국내 가격이 톤당 400달러라면, 해바라기는 1000달러다. 정부의 파종 보조금이 밀의 경우 5.5달러인데 반해, 해바라기는 40달러나 된다. 그렇다면 왜 모든 경작지에 해바라기를 심지 않을까? 해바라기는 지력을 많이 상하게 해서 한 곳에 연속해서 심을 수 없고, 해바라기를 심은 다음에 밀이나 보리를 심어도 작황이 좋지 않게 나타난다. 해바라기를 한 해 심으면, 그 다음 해는 땅을 쉬게 하거나 아니면 거의 쉬는 기분으로 일을 하게 된다. 땅을 보호하기 위해 해바라기 경작은 나름대로 자제하는 편이다.

밀은 쉽고, 해바라기는 어렵다

밀은 파종 후부터 추수까지 특별히 손이 가지 않는다. 헬기로 농약을 한 차례 뿌리면 된다. 살포 작업의 단가는 헥타르당 7달러다. 3달러는 농약 값이며, 4달러는 헬기 사용료다. 그에 반해 해바라기는 손이 많이 간다. 인력도 더 많이 투입된다. 파종 시에도 작업이 복잡하고, 파종 후에도 손이 여러 차례 간다. 추수할 때도, 밀이나 보리와는 달라서 콤바인이 고장 나는 경우가 발생하기도 한다. 해바라기 기름이 모자라서 카자흐스탄 정부 입장에서는 보조금을 주어 재배를 장려하고 있지만 밀에 비해 어려운 농사이다.

양의 머리로 점심을 하고

긴 오전 여정을 끝내니 힘이 빠진다. 가도 가도 끝이 없는 농장뿐인데, 밥은 과연 어디서 먹을지 걱정이 된다. 긴 들판 사이로, 간간히 자작나무 숲이 보이고, 자작나무 숲 사이로 농가가 형성되어 있다. 점심은 농가에서 카자흐 식으로 준비되어 있다. 바로 베스바르막이다(본 책의 28쪽에 나오는 베스바르막 사진 참조). 카자흐인들은 손님이 오면 예외 없이 베스바르막을 내놓는다. 베스바르막 한가운데는 양의 머리가 삶아져 있다.

양은 초원이나 안식년을 즐기는 경작지에 난 풀을 먹으며 자란다. 카자흐 사람들은 손님이 더 이상 먹을 수 없어서 자리를 피할 때까지 음식을 내온다. '손님이 배가 터질 때까지!' 그게 접대의 기본이다. 그래서 그런지 많이들 뚱뚱한데, 빠블오다르 농장에서 만난 농부들도 예외 없이 그랬다. 양고기를 우려낸 베스바르막 국물로 마지막 입가심을 한다. '고기는 몸에 해롭고, 그 국물은 몸에 이롭다'는 말이 있다 하니, 사양하기도 힘들다. 또한 '고기는 몸을 살찌게 하고, 국물은 얼굴을 살찌게 한다는 말도 있다'고 한다. 그래서 그런지 농부들은 예외 없이 얼굴이 컸다.

밀의 생산원가

농장은 거기서 거기인 것 같아도 경작 현황은 장소마다 큰 차이가 났다. 경작이 잘 된 곳과 잘 되지 않은 곳의 편차도 심했다. 그래도 농장이 다 거기가 거기지 싶어, 그만 보고 싶었다. 허나 7만 2천 헥타르가 모두 경작이 가능한 땅인지 직접 보는 것이 큰 임무 중의 하나였으므로, 다시 차에 오르지 않을 수 없었다.

밀이나 보리의 생산원가를 측정하는 것이 이번 실사의 주된 목적이다. 밀 원가의 절반가량을 차지하는 것이 씨앗의 가격이다. 한번 파종한 후에 그 다음 작업은 추수라고 할 정도로 중간에 하는 일이 거의 없기 때문에 종자 가격이 원가에서 차지하는 비중이 높다. 종자를 자체 준비할 경우에 종자 가격을 절반 정도로 줄일 수 있다.

TOO 빠블오다르 제르노 프로덕트의 인건비는 평균 250달러 정도라고 했다. 2008년 7월 통계청 발표에 의하면 카자흐스탄 농업 분야의 평균임금은 259달러라고 하는데, 놀라운 통계의 정확성이다. 금융 부문이 1,198달러, 광업 부문이 965달러로 선두권이며, 교직이 337달러로 하위권, 농업이 최하위권으로 259달러다.

농기계 또한 중요한 요소다. 캐나다나 미국제 농기계의 경우 트랙터, 콤바인이 각각 3억 6천만 원 정도 한다. 러시아, 벨라루스 제의 경우 1억 4천만 원 선이다. 7만 2천 헥타르를 경작하기 위해서는 20대의 트랙터와 콤바인이 필요하다. 아래 사진은 벨라루스 제 콤바인 '벡터'다. 새로 산 콤바인이다. 희한하게도 콤바인 기사가 모두 낡은 군복을 입고 있었다. 아래 사진은 추수하다가 잠시 쉬는 장면 같아 보이지만 그렇지 않다. 콤바인이 목적지까지 가다가다 힘들어서 쉬고 있는 것이다. 목적지까지 가

벨라루스 제 콤바인 벡터.

는 데만도 한나절 이상 걸리는 경우가 많다. 제대로 찾아가는 게 신기할 뿐이다.

올해는 경작 현황이 좋지 않아서 밀의 톤당 원가는 100달러, 보리가 90달러, 해바라기씨가 170달러이다. 지난 해의 톤당 원가는 밀이 60달러, 보리가 50달러, 해바라기씨가 150달러였다. 곡물의 가격은 변동성이 높은데, 올 한해 밀의 평균 국제 가격은 340달러 정도다.

추수는 밤 늦게까지 지속되고

저녁 늦게 추수가 진행 중인 한 현장에 도착했다. 구소련제 낡은 콤바인과 신형 독일제 콤바인이 경쟁하듯 추수를 진행하고 있었다. 어둑어둑한 저 멀리 지평선에 늘어서 있는 것은 자작나무다. 자작나무 너머는 러시아다. 자작나무를 끝으로 평야가 끝나는 것 같지만, 그 뒤로는 또 다시 끝없는 평야가 시작된다. 추수는 밤늦게까지 지속될 때도 있고, 24시간

밤 늦도록 진행되는 추수 장면.

지속될 때도 있다. 추위가 금방 찾아오기 때문에 추수는 보통 2주일 이내에 모두 끝내야 한다. 정해진 농기계를 가지고 추수를 끝내기 위해서는 밤낮을 가릴 수 없다. 이러한 짧은 추수기간은 농업 생산원가를 높이는 한 원인이 된다. 추수 관련 농기계를 빌려주거나 빌려 쓸 수가 없으므로, 농기계를 많이 보유하고 있어야 한다.

엘리바토르: 너무나 소련적인

추수된 곡물은 모아져서 엘리바토르라 불리는 곡물 저장 창고로 옮겨진다. 엘리바토르는 수십 개의 사이로를 가지고 있는 저온 곡물 창고이며, 곡물을 건조하게 보관하고 불순물을 처리하는 기능까지 갖추고 있다. 아래 그림 모양의 엘리바토르가 카자흐스탄 전역에 82개 존재하며,

곡물 저장 창고 엘리바토르와 관리인.

빠블오다르에 7개가 있다. 그 중에 하나를 TOO 빠블오다르 제르노 프로
덕트가 소유하고 있다. 엘리바토르는 저장 창고임과 동시에 곡물 물류의
시작점이다. 반드시 철도를 끼고 있다. 아래 사진은 수천 톤의 레미콘으
로 떡칠이 되어 있는 구소련제 엘리바토르다. 1962년에 2천 명의 노동자
가 공사를 시작하여 1970년에 완공되었다. 많이 낡아 보이지만, 250년
간 사용 가능하도록 설계되었으므로 앞으로 210년은 더 일할 수 있다.
얇은 곳의 외벽이 1미터, 두터운 곳이 2미터 정도다. 주 사이로 16개, 보
조 사이로 60개가 있으며, 최대 5만 톤의 곡물을 저장할 수 있다. 카자흐
스탄에 존재하는 엘리바토르 중 작은 사이즈에 속한다.

　엘리바토르의 보관료는 한 달에 톤당 1달러이며, 한번 들어왔다 나가
는 데 30달러이다. 6개월을 보관할 경우 톤당 36달러, 1년을 보관할 경
우 42달러를 지불해야 한다.

　구소련이 붕괴되고, 집단농장이 붕괴하면서 엘리바토르도 문을 닫은

적이 있다. 주변 농가에서 엘리바토르에서 문짝을 떼어 가고, 집기를 가져갔지만, 거대한 시멘트 덩어리는 어떻게 할 수가 없어 그대로 남게 되었고, 이제 다시 일을 할 수 있게 되었다. 현재 엘리바토르의 현금 흐름상의 가치는 100억 원 정도다. 그러나 이러한 규모의 엘리바토르를 새로 지을 경우 2천억 원 이상의 비용이 들어간다. 사진 속의 인물은 엘리바토르 총 책임자 에르잔이다. 엘리바토르만큼이나 묵직하여 믿음직한 에르잔의 월 급여는 690달러이다.

식량 자급 자족이 안 되는 나라 한국

2008년 평균 밀의 국제 가격은 톤당 330달러이다. 빠블오다르의 원가는 100달러이다. 금융비용, 자기자본 기회 비용을 모두다 포함하여 보수적으로 추정해도 160달러를 넘지 않는다. 톤당 170달러의 마진이 생긴다. 빠블오다르 지역은 쿠스타나이나 아크몰라 지역보다 농지 확보는 쉽지만, 생산량이 조금 떨어지기 때문에 단가는 약간 높은 편이다. 특히 올해는 수확량도 좋지 않은 해다. 이 모든 것을 감안해도 높은 마진이 생기는 비즈니스가 카자흐스탄 밀 농사다.

한국은 식량 자급자족이 안 되는 나라다. 산업화와 세계적 분업화 시대에 농업국가가 아닌 이상 식량 자급자족이 안 되는 것을 당연하게 생각하는 사람도 있을 수 있다. 그게 어쩌면 선진국의 상징이라고 느끼는 사람도 있을 것이다. 그러나 OECD 국가의 대부분은 식량을 자급자족할 수 있는 정도의 농업 생산량을 갖추고 있다. 식량 자급자족이 안 되는 것의 위험성을 모두들 뒤늦게 깨닫고 있다. 90년대 초 우루과이 라운드로 한국사회가 몸살을 앓았던 적이 있었다. 당시 자유무역론자들은 그 대단하고 단순한 비교우위론을 내세우며, '경쟁력 없는 농업을 포기하는 것이 맞다'는 논리를 폈다. 그로부터 불과 몇 년이 지났는가? 높은 곡물가가 인플레이션을 일으키고, 잦은 곡물 수출금지 조치가 끊임없이 보도되고 있다. 당시 목청을 높였던 현자들은 지금 어디서 무엇을 하고 있을까?

카자흐스탄은 구소련 붕괴 후 농업 기반이 붕괴되어 현재 복구되는 과정에 있다. 구소련 말기 100을 생산했다면, 현재 30정도 밖에 생산하고 있지 못하다. 그래도 세계 5위의 곡물 수출국이다. 좋은 농토와 좋은 기후 조건을 가지고 있다. 좋은 밀과 높은 가능성, 높은 수익성이 바로 여기에 있으니 진출하지 않을 이유가 없다. 한국은 OECD 국가 중 유일하게 식량 자급자족이 안 되는 국가이며, 원유의 수입 의존도가 가장 높은 나라다. 그래서 한국에게는 자원의 나라, 곡물의 나라 카자흐스탄이 매우 중요하다.

평원에 서면, 모든 것이 하늘과 땅의 대화다

이제 알마티로 돌아와 카자흐스탄 농장 사업에 어떻게 진출할지를 고민한다. 모든 질문에 솔직한 답변을 해 준 예를란에게 감사하고, 멋진 말로 나를 감동시켜 준 마랏에게 고맙다. 그 험한 길을 안전하게 인도해준 기사에게 고맙고, 비포장도로도 포장도로처럼 느끼게 해준 렉서스에 감사한다.

끝없이 펼쳐진 황금빛 밀밭에 대한 인상은 기억 속에 언제까지라도 남아 있을 것만 같다. 끝없는 밀밭 사이에 뜬금없이 나타나는 자작나무 숲도 빼놓을 수 없는 풍경이다. 자작나무는 늘 고독한 인상을 준다. 자작나무의 고독함은 혹독한 자연과 싸우는 큰 무기가 된다. 밀은 하늘과 땅의 대화라고 했다. 빠블오다르의 평원에 서면, 밀뿐 아니고 무엇이든 하늘과 땅의 대화수단이 된다. 밀이든 보리든, 해바라기든 자작나무든!

　이번 탐방에서 얻은 가장 큰 성과는 밀의 원가 계산도 아니고, 직접 눈으로 확인한 7만 2천 헥타르의 경작지도 아니다. "밀은 하늘과 땅의 대화다."라는 마랏의 멋진 코멘트다. 빠벨은 하늘의 뜻을 받은 황제가 되지는 못했지만, 빠블오다르는 빠벨 이후에도 묵묵히 하늘과 땅 사이를 소통시키고 있다.

화가와 떠나는 카자흐스탄 산업 여행

윤영호 – Seven Rivers Capital 대표

카자흐스탄을 대표하는 화가, 아블한 카스테예프.

아블한 카스테예프Abylkhan Kasteev; 1904~1973는 카자흐스탄을 대표하는 화가다. '국민화가' 라는 칭호를 받은 최초의 카자흐스탄 미술가다. 카자흐스탄 국립 미술 박물관은 카스테예프를 기리기 위해 '카스테예프 박물관' 으로 불리고 있다. 카스테예프는 딸띠꾸르간(엘드 건설이 아파트를 짓고 있는 곳) 주의 작은 마을에서, 아주 가난한 유목민의 아들로 태어났다. 알마티와 모스크바에서 미술 공부를 했고, 1천 점이 넘는 유화와 수채화를 남겼다. 그의 작품은 러시아 국립 트레찌야코프 미술 박물관, 모스크바 국립 중앙 박물관, 카자흐스탄 국립 미술 박물관 등에 소장되어 있다. 그의 모든 그림에는 카자흐인의 민족정신과 민족적 지혜가 담겨 있다고 한다.

앞에서 카자흐스탄 실물 경제의 양대 축인 자원과 농업에 대하여 살펴보았다. 금융업과 건설업을 살펴보기 전에 카자흐스탄 '국민화가' 의 눈

제뜨바이의 유정(1965), 아블한 카스테예프.

에 비친 자원과 농업의 역사를 간략하게 살펴보자!

앞의 '유목 문화의 계승자 카자흐 이해하기'와 '21세기는 유목을 요구한다'에서 이미 10점의 카스테예프 그림을 소개했다. 카스테예프의 그림은 카자흐스탄 국립 미술박물관에서 직접 사진 촬영하여 제공해준 것이며, 본 박물관이 소장하고 있지 않은 그림은 1986년 발행된 화보집에서 스캔한 것이다. 그의 화집을 선물 받은 것이 1997년이므로 색감이 살아 있다고는 할 수 없지만, 카자흐 고유의 리듬을 듣는 데는 지장이 없다. 리듬은 바래지 않을 테니까 말이다.

〈제뜨바이의 유정〉은 1960년대 원유 탐사 장면을 사실감 있게 보여준다. 그림 속의 60년대 육상 유전설비는 지금과 큰 차이가 없어 보인다. 제뜨바이Zhetybay는 망기스타우 지역에 있는 유전지대다. 한국에도 많이 알려진 망기스타우무나이가스MMG 사의 주요 유전들이 제뜨바이 인근에 자리 잡고 있다. 제뜨바이 유전은 60년대부터 탐사가 시작된 가장 오래

석유광구(1967), 아블한 카스테예프.

된 유전 중의 하나로서, 가채 매장량 13억 배럴에 달하는 중대형 유전이며, 인근에는 가채 매장량 38억 배럴의 대형 유전 우젠(Uzen)이 있다. 제뜨바이 유전과 우젠 유전 사이에는 한국의 KSR이 탐사하고 있는 샬바잘가노이 유전이 있다.

〈석유광구〉는 1960년대 해상 유전의 수준을 잘 보여준다. 육상 유전설비가 외형상 60년대와 지금이 큰 차이가 없어 보인다면, 해상 유전설비는 큰 차이가 있어 보인다.

〈악사이 인 광산 전경〉은 악사이에서 인 광석을 채굴하는 장면을 묘사하고 있다. 악사이는 우랄스크로부터 남동쪽으로 2시간 떨어진 곳에 위치한 작은 도시다. 현재는 원유, 가스 산지로 유명하다. 앞의 글 〈카자흐스탄에서 광물 찾기!〉에 나오는 두 번째 표를 통해 짐작해 보면, 현대에와서 카자흐스탄의 인 광석은 다른 광물에 비해 중요도가 떨어지는 것처럼 보인다. 생산량도 줄고 있고, 통계도 부실하다. 카스테예프가 악사이

악사이 인 광산 전경(1967), 아블한 카스테예프.

까지 와서 그림을 그렸다면, 당시에는 꽤나 중요한 광산이 아니었을까?

〈소콜로프 사르바이 노천광〉에는 카자흐스탄 최대 철광석 산지인 소콜로프 사르바이에서 철광석을 채광하는 모습이 생동감 있게 묘사되어 있다. 카스테예프가 말년에 그린 〈아만겔디 초상〉을 제외한다면, 개인적으로 카자흐스탄 산업의 역동성을 잘 보여 주고 있는 그림이라 가장 마음에 든다. 〈카자흐스탄에서 광물 찾기!〉 철광석 파트에 소개되어 있는 소콜로프 사르바이 광산은 카자흐스탄 최대 광업회사인 ENRC의 소유다. 정확히 말하면, ENRC의 최대 자회사인 SS GPO 사가 소유하고 있다. SS란 바로 소콜로프 사르바이를 의미한다.

테미르타우는 구소련 최대 제철소로 카자흐스탄 제조업의 상징이다. 〈카자흐스탄에서 광물 찾기!〉에서 이미 소개했고, 뒤에 〈한국기업 진출 현황과 유망 진출 분야〉에서도 다시 소개된다. 전쟁 중이던 1942년에 건설 계획이 수립되어, 1944년에 첫 삽을 떴고, 1960년 여름에 완공되었다. 카스테예프의 그림은 1960년 초가을에 그려진 것으로 보인다(그림 속 풍경과 사람들의 옷차림으로 볼 때 초가을이다). 그렇다면, 테미르타

소콜로프 사르바이 노천광(1962, 왼쪽), 테미르타우 댐(1960, 오른쪽), 아블한 카스테예프.

우 완공 소식을 듣자마자 한달음에 가서 그림을 그렸다는 이야기다. 현재 공장 외관은 1960년대 공장 외관 그대로인데, 공장 사진은 뒤의 〈한국기업 진출 현황과 유망 진출 분야〉에 나온다. 아스타나에서 까라간다로 가는 고속도로를 타고 가다 보면, 까라간다 도착 직전에 거대한 흉물(?) 테미르타우가 나타난다. 공장 굴뚝에서 연기만 안 난다면, 〈미래 소년 코난〉에 나오는 버려진 산업도시의 모습 그대로다. 1995년 지금의 아르셀로 미탈이 인수하여 시설 현대화를 위해 많은 돈을 투자하고 있다. 이젠 외관도 좀 보기 좋게 바꾸었으면 하는 바람이다.

그림 〈처녀지〉는 처녀지 개간 운동을 연상시킨다. 1950년대 중반에 흐루시초프에 의해 카자흐스탄 북부지역의 방치된 땅을 개간하여 밀, 보리를 경작하는 처녀지 개간 운동이 시작되었다(처녀지 개간 운동에 대해서는 이 책 1장에서 이미 설명되었음). 처녀지 개간 운동의 중심 도시가 지금의 아스타나다. 당시에 아크몰라라고 불리던 도시를 '첼리노그라드(처녀지 도시)'로 개명하여 처녀지 개간 운동의 수도로 삼았다. 구소련 붕괴 후 다시 아크몰라라는 이름으로 불렸다. 나자르바예프 대통령이 아크몰라를 새로운 수도로 결정하면서, '아스타나'로 개칭되었다. 아스타나는 '수도'를 뜻하는 카자흐어고, 아크몰라는 '하얀 무덤'을 뜻하는 카자흐

처녀지(1956), 아블한 카스테예프.

어다. 하얀 무덤이 한 나라의 수도 이름으로는 적당하지 않아 보였던 모양이다.

나자르바예프 대통령이 수도를 알마티에서 아스타나로 옮긴 이유는 여러 가지다. 그 중의 하나는 러시아 정치세력 일부가 카자흐스탄 북부 지역을 러시아 영토로 귀속시켜야 한다고 주장했기 때문이다. 솔제니친(《이반 데니소비치의 하루》,《수용소 군도》의 작가이자 노벨 문학상 수상자)과 같은 범슬라브주의자들에게 처녀지 개간 운동 지역인 아스타나 북부지역의 땅은 각별한 의미를 지닌다. 흐루시쵸프에 의해 주도된 처녀지 개간 운동으로 카자흐스탄 북부에 80만에 이르는 러시아인들이 이주하게 되었다. 1960년 초에 930만 카자흐스탄 인구 중 러시아 43퍼센트, 카자흐인이 29퍼센트가 되게 된 것도 모두 처녀지 개간 운동 때문이라고 한다.

처녀지 개간 운동으로 카자흐스탄의 농업은 비약적으로 발전하였고,

농지의 비행(1962), 아블한 카스테예프.

카자흐스탄 북부지역은 구소련 시기 농업의 중심지가 되었다. 그림 〈농지의 비행〉을 보자. 수로 정비 상태, 비행기를 이용한 농약 살포 등을 볼 때 당시에 상당히 선진적인 농업 인프라가 구축되어 있음을 느낄 수 있다. 농기계 사용 측면에서 보면, 카자흐스탄 농업은 구소련 시기 농업보다 후퇴한 측면도 있는 듯하다.

아래 그림 〈곡물 추수〉는 배경이 눈 덮인 천산인 것으로 봐서 처녀지 개간 운동의 대상이 되었던 카자흐스탄 북부지역의 추수 장면은 아니고, 알마티 근교의 추수 장면을 그린 것이다. 〈곡물 추수〉는 〈광활한 대지의 유목민사〉에서 소개한 〈황금 알곡〉과 위에 소개된 〈농지의 비행〉과 함께 카자흐스탄 농업의 풍성함을 잘 나타내주는 그림이다. 카스테예프의 농업 관련 그림에는 예외 없이 50년대 말과 60년대 초에 사용한 농기계가 등장한다. 당시의 선진 농업 수준을 그림에 담고 싶은 욕망이 있었던 모양이다.

카스테예프는 1973년까지 작품 활동을 했는데, 작품의 주요 무대는 초

곡물 추수(1957), 아블한 카스테예프.

원이었다. 초원을 배경으로 말, 양, 유르따 등이 주요 소재였다. 카자흐
전통의상이나 전통의상을 입은 인물들도 주요한 작품의 대상이었다. 초
원, 말, 양, 유르따, 전통의상을 입은 인물이 등장하지 않은 그림은 모두
카자흐스탄 주요 산업과 관련한 그림이다. 금융업과 건설업을 연상시키
는 그림은 찾지 못했기 때문에, 이 글을 농업과 금융업 중간에 배치시켰
다. 그렇다고 카스테예프가 금융과 전혀 무관한 인물은 아니다. 그가 돈
을 그리지는 않았지만, 주화에 그의 얼굴이 새겨진 적이 있다. 아래 사진
은 카스테예프 탄생 100주년을 기념하기 위한 50텡게짜리 주화다.

카스테예프가 그려진 50텡게 동전.
출처: en.numista.com.

금융! 무소의 뿔처럼 혼자서 가다

윤영호 – Seven Rivers Capital 대표

카자흐스탄 은행은 짧은 시기에 고속 성장을 해왔다. 2005년부터 2007년까지 3년간 은행의 총 자산은 400퍼센트 성장했다. 같은 기간 은행의 해외 채무가 150억 달러에서 460억 달러로 증가한 사실을 통해 알 수 있듯이 자산 성장의 주요 동력은 급격한 해외 채무의 증가였다. 덕분에 카자흐스탄은 2000년 이후 2007년까지 연평균 약 10퍼센트의 GDP 성장률을 보였다. 그러나 해외 채무의 증가 속도가 너무 빨랐다는 점과 해외 채무의 성격이 단기적이었다는 점이 간과되었다. 3, 4년짜리 유로본드로 자금을 조달하여, 장기 모기지와 부동산 대출에 활용함으로써 자산과 부채의 비매칭이 두드러졌다. 이러한 섣부른 성장과 리스크 관리의 부재는 서브프라임 사태로 촉발된 글로벌 신용경색의 직격탄을 받는 계기가 되었다.

2007년 발생한 미국 서브프라임 사태의 충격을 가장 빠르고 심하게 받은 곳이 단기 해외 부채의 규모가 컸던 카자흐스탄 은행이라고 할 수 있다. 민간은행의 해외 채권이 차환이 불가능해지면서, 국내의 여신을 회수하여 해외 채무를 갚아야 하는 사태가 발생하게 되었다. 그러나 카자흐스탄 국가 전체적으로는 여력이 충분했다. 유가를 비롯한 자원 가격 상승이 2008년 여름까지 지속되었기 때문이다. 내셔널펀드를 포함한 국

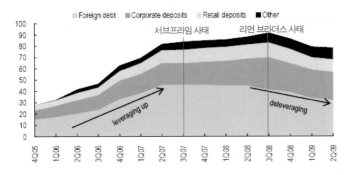

서브프라임 사태   리먼 브라더스 사태

leveraging up   deleveraging

카자흐스탄 펀딩 구조의 변화. 화살표는 은행의 총 자산에서 해외 채무가 차지하는 비중에 의미 있는 변화가 생긴 시점을 보여주고 있다. 서브프라임 사태와 리먼 브라더스 사태가 의미 있는 변곡점이 되고 있다. 출처: 르네상스 캐피탈.

가의 외환보유고도 증가하고 있었고, 자원기업의 캐쉬플로우가 좋았기 때문에 국가 전체적으로 자신감이 넘쳤다. 은행의 해외 채무도 순조롭게 상환되고 있었다. 그러던 것이 2008년 리먼 브라더스의 파산으로 심화된 글로벌 경제 침체로 자원 가격이 급락하면서 상황이 일시에 악화되기에 이르렀다.

위 그림은 2005년부터 2009년까지 카자흐스탄 경제에 있었던 상황을 함축하여 보여준다. 2007년까지 은행의 레버리지가 급격하게 증가했음을 보여준다. 2007년 3분기부터 은행의 해외 채무는 소폭 감소하지만, 기업 예금의 증가로 은행의 자산규모는 2008년 3분기까지 오히려 증가하게 된다. 이는 자원 가격의 강세로 인해 기업의 현금흐름이 좋았기 때문에, 증가된 기업 예금이 부족한 해외펀딩 부분을 상쇄할 수 있었던 것이다. 그러던 것이 2008년 자원 가격 급락과 함께 거시경제 펀더멘탈이 붕괴하면서 은행의 버팀목이 사라지게 되었다. 결국 유동성 문제가 자산 건전성 문제로 악화된 것이다.

다음은 아하노프 카자흐스탄 금융인 연합회 회장과의 인터뷰 내용이다.

Q. 2007년 서브프라임 모기지 사태가 터진 이후에 카자흐스탄이 글로벌 금융위기의 충격을 가장 빠르고, 심각하게 받았는데요. 그 원인이 무엇이라고 생각하십니까?

A. 아시다시피 은행의 대외부채가 너무 많았었죠. 460억 달러에 해당하는 은행의 단기부채 규모가 큰 것이 문제였죠. 이 돈이 카자흐스탄 경기 부흥에 큰 역할을 했던 것은 사실이지만, 부채 규모가 단기간에 너무 커진 것이 문제였죠. 현재 은행권 대외 채무가 310억 달러로 줄어들었다는 점은 다행이죠.

Q. 단순히 대외 부채가 많았다는 것 이외에 제도적인 문제점은 없었을까요?

A. 금감원의 규제가 부족했고, 거시경제의 큰 틀을 관리하는 정부의 정책에도 미숙함이 있었던 것이 사실이죠. 물론 금감원이 급속도로 증가하는 은행의 해외 부채를 규제하려고 했지만, 타이밍이 좀 늦었습니다.

Q. 그 부분에서 어떤 이해세력이 개입하여 정부의 규제의지를 꺾은 측면 같은 건 없었을까요?

A. 쉽게 말하기는 어렵죠. 특정 로비 세력이 있었다고 말하기는 어려울 것 같습니다. 물론 은행 입장에서 반대가 있었지만, 큰 틀에서 금감원이 문제를 인식하고 있었고, 대책을 수립하고 있었는데, 글로벌 금융위기가 너무 급속히 확대된 것이죠. 여하간에 그 부분은 정책의 실패라고 말할 수 있습니다.

여기까지는 충분히 이해할 수 있는 내용이다. 2008년 말까지 카자흐스탄 정부는 은행의 대외 부채 상환에 대하여 자신감을 여러 차례에 걸쳐 표명했다. 그러나 2009년 1월 이후부터 은행의 대외 부채는 개별 은행의 문제임을 강조하면서, 카자흐스탄 정부가 한 발씩 물러나는 모습을 보이더니 마침내 최대 은행인 BTA와 알리얀츠 은행이 디폴트를 선언하고, 채무 재조정 절차를 선언해 버린다. 한국은 IMF 때 은행의 채무를 정부가 발벗고 나서 상환해 준 경험이 있다. 한국적 시각에서는 카자흐스탄 정부의 태도는 예상하기 힘든 매우 놀라운 사건이었다. 이에 대한 카자흐스탄 금융인의 시각은 다음과 같다.

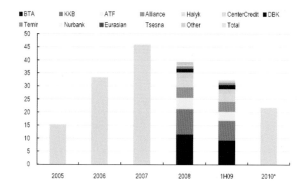

카자흐스탄 은행권 해외 채무 현황. BTA와 KKB의 해외 채무가 전체 채무의 절반을 차지하고 있다. 출처: 르네상스 캐피탈.

Q. BTA와 알리얀츠 은행의 채무 재조정은 어떻게 진행되고 있습니까?

A. BTA와 채권단의 합의가 2009년 12월 7일까지 나오게 되어 있고요. 알리얀츠도 속도를 내고 있습니다. 채무 재조정이 이뤄지면 두 은행이 통제 가능한 수준이 될 것으로 보이고, 이후 전략적인 파트너를 찾는 작업이 진행될 것으로 봅니다.

Q. 결국 카자흐스탄 최대 은행이 국내외 채무를 다 갚지 못한 것 아닙니까? 이러한 채무 재조정이 향후 카자흐스탄 은행권에 어떠한 영향을 미칠 것으로 보십니까?

A. 정부가 삼룩카즈나를 통해 도와줬죠. 최대한 시장질서의 틀 안에서 도와주려고 노력했습니다. 어쨌거나 결과는 빚을 다 갚지 못한 것이고, 앞으로 은행의 해외 펀딩이 예전처럼 이뤄질 수는 없겠죠. 허나 채무 재조정 후에 내년이면 일부 은행들은 해외 펀딩을 다시 시작할 수 있을 것으로 봅니다.

Q. 결국 채무 재조정을 일부 은행의 문제로 보시고, 다른 은행들은 시장 논리에 따라 해외 펀딩이 다시 가능할 것으로 보시는군요. 좀 낙관적인 견해로 보입니다. 해외 사례를 보면, 정부가 은행의 부채를 책임져 주는 사례가 많이 있습니다. 카자흐스탄은 왜 그러한 길을 택하지 않았을까요?

A. 일단 BTA와 알리얀츠 은행의 구주주나 구경영진의 모럴 헤저드가 심했죠. 그 부분에 대한 책임에서 정부가 명확하게 선을 긋고 싶었던 것입니다. 물론 그렇다고 카자흐스탄 정부가 전혀 나 몰라라 한 것은 아니지요. 삼룩 카즈나를 통해 많은 부분을 도우려 했던 것도 사실이니까요. 허나 삼룩 카즈나도 형식적으로는 하나의 상업적 펀드이거든요. 정부는 삼룩 카즈나 펀드의 수익자구요. 삼룩 카즈나는 큰 거시경제의 조정자이기도 하지만, 엄밀히 말하면 시장에 존재하는 하나의 펀드이니까요. 불가피한 선택이었다고 봅니다.

Q. 개인적으로 정부가 민간은행의 부채를 대신 상환해 주지 않은 것이

올바른 선택이라고 보십니까?

A. 음! 간단한 문제는 아닙니다만, 그렇게 봅니다.

Q. 그럼 카자흐스탄 정부에서는 정부가 대신 갚아줘야 한다는 의견을 가진 사람은 없었습니까?

A. 왜 없겠습니까? 초기에는 그런 주장이 더 강하기도 했었죠. 그런 의견을 개진한 분들도 많습니다.

카자흐스탄 정부는 은행의 채권자가 은행 부실에 대하여 책임지는 것이 시장의 룰이라고 선언한 셈이다. 큰 틀에서 틀린 말은 아니지만, 그간 은행의 자산 건전성에 관하여 해온 수많은 거짓말에 대하여서는 일언반구의 코멘트도 없었다는 점은 이해하기 힘들다. 이 사태로 카자흐스탄 금융권의 불투명성, 정책의 비일관성은 도마 위에 오르지 않을 수 없게 되었고, 카자흐스탄 은행권과 정부에 대한 신뢰가 크게 훼손되는 것은 당연하다. 카자흐스탄 정부는 은행 채무 불이행 사태를 너무 쉽게 생각하는 것은 아닐까? 정부는 이러한 난국을 어떻게 헤쳐나갈 수 있을까?

Q. 결국 위기를 전후하여 정부가 은행업 전반에 대한 큰 그림을 새로 그리게 되었을 텐데요. 어떠한 변화가 있을까요?

A. 정부가 빚을 갚아주는 길을 택하면, 금융권

세릭 아하노프 금융인 연합회장. 출처: 《한인일보》.

의 유동성 측면에서는 훨씬 빠르게 과거로 돌아갈 수 있었을 겁니다. 그러나 채무 재조정으로 가면서 카자흐스탄은 조금 천천히 가는 길을 택했다고 볼 수 있습니다. 빠르고 급한 성장이 후유증을 내듯이, 위기 전으로의 복귀가 빠를수록 무조건 좋은 것만은 아니라는 것이죠. 이제 천천히 가더라도 정확히 가는 길을 택하겠다는 의미로 받아들일 수 있을 것입니다.

Q. 결론적으로 말해 이전의 카자흐스탄 금융정책이 성장위주의 전략이었다면, 이제는 내실을 다지며 천천히 가겠다는 말이군요. 토끼가 아니라 거북이처럼 Slow and Steady wins the race 전략으로 간다는 의미군요. 그래서 구체적으로 어떤 그림들이 나오고 있습니까?

A. 첫째, 이번 위기를 통해서 배운 것이 내부 펀딩의 중요성입니다. 내부 펀딩 없는 유동성의 창출은 결국 사상누각이라는 것이죠. GDP의 안정적 성장을 위해서 필요한 것은 내부 펀딩이고, 그걸 향상시킬 수 있도록 보다 근본적으로 접근해야 한다고 봅니다. 은행이 이지 머니를 확보하려고 하기보다 고객 예금이라는 더 안정적인 돈을 확보하기 위해 장기적으로 접근해야 한다고 생각합니다.

둘째, 11월 16일에 대통령이 금융권 발전계획에 사인했습니다. 상업은행과 정부기관이 펀딩을 위해 공동 노력한다는 내용입니다. 상업은행과 국책 금융기관이 같이, 상업은행과 국책 펀드가 서로 유기적으로 도와야 한다는 것이죠. 그러한 방법을 통해 해외 펀딩도 단계적이고 장기적으로 접근하구요. 국내 고객기반 확보를 위해서도 공동보조를 취한다는 것입니다.

셋째, 금융 규제 정책을 거시경제 지표에 따라 탄력적으로 운영할 것입니다. 살아 움직이는 규제 제도가 되는 것이죠. GDP 성장률, M2 증가율 등 다양한 변수를 고려하여 은행의 예금과 부채 비율, 총자산에서 해외 부채의 비율, 지준율 등을 탄력적으로 규제한다는 것입니다. 경기 호황기에는 규제의 끈을 조이고, 불황기에는 느슨하게 하는 정책을 제도화하는 것이죠.

은행이 채무를, 특히 대외 채무를 변제하지 않을 때 오는 이익과 손해가 있을 것이다. 그 손해의 규모를 100으로 본다면, 한국은 IMF 때 그 손해의 규모를 150쯤으로 보고 대외 채무 변제를 최우선으로 생각했다. 현재 카자흐스탄은 그 손해의 규모를 50쯤으로 과소평가하고 있는지도 모를 일이다. 은행의 대외 채무 변제에 대하여 카자흐스탄 정부가 손을 놓은 것은 크게 두 가지 이유 때문일 것이다.

첫째, 카자흐스탄은 신생 자원개발 국가로서 자체로 경쟁력을 가지는 경제 단위라고 생각하고 있기 때문이다. 전 세계 경제가 발전하면 할수록 전 세계는 카자흐스탄을 근본적으로 필요로 할 수밖에 없으므로, 해외 금융이 카자흐스탄을 좌지우지할 수 없다는 자신감이 있는 것이다.

둘째, 아하노프의 말처럼 이제 천천히 정확하게 가겠다는 의미일 것이다. 정부가 대신 빚을 갚아주고, 은행은 다시 해외 채무를 무리하게 끌어들여 그 돈으로 경기를 부양시킬 의사가 없다는 것을 의미한다. 2005년부터 급격하게 늘어난 은행의 해외 채무는 미래의 자원가치를 끌어당겨 쓴 셈이다. 내부 펀딩을 통해서 천천히 정확하게 가겠다는 의미는 '이제는 미래의 가치를 마구잡이로 끌어당겨 쓰지 않겠다!'는 의미. 당분간 카자흐스탄은 무소의 뿔처럼 혼자서 가겠다는 것이다.

혼자 가는 무소는 이렇게 생각하고 있는지도 모른다. '나중에 내 뿔이 녹용이나 되는 듯이 해외에서 자진하여 몰려 올 때가 또 있을 것이다.'

국민은행과 신한은행: 자신만의 색깔로 자신의 길을 가다!

국민은행과 신한은행은 비슷한 시기에 카자흐스탄 은행업에 진출했다. 두 은행이 가지는 이미지는 많이 다르다. 국민은행의 친근한 이미지는 강한 리테일 기반에서 축적된 것이고, 신한은행의 정제된 이미지는 강한 리스크 관리로부터 배어 나온 것이다. 두 은행의 카자흐스탄 진출에 대하여 아하노프 금융인 연합회 회장은 인터뷰에서 다음과 같이 평가했다.

Q. 한국의 국민은행, 신한은행이 카자흐스탄에 진출하여 영업하고 있습니다. 한국 금융기관의 활동에 대해 어떻게 평가하십니까?
A. 각자 나름의 전략을 가지고 올바른 길을 가고 있다고 생각합니다. 올바른 타이밍에 진입했고, 조만간 좋은 결과가 나올 것이라고 믿습니다.

Q. 올바른 타이밍이었습니까?
A. 물론 더 좋은 타이밍도 있을 수 있었겠죠. 하지만 현재 금융권 구조조정의 대격변기에 들어와 있고, 거기서 살아 남아 승자가 되어 가고 있다고 봅니다. 큰 틀에서 보면 올바른 타이밍이었다고 말할 수 있습니다.

Q. 한국의 금융기관들이 카자흐스탄 금융 제도 개선에 큰 역할을 했으면 좋겠네요.

A. 현재 이미 그 역할을 하고 있습니다. 센터크레디트 은행은 금감원과 금융인 연합회에 제도 개선을 의뢰하는 건이 제일 많은 은행입니다. 제안되는 내용을 보면 모두가 합리적인 내용들입니다. 최대한 빠르게 제도 개선이 되도록 하는 것이 저희의 주된 역할 중에 하나죠. 그런 면에서 한국 은행이 카자흐스탄 금융권 전체에 미치는 좋은 영향이 이미 시작되었다고 봅니다.

국민은행: 우린 리테일이다

2008년 3월에 국민은행이 카자흐스탄 센터크레디트 은행의 지분 30퍼센트를 6억 달러에 인수했다. 2010년에는 추가로 11.9퍼센트의 지분을 1.16억 달러에 인수했다. 이는 대한민국 유사 이래 최대 규모의 금융권 해외진출이다. 그 규모만큼이나 많은 논란이 일어났다. '국민은행의 총자산이 233조 원임을 감안할 때 큰 규모의 해외 투자라고 볼 수 없으며, 성장의 한계에 도달한 국내 은행업이 해외에 눈을 돌리는 것은 당연하다'는 것이 긍정적 시각의 한 축이었다. '인수 가격이 싸지 않으며, 국민은행의 해외 은행 경영 능력이 과연 충분한가'가 보수적 시각의 다른 한 축이었다.

인수 후 리먼 브라더스 파산이 몰고 온 글로벌 신용경색이 카자흐스탄을 강타했고, 한국에도 영향을 미쳤다. 센터크레디트 은행의 인수 가격이 점점 비싸게 인식되어졌다. 카자흐스탄 은행 전반의 자산 건전성에 대한 의구심이 짙어졌다. 서브프라임 사태 이전과 이후는

오른쪽에서 두 번째 건물이 센터크레디트은행(BCC) 소유이다. 출처: 《한인일보》.

금융상황이 판이하게 달라졌으므로, 위기 이전의 의사결정을 위기 이후의 시각으로 재단하는 것은 합당하지 않을 것이지만 그런 사정이 널리 이해되지는 않았다. 분명한 것은 국민은행의 센터크레디트 인수는 장기적인 전략하에 이뤄진 중앙아시아 진출로, 그 성패에 대해 판단하기에는 아직 이르다는 것이다.

글로벌 금융위기를 버티지 못하고 카자흐스탄의 최대 은행인 BTA와 네 번째 은행인 알리얀츠가 디폴트를 냈다. 두 번째로 큰 은행인 KKB의 자산 건전성에 대한 의문이 제기되면서, 많은 기업 예금과 개인 예금이 센터크레디트를 찾아 나서는 사건이 발생하기도 했다. 현재 센터크레디트 은행은 카자흐스탄 은행 중에 자산 건전성이 뛰어난 은행, 투명성이 가장 높은 은행으로 인식되어 있다. 2009년 11월 4일에 르네상스 캐피탈이 발간한 리포트에 의하면 '센터크레디트 은행은 카자흐스탄의 유일한 다이아몬드' 다.

진출 타이밍이 조금 늦었더라면 인수 가격이 내려갔을 것이므로 금상첨화였을 것이다. 그러나 조금 늦었더라면 아마도 진출하지 않는 길을 선택했을 것이다. 결과론적으로 인수 타이밍에 아쉬움이 있었지만 진출 전략은 두 가지 점에서 적절했으며, 특징적이었다. 첫째, 보수적인 리테일 은행을 선택한 것이 적절했다. 국민은행이 카자흐스탄에서 타겟팅한 것은 첫 번째 리테일 은행이었고, 두 번째가 보수적으로 운영되는 은행이었다. 그러한 타겟팅은 현재 빛을 발하고 있다. 둘째, 30% 지분 인수로 시작하여 점차적으로 경영권을 행사하는 것이 특징적이었다. 이는 해외 은행 경영 경험이 많지 않은 국민은행이 선택한 최상의 카드로 보인다. 현재 20명의 국민은행 전문가가 센터크레디트의 다양한 파트에서 한국의 고객 지향적 은행업 노하우를 카자흐스탄에 접목시키고 있다. 그렇게 국민은행이 카자흐스탄의 다이아몬드를 빠르게 접수하고 있다.

신한은행: 색깔 있는 은행의 길을 걷다

신한은행은 2008년 12월에 자본금 4천만 달러로 신한은행 카자흐스탄을 신규 설립했다. 센터크레디트 은행이 시내 중심의 한복판에 자리 잡고 있다면, 신한은행은 부유한 주택가가 시작되는 다소 외지라 할 수 있는 곳에 고집스럽게 위치하고 있다. 이는 신한은행의 전략을 상징적으로 보여준다. 당장 리테일 뱅킹에 집중하지 않고, 기업 금융 및 VIP 고객에 집중할 예정이다. 한국기업과 교민을 위한 은행업무도 중요한 부분이다.

카자흐스탄 신한은행 본사 전경. 출처: 신한은행.

　신한은행이 영업을 개시한 시점은 2008년 11월이다. 당시 카자흐
스탄 은행들은 겉으로는 큰소리를 치고 있었지만, 속사정은 급속도
로 악화되고 있는 시점이었다. 신한은행의 영업 개시 이후에 4개의
주요 은행(BTA, 알리얀츠, 아스타나 파이낸스, 테미르)이 디폴트를
선언했지만, 신한은행은 이들 은행에 익스포져가 전혀 없다. 특유의
보수적이고, 정제된 스타일로 첫발을 내딛은 셈이다.
　신한은행 카자흐스탄 덕분에 한국기업과 교민들은 고민스럽던 은
행 업무 중의 일부가 편리해졌다. 현지 은행의 무지막지한 수수료,
한심한 업무 속도, 불친절한 직원 태도 등에 속 터지던 일이 어느 정
도는 줄어들게 되었다. 카자흐스탄 신한은행에 계좌가 개설되어 있
을 경우 한국 신한은행과 카자흐스탄 신한은행 간에 당일 송금이 가
능하다.

카자흐스탄 주식은 우리에겐 선물이다

윤영호 – Seven Rivers Capital 대표

카자흐스탄에도 주식시장이 있는가? 강호의 고수들이 지배하는 한국 시장과는 많이 다르지만, 때론 정감 있고 때론 만만해 보이기도 하는 주식시장이 있다. 살만한 주식이 있는가? 2000개의 종목이 벌거벗고 춤을 추는 한국과는 많이 다르지만, 신이 주신 선물 같은 주식이 있다. 여권과 납세자번호PNN만 있다면, 외국인도 증권회사를 방문하여 계좌를 개설하고 증권 거래를 할 수 있다. 양도 차익에 관해서는 비과세이며, 모든 거래 과정은 한국과 큰 차이가 없다. 이제 카자흐스탄 증권시장을 간략하게 살펴보고, 한국 증권사의 진출 현황을 살펴본 후에, 정말 신이 준 선물이 있는지 살펴보자!

카자흐스탄 증권시장 현황

2009년 11월 1일 기준으로 카자흐스탄 증권거래소인 KASE의 시가 총액은 561억 달러이다. GDP의 56퍼센트에 해당한다.(한국의 시가총액은 921조 원이며, GDP의 94퍼센트에 해당한다.) 주식시장 초기 단계임을 감안하면 시가 총액은 생각보다 크다고 할 수 있다. 주식시장에 상장

된 회사 수는 82개, 채권시장에 상장된 회사 수는 89개다. 그나마 2009
년에 많은 기업이 디폴트를 내면서, 상장회사 수가 주식의 경우 3개, 채
권의 경우 12개나 감소했다. 이는 1997년 상장 주식이 거래되기 시작한
이후에 기록된 첫 번째 마이너스 성장이다. 상장 종목 수로 볼 때, 시장
초기 단계임을 감안해도 매우 적은 수치다.

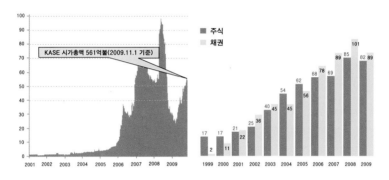

KASE 시가 총액과 상장회사 수(2009년 11월 현재). 출처: KASE.

   일 거래량을 보면 더욱 놀랍다. 2009년 일평균 주식 거래량이 7.1백만
달러, 회사채 거래량이 11.1백만 달러 정도에 불과하다. 아래 그림은 일
평균 주식 및 회사채 거래량을 보여 준다. 한국의 주식 시장 일평균 거래
량이 7.8조 원임을 감안하면, KASE의 거래량은 한국의 1/900인 셈이
다. 시가 총액이 1/14인 데 반해 일 거래량이 1/900이라면, 한국의 거래
량이 지나치게 많다는 것을 감안해도 카자흐스탄의 거래량이 너무 낮다
고 할 수 있다.

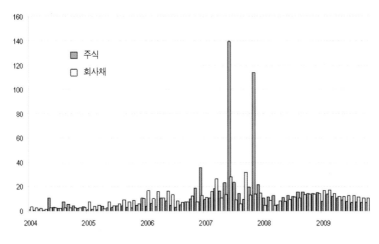

KASE 거래량 추이(2009년 10개월간 KASE 일평균 거래량 주식 7.1백만 달러, 회사채 11.1백만 달러). 출처: KASE .

증권시장 인프라

상장 종목 수, 거래량에서 보듯 주식거래가 일반인에게 보편적으로 인식되어 있다고 보기 어렵다. 개인투자가가 주식을 사기 위해 증권회사 객장에서 장사진을 이룬다는 중국, 베트남 등과는 아직 거리가 멀다. 카자흐스탄 중앙예탁원에 등록된 활동 계좌의 수가 2009년 11월 1일 기준으로 8,121개다. 한국의 경우에 증권회사 한 지점이 2천여 개의 활동 계좌를 가지고 있으므로, 카자흐스탄 전체는 한국으로 따지면 지점 4개 정도에 해당하는 수준이다. 이를 볼 때, 개인들은 아직 주식을 보편적인 거래 수단 또는 투자 수단으로 여기고 있지 않은 것이다. 카자흐스탄은 RFCA 프로젝트를 통해 유가증권 시장에 대한 일반인들의 인식을 재고시키기 위해 노력하고 있다. 덕분인지 활동 계좌 수는 큰 폭으로 증가하고 있다. 2008년 1월에 3,449개였고, 2009년 1월에 4,555개에 불과했던 계좌 수에서 올 한해 10개월간 78퍼센트에 해당하는 성장이 있었다. 아래 도표는 매년 증가하고 있는 카자흐스탄 증권시장의 활동 계좌수다. 이를 보면, 일반인 사이에서 증권에 대한 인식수준이 빠르게 증가하고 있다고 판단할 수 있다.

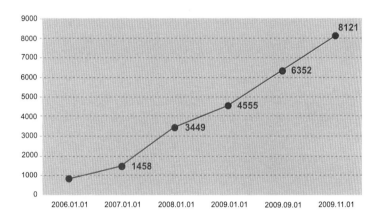

카자흐스탄 증권시장의 활동 계좌 수. 출처: SRC.

아래 증권회사 수 그래프를 보면 최근에 카자흐스탄 증권시장에 어떠한 일이 일어나고 있는지 구체적으로 감을 잡을 수 있다. 2009년 1월에 104개나 존재하던 증권사는 2009년 11월 현재 51개로 줄어든 상태다. 10개월 동안 많은 증권사가 사라진 것은 2년간 지속되어 온 금융위기를 버티지 못했기 때문이다. 그간 금감원이 요구한 증권사의 최저 자본금은 우리 돈으로 환산하면 4억 원이었다. 2010년 1월에는 5억 원으로 증액되었고, 2010년 7월에는 20억 원으로 증액된다. 지난 1년간 4억 원을 유지하지 못해 면허가 취소된 증권회사가 53개였던 것을 감안한다면, 2010

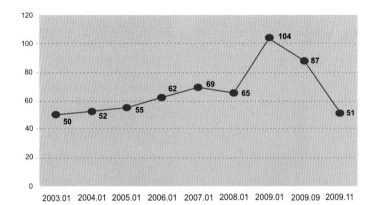

카자흐스탄 증권시장의 증권회사 수. 출처: SRC.

년 7월까지 증권업 면허를 유지할 수 있는 회사는 20개 내외에 그칠 것
으로 예상된다.

자산운용사의 현황도 증권사 현황과 대동소이하다. 보통 카자흐스탄
은 한 회사가 증권업과 자산운용업을 동시에 영위한다. 위에서 살펴본
대로 증권회사의 수가 급감한 것은 펀드 시장에도 동일하게 나타난다.
2009년 1월에 205개였던 펀드 수가 2009년 9월에는 179개로 감소하는
모습을 보여 주었다.

카자흐스탄 자산운용사의 펀드 수. 출처: SRC.

증권업과 자산운영업의 현 상황을 간단하게 요약하면, 증권업과 자산운용업은 아주 낮은 발전단계 수준이다. 시가 총액은 생각보다 크지만, 트레이딩 개념의 거래는 매우 작다. 증권에 대한 일반인의 인식은 빠르게 증가하고 있지만, 개인들 사이에 주식열풍이 불기에는 여전히 이른 단계다. 증권회사 겸 자산운용사가 난립했지만, 금융위기를 통해 빠르게 정리되고 있다.

한국 증권사의 진출 및 한계

2007년에 많은 한국 증권사들이 카자흐스탄 진출을 검토했었다. 당시에 카자흐스탄이 매력적이었던 이유는 크게 세 가지다. 첫째는 매년 지속되는 높은 GDP 성장률 때문이었으며, 둘째는 자원 및 건설과 관련하여 많은 한국기업이 진출하고 있었기 때문이었으며, 셋째는 카자흐스탄 정부의 높은 유가증권시장 육성 의지 때문이었다. 그러나 한국 증권사들이 2007년에 카자흐스탄 진출을 고민했던 실질적인 이유는 당시 증권사 내부적으로 돈이 많았기 때문이었다. 2004년부터 지속된 증시의 호황으로 증권사가 많은 유보자금을 보유하고 있었기 때문에 해외 진출의 여력이 있었다. 또한 한국 내 과잉 유동성으로 인해 해외 펀드에 대한 열기가 뜨거웠기 때문에 해외 진출의 욕구가 강할 수밖에 없었다. 당시에는 웬만한 해외 펀드는 수천억에서 조 단위까지 쉽게 자금을 모집할 수 있었다.

2007년에 한화증권이 현지 카스피언 그룹과 증권사를 공동으로 설립하여 현재 영업활동을 하고 있다. 현대증권과 대신증권이 사무소를 오픈하여 기회를 탐색하다가 대신증권은 사무소를 철수한 상황이다. 메리츠

증권이 현지 합작 파트너와 계약 직전 단계로 발전했다가 글로벌 금융위기로 진출 결정이 보류되었다. 대우증권과 한국투자증권이 기회를 모색하다가 현재는 뜸해진 상황이다. 이는 카자흐스탄이 금융위기를 겪으면서 불안전성을 노출했기 때문이기도 하지만, 본질적으로 한국 증권사의 구조적 한계 때문이라고 말할 수 있다. 한국 증권업은 여전히 시황 산업으로 이익의 변동성이 매우 크다. 3, 4년에 한 번씩 냉온탕을 오가는데, 시장이 좋을 때는 지나치게 확장 정책을 구사하고 시장이 나쁠 때는 지나치게 위축되는 경향이 있다. 이러한 상황에서 장기적인 계획 하에 해외 진출을 모색하는 것은 쉽지 않다. 해외 진출, 특히 개발도상국에 증권업으로 진출하기 위해서는 장기적인 전략이 필수적이라고 할 수 있다.

카자흐스탄에서 증권에 투자하기

카자흐스탄 주식은 밸류에이션상 싸다. 물론 싸다는 것이 곧 매력적이라는 것은 아니다. 한국 주식도 오랫동안 낮은 평가를 받던 시절이 있었다. 해외 동종 기업들이 PER 12~15배 내외에서 움직일 때, 한국 주식은 4~8배 사이에서 움직였던 상황이었다. 그러면서 우리는 한국 디스카운트의 원인을 남북분단 등 이상한 곳에서 찾았다. 그러나 뒤돌아보면, 기업 내부에 원인이 있었다. IMF 이전의 한국기업들 중 상당수는 부채비율 1천 퍼센트 이상이었고, 분식회계는 관례였고, 대주주(사실은 대주주도 아니고 아주 적은 지분으로 자기 것처럼 회사를 운영하는)의 횡포는 극에 달했다. 이러한 기업의 주식을 사준 외국인이 하나라도 있었다는 사실이 그저 놀랍고, 고마울 뿐이다. IMF를 기점으로 기업의 불투명성은 많이 개선되었고, 그러한 개선에 대한 믿음이 국내외 투자자를 국내 주식시장으로 이끌었다. 이렇게 한국 주식시장의 디스카운트는 서서히 사라져 갔다.

따라서 카자흐스탄 기업이 벨류에이션 측면에서 싸다는 것은 그럴만 한 이유를 내포하고 있다고 봐도 틀리지 않다. 카자흐스탄에서 많은 기업의 투명성이 의심스러운 것이 사실이고, 영속성에 의문이 드는 기업도 많다. 높은 잠재력을 인정하더라도, 영속성에 의문이 든다면 그 회사의 주권은 주식이라기보다는 복권에 가깝다.

그렇다고 해서, 카자흐스탄의 모든 기업의 주식을 복권이라고 단정해 버리는 것 또한 공정하지 못하다. IMF 이전에도 우리나라에는 포스코가 있었고, 삼성전자가 있었고, SK텔레콤이 있었다. 그들은 놀라운 경쟁력을 보여주었고, 빠르게 글로벌 기업으로 변모했다. 그러한 과정에서 가져다 준 높은 주식 수익률을 우리는 기억하고 있다. 이런 기업이 카자흐스탄에도 있다. 카작므스, ENRC, 카즈무나이가스 등이 바로 그와 같은 기업이다.

카자흐스탄 주식은 한국인들을 위해 존재한다

앞에서 말한 자원 기업들의 존재는 세 가지 측면에서 우리 한국 투자가에게는 매우 특별한 의미를 가진다.

첫째, 자원 기업은 우리에게 없었던 투자 기회다. 반도체 가격 상승이 예상되면, 고민 없이 삼정전자 주식을 사면 된다. 삼성전자가 반도체를 대표하는 글로벌 기업이기 때문이다. 반도체 가격 상승을 예상하여 대만에 있는 반도체 파운더리 업체 주식을 살 필요는 없는 것 아니겠는가? 철강 가격 상승이 예상되면, 포스코 주식을 사면 된다. 포스코가 철강을 대표하는 글로벌 기업이기 때문이다. 철강 가격 상승이 예상된다고 문배철강 주식을 살 필요는 없는 것 아니겠는가? 그렇다면 자원 가격 상승을 예상할 때, 한국 투자가는 지금까지 무엇을 선택해 왔는가? 유가 상승이 예상되면, 정유주를 사거나 유전개발 의사를 의도적으로 흘리는 작전성 기업을 선택해오지 않았던가? 이제는 그럴 필요가 없다. 유가 상승이 예상되면 카즈무나이가스를 사면 되고, 동 가격 상승이 예상되면 카작므스를 사면 되고, 알루미늄 가격 상승이 예상되면 ENRC를 사면 된다.

둘째, 자원기업이 가지는 경기 민감도를 이용하면 좋은 기회가 된다. 자원 가격은 한정된 생산력으로 인해 수요에 대단히 민감한 성격을 띤다. 자원 기업의 이익 변동성은 매출 측면보다 순이익 측면에서 더욱 높다. 자원 기업은 제조 기업에 비해 공정이 단순하여 원가 절감의 여지가 크지 않다. 즉, 매출은 경기에 대단히 탄력적인 데 반해 비용은 경기에 대단히 비탄력적이다. 바꾸어 말해 기업 이익의 변동성이 매우 크다. 주식은 항상 경기를 크게 선행하기 때문에 경기 침체기에 장기적인 시각으로 자원 기업의 주식을 사는 것이 맞다. 그렇다면 왜 꼭 카자흐스탄 자원기업이어야 할까?

셋째, 카자흐스탄 자원개발은 산업 단계상 초기 단계다. 기업의 예상 생산량이 YOY로 크게 증가하는 기업이 많다. 생산량이 증가하면서 글로벌 원가 경쟁력을 가지게 되는 회사가 바로 카즈무나이가스, 카작므스, ENRC 등이다. 장기적 투자관점에서 볼 때, 매우 인상적인 성장주가 된다.

일부 카자흐스탄 주식은 신이 우리에게 준 새로운 기회다. 그러나 신이 주는 선물도 다 때가 있다. 스마트한 투자가는 경기 침체로 비관론이 세상을 지배할 때 주식을 사고, 경기 호황으로 낙관론이 세상을 지배할 때 주식을 판다. 스마트한 투자를 희망하는 투자가가 스마트 머니를 써야 할 순간이 온다면, 그때 신이 내려준 선물을 기억해내는 것이 필요할 것이다.

CIS 증시를 위한 변명

윤영호 – Seven Rivers Capital 대표

　2008년 글로벌 금융시장에는 전대미문의 사건이 많이 발생했다. 사건을 예측하는 것은 힘들지만, 사건 발생 후에 그 원인을 찾아보는 것은 할 수 있다. 그러나 그마저도 힘들 때가 있다. 2008년 상반기까지 최고 상승률을 보였던 러시아 및 카자흐스탄 증시는 하락률 1위로 한 해를 마감했다. 1등에서 꼴찌로 전락하는 데 걸린 시간은 불과 3개월이다. 이러한 충격적인 결과는 투자자를 질리게 하여, 이제는 그 이유를 묻는 투자자마저 뜸한 실정이다.

엄청난 변동성

　높은 변동성을 수치로 보여주는 것은 건조하여 생략한다. 재미난 것은 이러한 변동성이 어제 오늘의 일이 아니라는 사실이다. 러시아를 포함한 구소련 국가의 높은 변동성은 증시 자체에 내재되어 있는 듯하다. 아래 표를 보자!

	1996	1997	1998	1999	2000	2001	2002
1	중국A 250	러시아 100	한국 98	터키 247	중국B 136	중국B 74	파키스탄 122
2	중국B 205	터키 87	핀란드 95	러시아 153	중국A 58	중국A 65	체코 40
3	러시아 139	파나마 59	그리스 94	핀란드 150	코스타리카 33	러시아 35	인도네시아 38
4	헝가리 133	헝가리 54	코스타리카 86	사이프러스 123	나스닥 25	코스타리카 11	러시아 33
5	베네수엘라 98	멕시코 52	나스닥 81	나스닥 97	다우 20	오스트리아 0.5	헝가리 28
-1	이스라엘(4)	필리핀(61)	중국A(45)	오스트리아(8)	태국(52)	나스닥(46)	필리핀(30)
-2	칠레(16)	말레이시아(65)	중국B(49)	스위스(9)	인도네시아(55)	브라질(51)	이스라엘(31)
-3	니케이(16)	한국(70)	베네수엘라(50)	아일랜드(14)	한국(56)	사이프러스(54)	브라질(33)
-4	한국(32)	인도네시아(72)	터키(52)	파나마(16)	사이프러스(68)	핀란드(56)	터키(36)
-5	태국(36)	태국(76)	러시아(85)	벨기에(18)	나스닥(82)	터키(64)	아르헨티나(50)

	2003	2004	2005	2006	2007	2008(1/2)	2008(2/2)
1	태국 134	콜롬비아 125	이집트 167	러시아 65	중국 179	브라질 23.5	중국 26
2	터키 122	이집트 118	콜롬비아 102	중국 58	우크라이나 135	쿠웨이트 21.2	에콰도르 11.4
3	브라질 102	헝가리 87	러시아 83	베네수엘라 57.8	슬로베니아 96	대만 14.4	튀니지 1.3
4	아르헨티나 98	체코 76	체코 65	아르헨티나 56.5	크로아티아 80	러시아 8.2	베네수엘라 10
5	러시아 70	오스트리아 69	터키 64	페루 53.3	브라질 72	페루 6.6	방글라데시 14
-1	영국 27	러시아 4	베네수엘라(28)	태국 3.18	에스토니아(4.2)	크로아티아(15)	크로아티아(68)
-2	미국 26	핀란드 3	아일랜드(10)	한국(1.3)	일본(5.3)	루마니아(19)	러시아(71)
-3	네덜란드 24	페루(0.1)	포르투갈(9.49)	터키(5.5)	스리랑카(7)	불가리아(26)	불가리아(81)
-4	말레이시아 23	중국(0.2)	대만(9.45)	이스라엘(5.9)	아일랜드(18)	아이슬란드(34)	우크라이나(84)
-5	핀란드 16	태국(4)	스페인(3.7)	뉴질랜드(5.8)	베네수엘라(27)	베트남(50)	아이슬란드(96)

러시아 증시의 높은 변동성. 증시 상승률 하위 지표는 -5가 가장 부진한 지수를 나타낸다. 출처: Bloomberg.

위의 표는 지난 13년간(1996~2008년) 주가지수 수익률 상위 5개국과 하위 5개국을 보여주고 있다. 변동성이 높은 것으로 널리 알려져 있는 한국 증시가 5번밖에 명함을 못 내밀고 있는 가운데 러시아는 13차례나 이름을 올리고 있다. 2000년을 제외하고는 매년 주가 상승률 5위 안에 들거나 주가 하락률 5위 안에 들었다는 의미인데, 이러한 불명예 기록은 틀림없이 전대미문이다. 특히 2008년은 그 전대미문의 하이라이트라고 할 수 있다. 7월까지 최고의 수익률을 보이던 증시는 이후 3개월간 급락하여 결국 세계 최고의 하락률로 한 해를 마감했다.

국가	P/E 2008	EPS growth 2008	P/E 2009	EPS growth 2009	
요르단	15.88	-16.2	-	-	
모로코	20.02	21.0	17.4	13.8	
아르헨티나	8.23	na	9.4	-12.5	← 농업수출 부진
칠레	14.2	14.3	12.0	18.3	
인도	9.94	2.2	8.5	17.3	G7국가 수요
페루	6.04	46.8	5.9	5.3	감퇴로 인한
필리핀	10.51	-5.8	9.5	10.4	수출 부진
대만	11.25	-38.4	12.8	-12.3	
이스라엘	10.76	8.3	8.5	26.1	유가 하락과
말레이시아	10.44	-15.0	10.9	-4.2	G7국가 수요
중국	8.62	5.6	7.8	10.0	감퇴로 인한
남아공	8.61	8.4	7.0	22.5	수출 부진
한국	9.16	-15.0	7.9	15.5	
인도네시아	6.46	15.9	5.8	11.7	
EM	7.46	1.0	7.0	6.7	
폴란드	6.98	-5.7	7.0	-0.5	← EU 수요 감퇴
이집트	5.61	12.0	5.3	6.7	
태국	6.30	98.2	6.6	10.3	
브라질	6.10	12.8	5.5	10.9	← EU 수요 감퇴
파키스탄	7.28	14.9	7.1	19.6	
헝가리	3.99	15.4	4.5	-11.3	유가 하락과
터키	4.43	10.4	4.3	3.7	통화 불안
러시아	2.66	19.8	2.8	-5.5	

Valuation of EM countries and 2009 EPS growth. 러시아 주식의 낮은 밸류에이션. 출처: Tomson Financial.

놀라운 저평가

2008년 여름에 있었던 최대폭의 하락은 러시아 및 카자흐스탄을 전 세계에서 가장 저평가된 나라로 만들어 버렸다. 2008년 시장 PER은 2.66배며, 2009년 예상 EPS를 적용할 경우 시장 PER은 2.8배다. 분쟁 국가인 파키스탄의 7.1배, IMF 구제금융 국가인 헝가리의 4.5배보다도 낮은 밸류에이션이다. 청난 변동성과 표에서 보는 것과 같은 놀라운 저평가는 어떻게 설명될 수 있을까?

수급적인 이유(기술적 측면)

러시아 및 카자흐스탄 증시는 시가 총액 대비 낮은 거래량을 보이고 있다. 또한 기관투자가의 자산 규모가 작고, 개인투자자의 직간접 투자 문화도 매우 약하다. 즉 증시의 내수 기반이 취약하다. 해외 자금의 유출입에 따라 증시가 급등락을 반복한다. 해외 투자가의 투자행위를 견제해 줄 국내 투자 주체가 약하다. 이러한 사실이 높은 변동성의 기술적인 이유가 될 수 있다.

자원 국가적 특성(부수적 측면)

원자재 가격과 곡물 가격은 일반적으로 최종 재화에 비하여 가격 변동성이 높다. 게다가 자원 기업은 다른 제조업에 비해 공정 자체가 단순하

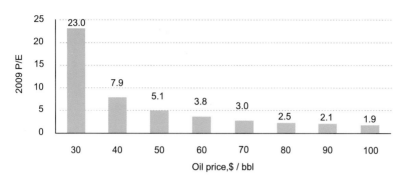

원유 가격에 대한 러시아 및 카자흐스탄 증시 PER 민감도(2009). 출처: 르네상스 캐피탈.

다. 따라서 원가 절감의 여지가 상대적으로 적다. 일반 기업이 여러 공정
에 걸쳐 원가 절감을 통해 불황과 호황기의 이익 편차를 줄인다면, 자원
기업은 이익의 편차를 줄일 수 있는 여지가 상대적으로 적다. 따라서
EPS 변동성이 크며, 이는 주가의 높은 변동성으로 직결된다.

위의 표는 유가에 대한 러시아 및 카자흐스탄의 시장 PER 민감도를
나타낸 것이다. 특정 상품의 가격 변화에 따라 시장 전체 PER이 위와 같
이 민감하게 반응하는 지역을 찾아보기 힘들 것이다. 유가가 30불 선에
서 안정된다면, 러시아 및 카자흐스탄 기업의 현재 주가는 매우 고평가
된 상태라고 할 수 있다. 유가가 40불 선을 상회하는 순간 시장 PER이
급격하게 낮아진다. 60불 선에서는 절대 저평가라고 칭할 수 있는 PER
3배 수준에 도달하게 된다.

높은 변동성은 저평가의 원인

항상 그런 것은 아니지만, 높은 변동성은 그 자체로 시장에 대한 디스

카운트 요인이 된다. 그러나 변동성이 높다는 사실이 모든 것을 설명하는 것은 아니다.

국가와 시장간의 긴장(본질적 이유)

선머슴과 선녀가 한 마을에 산다고 하자. 선머슴은 선녀를 이길 수 없다. 선녀는 항상 옳기 때문에 선머슴은 선녀의 명령을 따를 수밖에 없다. 선머슴에게는 대안이 없지만, 선녀에게 대안은 널려 있다. 하늘로 훨훨 날아갈 수도 있고, 다른 동네로 가버릴 수도 있다. 선녀를 받아 줄 동네는 많다. 왜냐면 지금까지 선녀처럼 어여쁜 여인은 역사상 없었기 때문이다. 선녀가 큰 실수를 해도 선머슴은 선녀에게 화를 낼 수 없다.

국가가 선머슴이고, 시장이 선녀다. 지금 전 세계적으로 시장(선녀)은 자기가 잘못해놓고(외도를 해놓고), 국가(선머슴) 탓을 한다. 국가(선머슴)가 화를 내려고 하면, 시장(선녀)은 배 째라고 나선다. 이때 선녀의 배를 쨀 수 있는 국가는 없다. 오히려 배에 키스를 해 주고 따뜻하게 감싸 준다. 선녀의 마음을 돌리기 위해 자신의 능력을 벗어나는 선물을 약속한다(미국의 구제 금융 액수를 보라!). 선머슴은 오히려 자기가 화낸 것에 대해 사과해야 한다. 이미 선녀의 외도 같은 것은 따질 계제가 아니다. 이게 바로 국가와 시장 간에 자주 발생하는 갈등의 전형적 결론이다.

그러나 항상 그런 것만은 아니다. 선녀가 배 째라고 나올 경우 직접 배를 째는 선머슴이 있는데, 그게 바로 유명한 러시아 선머슴이다. 러시아 선머슴은 배를 째 본 게 한두 번이 아니며, 배를 째고 선녀 없이 70년을 혼자 살기도 했으니 그 독특함은 상상 이상이다. 잘못이 있으면 벌을 받는 게 당연하다는 논리에서 시작했으나, 세상에 잘잘못에 대한 판단처럼 주관적인 것이 어디 있겠는가? 선머슴은 오로지 자신의 기준으로 수없이 많은 배를 째고 있다. 선녀가 소화가 안 되면 맹장염이라고 하여 배를 째고, 머리가 아프면 뇌종양이라 하여 머리를 가른다.

예측 가능성의 부족

막스 베버는 근대화는 합리화 과정이라고 했고, 합리화는 예측 가능성이라고 했다. 러시아는 독특한 근대화 과정을 거쳤고, 따라서 고유한 합리성을 가졌었다. 그걸 이미 오래 전에 포기했지만 그 전통은 강하게 남아 있다. 따라서 외부인이 러시아에 올 경우 러시아의 독특한 합리성에 놀라게 되며, 많은 것이 불투명해 보이고 예측 불가능해 보인다.

선녀는 의외의 스와핑(주식 스왑)을 강요당하기도 하고, 봉사하고도 봉사료를 받기는커녕 돈을 빼앗기는 일(각종 준조세)까지도 비일비재하다. 외부의 눈으로 볼 때, 러시아에 있는 여성은 더는 선녀가 아니고 하녀다. PER 8배 같은 다이아몬드는 선녀에게나 주어지는 선물이지 하녀에게는 어울리지 않는다. 하녀에게는 PER 2배 같은 구리반지도 감지덕지다.

유동성이 풍부할 경우 돈은 계량적인 것을 좋아한다. 돈은 수치상의 PER을 볼 뿐 정성적인 판단을 하지 않는다. 정성적 판단을 하다가는 이미 늦어 버리기 때문이다. 흘러 넘치는 유동성은 세계 구석구석을 돌아다니면서 저평가된 국가와 기업을 빠르게 재평가한다. 선녀는 어디에 있으나 선녀로 보일 뿐이다.

문제는 유동성이 소멸하면서부터 발생한다. 이제부터는 PER은 수치에 불과할 뿐 정성적인 판단이 가장 중요하게 된다. 이제 투명성이 부족한 것은 쓰레기로 느껴지며, 합리성이 다른 것은 비합리적인 것으로 느껴지며, 예측 가능성이 덜한 것은 꼴도 보기 싫어진다. 외부인의 눈에 러시아 선녀는 그냥 하녀일 뿐이다.

러시아 및 카자흐스탄을 위한 변명

우즈베키스탄에서는 선녀처럼 아름다운 여인들이 밭을 매고 있다고 하며, 2008년 미스 유니버스는 '러시아 여인이 세계에서 가장 아름답다는 것을 증명해서 기쁘다'고 말했다. 러시아와 카자흐스탄에는 많은 미인이 있다. 시장에는 많은 선녀가 있다. 때론 우악한 선머슴 때문에 선녀가 하녀로 보이기는 하지만, 그 미모만은 빼어나다. '조만간에 선머슴이 개과천선하여, 하녀가 일약 선녀가 될 것이다'라고 말하는 것은 지나친 낙관론일 수 있다.

그러나 하녀를 선녀로 보이게 하는 역할을 글로벌 유동성이 해왔다는 사실을 금융 시장의 역사는 보여주었다. 하녀가 선녀로 바뀌면서 나타나는 드라마틱한 수익률의 짜릿함도 우리는 기억하고 있다. 한번 더 양보하여 글로벌 유동성이 영원히 현재 상태로 머문다고 해도, 선머슴 때문에 발생하는 선녀에 대한 현재의 디스카운트가 확률(선녀의 배가 째일 확률)을 정당하게 반영하고 있는가는 차근차근 따져보아야 할 것이다.

카자흐스탄 건설 산업과 우리의 기회

양용호 – AK GROUP 대표, 러시아 변호사

카자흐스탄 건설 시장

카자흐스탄 건설 시장, 특히 주택(아파트) 건설 시장은 2000년대 초반 무렵부터 본격적인 성장 궤도에 접어들었다. 2004년부터 2007년 사이 3배 가까이 가격이 상승하며 CIS 국가 중 가장 큰 상승폭을 기록하였다. 시중 은행이 해외로부터 금융을 조달하여 건설사에 자금을 공급하고, 구매자는 유연한 모기지론을 활용할 수 있었다. 그러나 그러한 자금 공급원이었던 은행권의 자금 조달이 주로 해외로부터의 차입에 의존하였던 관계로 2007년 서브프라임 모기지 사태와 2008년 글로벌 금융 위기로 서방의 캐리 자금이 빠져나가면서 이머징 마켓 국가 중 카자흐스탄이 가장 먼저 타격을 받게 되었다. 금융 위기로 인해 해외 채권단의 상환 압박이 본격화 되고, 은행이 보유한 자산 가치가 폭락하면서 카자흐스탄 5대 은행 중 2개 은행(뚜란알렘 방크, 알리얀스 방크)은 국유화되었고, 또 다른 2개 은행(카즈코메르츠 방크, 할릭 방크)은 정부로부터 공적 자금을 지원받는 지경에 이르렀다. 은행의 자산 건전성은 급속도로 악화되었고 기업과 개인은 상환 능력을 상실하여 연체율이 급격히 증가하게 되었다.

대다수 건설 현장은 중단되고, 수많은 근로자들이 일자리를 잃었다.

2009년 중반 들어서 약 40억 달러에 해당하는 정부의 건설 지원책이 어느 정도 효과를 거두게 되고 2009년 하반기에 이르러서 일부 건설 현장이 재가동되기 시작하였다. 또한 정부의 재정 확대 정책의 일환으로 중앙 및 지방정부의 대규모 토목공사 및 플랜트 발주가 진행되고 있거나 계획 중이다. 여전히 카자흐스탄 특히, 알마티는 주택 보급률이 낮은 상태이고 사회 간접시설은 전반적으로 낙후되어 지속적인 개발이 필요하다. 이런 이유들로 인해 건설 시장이 재활성화될 것이라는 점은 아무도 부인하지 못한다. 다만 현재 진행되고 있는 금융권의 구조조정과 재정수입의 규모를 결정짓는 주요 변수인 자원 가격의 추이가 그 시기와 향방을 가늠할 수 있는 중요한 잣대가 될 것으로 보인다. 2009년 말 현재 카자흐스탄 아파트 평균 가격은 신규 아파트의 경우 950$/㎡, 기존 아파트의 경우 710$/㎡이고, 2007년 초 6,000$/㎡까지 치솟았던 오피스 가격은 2,700$/㎡로 약 55퍼센트 정도 하락한 상태이다.

한국기업 진출 현황

건축

2004~2005년 무렵, 한국 건설 기업이 카자흐스탄에 본격적으로 진출 의사를 타진하기 시작하였다. 당시 카자흐스탄은 부동산과 임대업 투자가 전년 대비 200퍼센트 이상 급증한 소위 '건축 붐'이 조성되고 있었다. 주로 한국의 주택건설 전문 기업 위주로 진출하였는데, 동일 하이빌·성원건설·우림건설·삼부토건 등이 대표적이다. 아래 〈표 1〉은 카자흐스탄에 진출한 한국 건설업체가 진행하고 있는 프로젝트 현황이다.

업체	공사명	발주처	공사규모 (천 달러)	추진현황
공간도시 종합	자르타스 복합 프로젝트	월드 디벨로프먼트	2,450	시공 중
	메가 주거단지 프로젝트	메가센터투자	7,553	준공 준비중
범양건영	알마티 복합시설 건설공사	스테드앤집스	83,489	공정율 6.24%
	마나사 비즈니스센터 신축사업	디벨인베스트코르	65,768	시공 중
	디벨인베스트코르 주상복합 아파트	파라샬 유한 합자회사	41,715	허가 대기 중
삼부토건	카자흐스탄 알마티 시플리나 오피스 신축공사	이노합작회사	64,214	허가중
	카자흐스탄 DL-Trade 재개발 사업	DL-Trade 재개발 합작 회사	167,680	미착공/ 부지 매입
삼성ENG	카자흐스탄 알마티 물류사업 프로젝트	군인공제회+ USKO	38,000	시공 중
우림건설	카자흐스탄 알마티 복합단지 개발사업	갈라맛-아르트 유한책임회사	1,439,839	공정율 1.54%
동일토건	하이빌 아스타나 주거 복합단지 A, B, C 블록	하이빌 카자흐스탄	382,862	A, B 완료/ C(19%)
	하이빌 아스타나 주거복합 단지 D 블록	하이빌 카자흐스탄	151,890	중단(공정 46.52%)
	하이빌 아스타나 유치원 공사	하이빌 카자흐스탄	12,974	중단
동양건설	쉼켄트시 라쉬도바거리- 타쉬켄트스카야 도로간 좌안젤디나 시내도로건설	쉼켄트 건설국	31,300	시공 중
	콕수-발픽 비-카라블락- 카이나를 28km 도로 전면보수공사	교통도로관리국	19,860	시공 중

표 1. 주요 시공 중 공사현황(33개 업체, 51건, 29.7억 달러)

업체	공사명	발주처	계약액(천 달러)
16개 업체	총 23건 공사(신규 22건)	17개 발주처	404,327
가나오엠	아스타나시 하수처리시설 운영관리 용역	아스타나 시청	119
가나오엠	알마티시 하수처리시설 운영관리 용역	알마티시청	234
공간도시종합	자르타스 복합 프로젝트	월드 디벨로프먼트	2,450
대산토건	Jambyl Area 공장부지 조성	엘리안	31,066
대산토건	아스타나 '모스크바' 오피스빌딩 건축	엘리안	19,000
도화종합기술	'카자흐스탄 알파라비 IC 설계' 용역	알마티시청	-75(175)
동양건설(1)	쉼켄트시 라쉬도바거리 -타쉬켄트스카야 도로간 좌안젤디나 시내도로 건설공사	쉼켄트 건설국	31,300
동양건설(1)	제1 열병합발전소 단지조성 공사	삼룩-카지나	5,620
동양건설(1)	콕수-발픽 비-카라블락-카이나를 28km 도로 전면 보수공사	교통도로관리국	19,860
성화토건	알마티 지구의 잠빌리스키 지역 M39 라인 9.7km 도로공사	알마티 시청	8,261
성화토건	알마티 지구의 잠빌리스키 지역 M39 라인 9.3km 도로공사	알마티 시청	8,287
씨와이토건	스르다리아 '콕사라이' 저수지조성	Seldenkorgaukurylys	53,300
엘드건설	로자벨타운 1단계 건축공사	투 엘드 글로벌	50,369
엘드건설	로자벨타운 홍보관 건축공사	투 엘드 글로벌	2,713
이산	아스타나시 예씰강 하천정비 보수공사 7구간 1공구 실시설계	아스타나 시청	66
재성종합건설	카지노빌딩 신축공사	제니스	7,000
지티에스이엔	카자흐스탄 발하쉬 플랜트 입찰 설계 용역	삼성물산/건설(주)	118
지티에스이엔	자르타스 복합 프로젝트	월드 디벨로프먼트	1,050
천년종합건설	아스타나-쑤친스크도로 13km 구간 공사	Kazmin Y	42,000
천년토건	아스타나-쑤친스크도로 16km 구간 공사	Agapitova E.V.	49,667
천년토건	직물생산공장건축공사	Tamys	16,500
케이씨씨건설	카자흐스탄 CAREC 도로공사 1단계 Taraz-Koday구간(잠빌주) 3공구 건설공사	카자흐스탄 교통통신부	45,584
한국전력기술	카자흐스탄 발하쉬 석탄화력발전소 건설 및 운영 타당성 조사 용역	삼성물산/건설(주)	550
화신건설	아스타나 공원건설사업	캐더르 플류스	9,288

표 2. 2009년 계약공사 현황(16개 업체, 23건 4.04억 달러).

토목 및 플랜트

'CAREC(중앙아시아 지역 경제 협력체) 교통망 프로젝트'의 카자흐스탄 구간(1a, b, c 아래 그림 참조) 국제 경쟁 입찰에서 40km의 도로 공사를 수주한 KCC E&C가 눈에 띈다. 이 프로젝트는 국제 및 지역 내 경제 협력과 무역을 촉진하고 낙후된 농촌 지역 사회의 공공 서비스 혜택을 증진시킬 목적으로 추진되는 대규모 토목공사이다. 카자흐스탄 구간은 중국 국경의 호르고스로부터 알마티, 쉼켄트를 지나 러시아 서부 국경선까지 총 연장 2,815km에 해당하며, 이 중 2,237km를 신설 및 재건하게 되는데, 총 투자금은 67억 달러로 ADB · WB · JICA · IsDB · EBRD 등의 국제 금융기관이 53퍼센트, 민간 부문이 32퍼센트, 카자흐스탄 정부가 15퍼센트의 자금을 각각 조달하게 된다. 여러 공구로 나누어 수년간 지속적으로 입찰 공고가 날 예정이다.

건설 예정인 도로 공사. 출처: AK.

삼성물산 발하쉬 발전소 계약 체결 장면(2009년 알마티).

삼성물산은 알마티 북쪽 350km 발하쉬 호수 부근에 BOO 방식으로 총 25억 달러 규모의 석탄화력발전소를 짓게 된다(아래 그림 참조). 삼성은 플랜트의 건설, KEPCO는 운영을 담당하게 되는데 착공은 2010년 7월로 예정되어 있고 공사 기간만 60개월에 해당하는 대규모 IPP(해외 민간 발전) 사업이다.

발하쉬 지역 석탄 화력 발전소 예정지, 출처: AK

한국기업의 건설 산업 진출 시 주요 고려사항

아래에서는 카자흐스탄 건설 시장에 진출하고자 하는 한국기업들이 특별히 유념해야 할 부분을 나열해 보았다. 이미 진출한 기업들이 제각기 안고 있는 지엽적인 문제들을 거론하기보다는 공통적으로 발생하고 있는 문제점들의 종류와 그 원인을 알아보고, 향후 진출하고자 하는 한국기업들이 사전에 고려해야 할 것들이 무엇인지 파악하여 그러한 문제에 선제적으로 대응하자는 데 의의가 있겠다.

법률(건축 규정)

한국기업들이 가장 어려워하는 부분이다. 특히, 건설 관련 규정에는 구소련 시절에 적용되었던 건축 규정의 잔재가 그대로 남아 있어, 한국 또는 국제 기준으로는 이해하기가 힘든 부분이 많고 비합리적이다. 법 개정이 이루어지지 않는 한 이러한 규정은 인허가 및 준공 조건과 직결되기 때문에 그에 대한 학습은 필수적이라 하겠다.

법률(주택 지분 참여법)

2009년 개정된 주택 지분 참여법은 수분양자의 권익 보호 확대, 분양 수익의 엄격한 관리, 건설사의 자격 요건 강화, 감독 기관의 권한 제고 등을 골자로 하여 기존의 법을 대폭 수정하였다. 이는 서브프라임 사태와 글로벌 금융 위기 여파에 따른 주택 건설 중단의 피해가 수분양자에게 고스란히 전가됨에 따라 향후 재발을 방지하고 무자격자의 주택 건설을 막고자 채택되었다. 카자흐스탄에서 주택을 건설하고자 하는 한국 건설업체에게는 이 법의 세심한 분석이 필요하며, 대다수 한국 업체의 초기 사업 자금 마련이 PF를 통해 이루어지는 바, 이 법의 틀 내에서 사업 구도를 결정하는 데는 적잖은 어려움이 발생할 것으로 보인다.

행정(인허가)

여타 과거 사회주의 국가들과 마찬가지로 카자흐스탄의 건설 유관 기관도 부패와 관료주의가 팽배해 있다. 업무 속도가 느리고 절차가 투명하지 않은 점을 악용하기도 하므로 주의해야 한다. 다음 페이지 〈표 3〉은 카자흐스탄 건설 부문의 인허가 절차를 도식으로 그려놓은 것이므로 카자흐스탄 진출 시 참고하기 바란다.

행정 위반

카자흐스탄에서 건설을 할 경우에는 관련 규제가 워낙 다양하고 복잡하여 본의 아니게 위반을 하는 경우가 잦다. 이럴 경우 1차적으로는 해당 기관에서 행정벌을 부과하게 되는데, 그 금액은 크지 않으나 빈도가 높을 경우 사업 면허를 정지당할 수 있으므로 각별히 유념하여야 한다. 타국에 인력을 파견하여 공사를 진행하는 한국 업체로서는 그러한 면허 정지가 커다란 경제적 손실로 다가오게 된다.

근로 문제

현지 근로자를 다수 고용할 경우 종종 스트라이크가 발생하기도 한다. 급여 조건 및 복리 후생 조건의 향상이 주요 요구사항인데, 외국기업에서 이러한 분쟁이 발생할 경우 카자흐스탄 내에서는 언론의 좋은 기삿거리가 될 수 있고, 자국의 이익을 약탈하는 기업으로 오인될 수 있으므로 주의해야 한다. 동일한 업무에서 외국인과 자국인의 현저한 급여 차이는

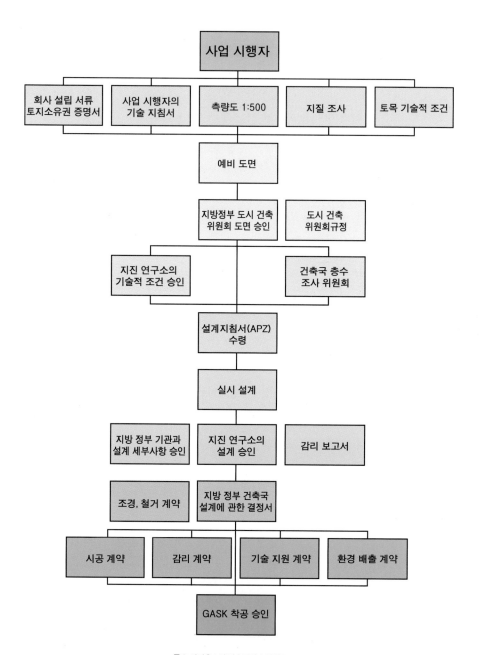

표 3. 카자흐스탄 건축인허가 절차도

노동기관으로부터 시정 조치를 받기 마련이거니와 경우에 따라서는 외국인 취업 허가를 제한받게 되는 빌미가 되기도 한다.

언어

언어의 불소통이 현지 근로자와 한국인 근로자와의 관계에서 마찰을 유발하기도 한다. 건설 현장의 특성상 부드럽지 못한 말들이 오가는 경우가 잦은데, 한국어라도 불쾌한 말을 자주 반복하게 되면 상대방은 무슨 뜻인지 그 의미를 짐작하게 되어 반감을 갖게 만든다. 현장에서 자주 사용되는 기본적인 건설 용어나 짧은 문장을 러시아어나 카자흐어로 익히면 언어 불소통으로 인한 오해를 줄일 수 있고, 이러한 노력은 상호 신뢰와 업무 효율을 위해서도 필수적인 것이라 하겠다.

건축 문화

카자흐스탄의 건축 문화와 양식은 한국과 다른 점이 많다. 예를 들어 아파트보다는 개인 주택을 더 선호하고, 실내 인테리어와 가구가 구비된 한국식 아파트는 낯설다. 카자흐스탄의 건축 문화와 의식에 대한 이해의 바탕 위에서 한국 건설 기업들은 그들에게 어떤 식으로 접근해야 할지 깊이 연구해야 한다. 한국의 건축 문화와 양식이 글로벌 스탠더드가 아닌 한, 한국식 모델을 그대로 이식하는 것보다는 카자흐스탄 건축 문화와 결합하거나 접목하여 그들이 보다 선호할 수 있는 모델을 창조해내야만 확실한 사업 성공을 보장받을 수 있다.

전망

그동안 카자흐스탄에 진출한 한국 건설 기업은 대개 주택 개발 사업을 위주로 하였으며, 그 시기 또한 동일 하이빌을 제외하고는 서브프라임 모기지 사태 직전 무렵이었다. 사태 발생 후 해당 기업들은 한국 은행권으로부터 자금 조달이 막히게 되었고, 현지 분양을 통한 자금 유입도 어렵게 되자 대부분의 기업이 사업을 중단하는 지경에 이르렀다. 카자흐스탄은 여전히 주택 및 오피스 공급이 부족한 상태이나 일반적인 주택 구매 방식인 모기지론 제도가 제 기능을 하지 않는다면 주택 개발 사업은 그 위험성이 크다 할 것이다. 즉, 현재 진행 중인 금융권의 구조조정을 관망하면서 좀 더 차분히 접근하여야 한다. 자원 가격이 다시 상승하기 시작하고 2010년 하반기부터는 카자흐스탄 경제도 회복세로 돌아설 것으로 판단된다. 특히 카샤간 유전의 원유가 본격적으로 생산되는 2013년이 지나면서부터는 카자흐스탄의 재정이 풍부해지고 국민의 가처분 소득도 현격히 증가할 것이다. 사회간접자본에 대한 투자 또한 더욱 활발해질 것은 불을 보듯 뻔하다. 현재는 한국 건설 기업이 정부 발주 토목공사에 많은 관심을 보이고 있는데, 중앙 또는 지방정부에서 여러 국제 및 국내 경쟁 입찰이 이루어지고 있는 바 예산이 확보된 정부 발주 사업에 초점을 맞추는 것도 바람직할 것으로 생각된다.

인프라 없는 발전은 없다

김상욱 – Central Asia Marketing 대표

2010년 봄, 카자흐스탄에는 홍수와 댐의 붕괴로 40여 명이 사망하고 수천 명의 수재민이 발생하는 사건이 일어났다. 피해 지역의 흙더미 속에서 발견되는 시신의 모습이 언론을 통해 알려지면서 알마티와 아스타나를 비롯해 전국에서 수재민 돕기 모금운동이 일어나기도 했다. 카자흐스탄의 경제수도 알마티에서 북쪽으로 500여 킬로미터 떨어진 크즐아가쉬 지역에서 발생한 이번 사태는 기온의 급격한 상승으로 인해 눈이 한꺼번에 녹으면서 불어난 강물의 수압을 댐이 견디지 못해 발생한 것으로 알려졌다. 그러나 이번 사태는 댐뿐만 아니라 카자흐스탄 사회의 인프라가 매우 낡고 낙후되었다는 현실을 적나라하게 보여준 사건으로 기록되고 있다. 크즐아가쉬 지역의 댐 붕괴 발생 일주일 후에 동카자흐스탄 주에서도 홍수로 16개 마을이 침수되었고, 근처 댐의 안전에 문제가 생길 것에 대비해 2,000명의 주민들이 긴급 대피하는 사태가 발생하였다.

위와 같은 문제가 왜 연이어 발생하는 걸까? 더군다나 비가 거의 오지 않는 반사막 기후인 카자흐스탄 초원에 '홍수'와 '댐의 붕괴' 같은 단어는 무척 낯설기만 하다. 실제로 연중 강수량이 300mm 정도인 카자흐스탄에서 홍수가 일어나는 것이 이해가 되지 않을 것이다. 그러나 한여름에도 흰 눈을 머리에 이고 있는 천산산맥의 존재를 알면 그 의문이 풀린

다. 카자흐스탄과 인근 키르
키즈스탄, 우즈베키스탄, 그
리고 투르크메니스탄의 대지
를 촉촉이 적셔주는 사르다
리아 강과 아무다리아 강은
천산에서 녹아내린 눈물이
다. 이 강물들은 목동에게는

2010년 봄 홍수 피해 . 출처: 한인일보.

초지를, 농부에게는 밀과 목화를 자라게 하는 물을 제공하고 있다.

그래서 카자흐스탄의 경우는 물 부족 국가라고 하기가 무색할 정도로
물을 정말 물처럼 쓴다. 실제 카자흐스탄의 강들은 눈 녹은 물이 가장 많
은 봄에 연중 가장 높은 수위를 나타낸다. 그런데 문제는 댐을 비롯한 관
개수로 등 인프라 시설들이 구소련 시절에 만들어져 대부분 낡을 대로
낡았다는 것이다. 비단 댐뿐만 아니라 도로, 발전소, 전력 송배전망, 항
만, 공항, 철도 등등 사회 인프라들이 매우 낡은 상황이다. 특히나 2000
년 이후 카자흐스탄 경제가 급격한 성장을 계속하면서 낡고 부족한 사회
인프라는 지속적으로 경제성장의 발목을 잡고 있는 실정이다. 이 글에서
우리 기업들에게는 현지 진출의 기회가 될 수도 있는 카자흐스탄의 낡은
인프라의 현주소와 그 개발계획을 알아보겠다.

카자흐스탄 인프라 현황

정유시설

카자흐스탄은 잘 알려진 대로 자원부국이다. 원유의 경우, 세계 9위를 차지할 정도로 그 매장량이 많다. 그러나 정유시설은 낡고 부족하다. 카자흐스탄의 북동부인 빠블오다르와 서부지역인 아티라우, 그리고 남부 카자흐스탄인 쉼켄트 등 세 곳에 3개의 주요 정유공장을 보유하고 있으며, 총 정유능력은 하루 40만 1천 배럴이나 이들의 정제 가동률은 50·60% 수준이다. 그래서 일반 승용차에 들어가는 옥탄가 96짜리 휘발유인 경우 러시아에서 수입해서 쓰고 있는 실정이다. 산유국인데도 불구하고 기름 값이 비싼 이유가 바로 여기에 있다.

발전소

얼마 전 삼성물산과 한전 컨소시엄이 중국의 추격을 뿌리치고 수주한 발하쉬 석탄화력발전소는 만성적인 전력부족지역인 카자흐스탄 남부지역의 전력난을 해결할 것으로 기대를 모으고 있다. 특히, 2000년 이후 두 자리수 경제성장을 하는 동안 전력 부족난을 겪었던 경제수도 알마티 지역의 전력 문제가 일거에 해소될 수 있게 되었다. 뿐만 아니라, 카자흐 정부는 2010년과 2015년의 전력소비량이 각각 780억kW, 910억kW에 이를 것이고 최소 전기생산량이 각각 804억kW, 941억kW 등은 되어야 할 것으로 전망됨에 따라 발전소 추가 건설을 계획하고 있다. 현재, 카자흐스탄에는 총 71개의 발전소 중 70개가 가동 중에 있다. 이중 화력발전소는 54개, 수력발전소는 5개, 열병합발전소는 14개가 가동 중이며, 원자력발전소 1개가 건설 예정이다.

고속도로

카자흐스탄의 고속도로는
'고속'이라는 단어를 붙이기
가 좀 민망할 정도로 노면상
태가 불량하다. 특히 봄철 카
자흐스탄의 주요 도시를 연
결하는 고속도로와 지방국도
는 눈이 녹으면서 아스팔트

낙후된 도로 현황(2010년 알마티). 도시 한복판 도로도 사진과 같
이 움푹 패여 있다. 출처: 한인일보.

가 군데군데 떨어져 나가고 도로 곳곳이 움푹 패여 있어 안전마저 위협
하고 있는 실정이다. 이런 상황은 시내 도로라고 해서 예외는 아니다. 카
자흐스탄의 최대도시 알마티만 하더라도 매년 시내도로 보수공사를 벌
이고 있음에도 불구하고, 시내간선도로와 이면도로 등이 심각하게 패여
있다. 트람바이(전차)가 다니는 쟈로꼬바 길은 정상적인 자동차 운전이
불가능할 정도로 도로상태가 불량하다. 카자흐스탄의 도로 총 연장은
143,000km이다. 이 중 86퍼센트의 도로가 폭 7~8미터인 2~3등급 도
로이며, 왕복 4차선의 1등급 도로는 68km에 불과하다. 도로망이 구소련
시대에 정비된 관계로 주요 간선도로가 남-북으로 형성되어 있고, 도로
의 밀도가 낮은 편이며 동-서 연결 및 서부지역 도로는 정비가 지연되고
있다.

철도

카자흐스탄 국민들이 애용하는 철도의 총연장은 14,500km다. 이 중
복선구간은 5,500km고, 전철구간은 4,000km이다. 카자흐스탄 철도는
국영 철도회사(Kazakhstan Temir Zholy)에 의해 운영, 관리되고 있으

며, 러시아 · 중국 · 키르기즈스탄 · 우즈베키스탄 · 투르크메니스탄 및 이란과 연결되어 있다. 현재 한국에서 카자흐스탄으로 수출한 물건들은 컨테이너에 담겨 TCR(중국 횡단 노선)이나 TSR(시베리아 횡단 노선)을 통해 카자흐스탄 철도망으로 이어져 알마티에 도착하게 된다. 그래서 알마티 GTS(화물철도역)는 우리나라 부산항과 같은 선적시설을 갖추고, 이 나라의 관문 역할을 하고 있다. 넓은 컨테이너 야드(CY)와 대형 크레인들이 분주히 움직이는 것을 볼 수 있다. 그러나 카자흐 철도망은 주로 북부지역에 발달되어 있으며 나머지 지역은 철도망이 부족한 실정이다. 특히 몇몇 지역 간 철도 연결은 러시아 영토를 통과하고 있어 여러 가지 문제점을 야기하고 있다.

공항

총 21개의 공항이 있다. 중앙정부, 주정부, 시, 지역개발공사 등에서 개별적으로 소유하고 있다. 2008년 기준으로 승객 연 550만 명, 화물 약 10만 톤을 처리하였다. 알마티 공항은 승객 연 274만 명과 화물 7만 톤을 처리하고, 아스타나 공항은 승객 연 122만 명과 화물 4,500톤을 처리하는 것으로 알려져 있다. 특히, 알마티 공항은 10년 전 화재로 인해 전소된 것을 계기로 새로 건설하였다. 그래서 CIS 국가들의 공항 중에서는 제일 깨끗한 공항으로 알려져 있다. 그러나 건축한 지 10년이 채 되지 않아 승객과 화물 처리 능력의 한계가 왔고, 3년 전부터 국제공항 터미널을 새로 짓기 시작했다. 이 터미널이 완공되면, 현재의 공항은 국내선 전용 터미널로 사용될 예정이다.

분야별 주요 개발계획

도로 개발계획

도로 분야에서 가장 먼저 뽑을 수 있는 것은 '서유럽–서중국' 고속도로 건설계획이다. 총 길이 8,445km의 이 프로젝트 중에서 카자흐스탄 구간만 2,787km이다(총 길이 8,445km 중 러시아 구간 2,333km, 중국 구간 3,425km). 2009년부터 2012년까지 총 54억 불이 투입될 예정이고, 이에 소요되는 자금은 세계은행 2,125백만 달러, EBRD 180백만 달러, ADB 700백만 달러(2009년 340백만 달러, 2010년 210백만 달러, 2011~2012년 150백만 달러), IDB 414백만 달러, JICA 100백만 달러 등 국제 금융기관을 통해 조달할 예정이다. 이 도로공사가 완료되면 운송기간이 단축되어 2020년까지 국제화물운송물량이 2.5배로 증가 (33백만 톤)하는 효과를 기대하고 있다.

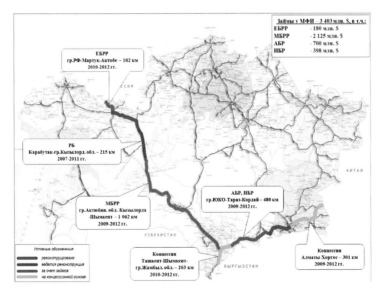

서유럽-서중국 도로 개발계획 내 카자흐스탄 구간도.

컨세션 프로젝트

그 다음은 컨세션Concession 프로젝트이다. 아스타나-쉬친스크 간 224km를 6차선 도로로 만드는 데 1.13억 달러, 아스타나-카라간다 간 238km 구간을 4차선으로 만드는 데 8.9억 달러, 또 알마티-캅차가이 간 104km 구간을 6차선으로 만드는 데 4.3억 달러가 필요하다. 이 외에도 알마티-호르고스 간 4차선 301km에 11.3억 달러, 알마티 외곽순환도로 69.8km를 6차선으로 만드는 데 5.8억 달러, 타쉬켄트-쉼켄트-잠블 주 간 203km를 4차선으로 만드는 데 6.5억 달러가 필요하다. 그러나 해외 차관을 통한 도로입찰에는 한국 업체들이 관심을 보이고 있고 실제 참여하는 기업들이 늘고 있지만, 대부분의 컨세션 프로젝트들은 카자흐 정부의 투자금 회수 보장이 미흡한데다가 사업성 부족 등의 이유 때문에 투자자를 찾지 못해 추진이 지연되고 있는 상황이다.

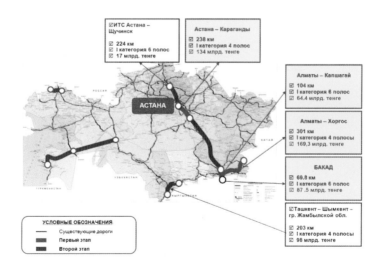

컨세션 도로건설 추진 계획.

철도

철도 분야의 경우, 카자흐 정부예산으로 진행하는 우젠-투르크멘 국경 간 146km 구간에 4.33억 달러짜리 철도공사가 있고, 샤르-우스찌카멘 간 151km 구간이 컨세션 프로젝트로 계획되어 있다. 또 제틔겐-호르고스 간 293km 구간도 컨세션 프로젝트로 9.8억 달러의 예산을 들여 2012년까지 건설을 계획하고 있다. 2012~2015년까지 우선적으로 진행할 프로젝트로 베이네우-샬까르 간 471km와 삭사울스카야-제즈카즈간 간 517km가 각각 10억 달러와 12.6억 달러의 예산으로 컨세션 프로젝트로 나와 있다. 한편, 알마티-악토가이 간 588Km 구간과 악토가이-도스틱 간 312km 구간, 악토가이-모인틔 간 524km 구간의 전철화에 각각 9.9억 달러, 5억 달러, 7.3억 달러 규모의 차관을 도입할 예정이다.

카자흐 정부는 철도발전의 토대가 되는 전철, 객차, 화차, 철로 생산 공장 건설에도 박차를 가하고 있다. 연 2,500대를 생산할 수 있는 에키바스투스 화물차량 생산 공장과 연 100대를 생산할 수 있는 아스타나의 기관차 조립 공장, 그리고 연 100대를 생산할 수 있는 투자규모 6,000만 불짜리 승객차량 생산 공장이 올해 완공예정이다. 이 외에도 연 50대를 생산할 수 있는 4,900만 달러 투자규모의 아트바사르 전철차량 생산 공장도 올해 완공예정이다. 그러나 철도 분야 프로젝트의 대부분은 컨세션 프로젝트인데다 사업성 부족으로 외국 투자유치에 난항을 겪고 있는 상황이다.

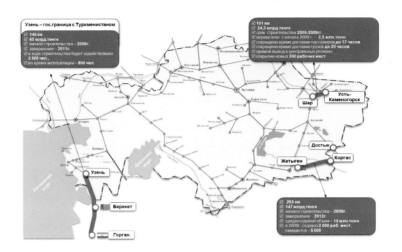

Узень – гос.граница с Туркменистаном
☑ 146 км
☑ 65 млрд.тенге
☑ начало строительства – 2009г.
☑ завершение – 2011г.
☑ в ходе строительства будет задействовано –
2 500 чел.,
☑ во время эксплуатации – 800 чел.

☑ 161 км
☑ 24,3 млрд.тенге
☑ срок строительства 2006-2009гг.
☑ перевезено с начала 2009 г. – 2,3 млн.тонн
☑ сокращено время доставки пассажиров до 17 часов
☑ сокращено время доставки грузов до 20 часов
☑ прямой выход в центральные регионы
☑ открытие новых 300 рабочих мест

☑ 293 км
☑ 147 млрд.тенге
☑ начало строительства – 2009г.
☑ завершение – 2012г.
☑ среднегодовой объём – 15 млн.тонн
☑ в 2009г. создано 2 000 раб. мест,
ожидается – 5 500

주요 철도 개발계획.

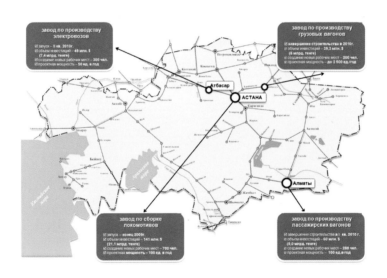

завод по производству
электровозов
☑ запуск – II кв. 2010г.
☑ объём инвестиций – 49 млн. $
(7,4 млрд. тенге)
☑ создание новых рабочих мест – 300 чел.
☑ проектная мощность – 50 ед. в год

завод по производству
грузовых вагонов
☑ завершение строительства в 2010г.
☑ объём инвестиций – 39,3 млн. $
(6 млрд.тенге)
☑ создание новых рабочих мест – 200 чел.
☑ проектная мощность – до 2 500 ед.в год

завод по сборке
локомотивов
☑ запуск – конец 2009г.
☑ объём инвестиций – 141 млн. $
(21,1 млрд. тенге)
☑ создание новых рабочих мест – 700 чел.
☑ проектная мощность – 100 ед. в год

завод по производству
пассажирских вагонов
☑ завершение строительства в I кв. 2010 г.
☑ объём инвестиций – 60 млн. $
(9,0 млрд. тенге)
☑ создание новых рабочих мест – 280 чел.
☑ проектная мощность – 100 ед.в год

전철, 객차, 화물, 철로 생산 공장 건설계획.

공항

공항 분야의 경우 대부분 노후화되어 활주로의 증설과 관제시설의 보강 등 현대화가 시급한 상황이다. 따라서, 관제·유도 장비 현대화 및 공항정비·활주로 재건축이 예산확보 상황에 따라 재정 혹은 PPP 프로젝트 형태로 진행될 계획이다. 크즐오르다, 코르콧-아나 공항의 활주로 개보수 및 공항장비 현대화 사업은 정부예산 투입이 이미 예정되어 있고, 알마티 시는 airport-city, 공항 인프라 복합단지 및 국제선 전용의 새로운 승객터미널 건설을 현재 추진 중에 있다. 그밖에 쿠스타나이, 딸띠꾸르간, 타라즈, 콕치타우, 뻬뜨로파블로프스크 공항은 활주로 개선이 시급하며, 아티라우 공항은 승객 및 화물터미널 증설이 필요하다. 정부재정으로 실시될 코스타나이 공항 터미널 및 활주로 재건축과 콕치타우 공항 터미널 및 활주로 재건축 공사의 견적작업이 이미 실시된 상황이다. 현재 카자흐스탄 공항건설 분야는 한국공항공사 요청으로 건설산업연구원에서 시장조사를 실시한 적이 있으나 아직까지 한국업체의 진출은 전무한 상황이다.

석유화학

석유·화학 분야의 경우 총 사업비가 63억 달러이고 KPI_{Kazakhstan Petrochemical Industries} 사가 발주하는 아띠라우 가스화학단지 건설공사가 있다. 2009년 10월 한국의 LG화학이 사업 참여 의향서를 제출한 이 프로젝트에 2010년 1월 현재 현대+미쯔이(일)+GS, 대림(단독), 삼성ENG+Sinopec(중)+Uhde(독), 중국 컨소시움 등 4개의 컨소시움이 구성되어 있다. 또 카자흐스탄 에너지광물부가 발주하는 26.33억 달러짜리 아띠라우 원유 정제 공장 재건 및 현대화 사업과 쉼켄트, 빠블오다르 원유 정제 공장 재건 및 현대화 사업이 있다. 이들 사업은 투자유치사업으로 진행될 예정이다.

전력 분야의 경우, 설비용량이 2,640MW인 발하쉬 석탄화력발전소 프로젝트가 있다. BOO(Build Own Operate) 사업방식으로 약 20년가량 진행될 이 사업의 예상 사업비는 1, 2단계 합해서 47억 달러(25억+22억 달러)로 예상된다. 현재 삼성물산·한국전력 콘소시엄이 개발자로서 운용 주체를 맡고 있고, 2010년 4월 중 본계약을 체결하고 같은 해 7월 착공을 할 예정이다. 이 외에도 1,590Mw 규모의 에키바스투스 화력발전소 확장 및 재건 프로젝트와 우랄스크와 악샤블락 가스터빈 발전소 프로젝트가 계획되어 있다. 또 300Mw 규모의 모이낙 수력발전소와 샤르다린 수력발전소 현대화 프로젝트가 진행될 예정이다. 한편, 원자력발전소의 건설과 알마티 주에 총 28개의 소수력발전소가 건설될 예정이고 풍력을 이용한 발전소도 건설할 계획이다.

이 외에도 카자흐 정부에서는 원유공급 루트 다양화 및 원유의 안전하고 효율적인 수송을 위해 망기스타우 주 쿠릭 항을 이용한 해상 원유수송로 개척을 목적으로 원유수송 터미널 건설을 추진하고 있다. 카스피해 연안의 아띠라우, 바우찌노, 악타우에 이미 항만이 있지만 수심이 낮아 대형 유조선이 정박하기 어렵고, 수송 루트 다변화 차원에서 쿠릭 항을 개발하는 것으로 알려져 있다. 카자흐 정부는 아띠라우 인근 카스피해에서 생산되는 원유를 수심이 깊은 쿠릭 항까지 송유관을 통해 공급한 후 쿠릭 항에서 아제르바이잔의 바쿠(마하치칼라)로 수송, BTC 라인을 이용해 판매한다는 계획이다. 현재 이 사업추진의 일환으로 에스케네-쿠릭 간 송유관 건설(5,600만 톤/년)이 추진 중이고 아제르바이잔과는 이 수송터미널 이용과 원유 항만수송에 원칙적인 합의가 되어 있는 상황이다. 한편, 알마티 시에서 캅챠가이 호수 방면으로 4개의 테마 도시를 건설하는 G4-City 프로젝트가 그간 사업추진이 지연되다가 최근 정부의 마스터 플랜 승인을 계기로 탄력을 받고 있다. 카자흐 정부의 인프라 건설 보장이 확실해진다면 한국업체 간 컨소시움을 구성해서 이 프로젝트에 참여가 가능할 것으로 전망되고 있다. 또한 알마티 상수도 자동화 시스템 구축사업과 2011년 동계 아시안게임용 스키 점프시설, 경기장 신설 및 보수공사가 진행 중에 있다.

인프라 없는 발전은 없다

위에서 살펴본 카자흐스탄 인프라개발 계획은 다양한 분야에 걸쳐 의욕적으로 추진되고 있으나 한계 또한 노출되고 있다. 그 한계란 정부 예산이나 차관을 통한 추진보다 해외 투자사업으로 계획하고 있는 사업이 많다는 것이다. 여기에 더해 카자흐 정부의 적극적인 보증이 부족한 점을 꼽을 수 있다. 이는 기업들로 하여금 투자를 꺼리게 만드는 큰 요인으로 작용하고 있다. 고위험(High Risk)에 선뜻 투자할 기업은 없기 때문이다. 만약, 이러한 장애물이 제거된다면 카자흐스탄의 인프라 시장은 우리 기업들에게 매력 있는 시장이 될 수 있을 것이다.

빠른 시일 안에 카자흐 정부의 인프라에 대한 인식이 바뀌기를 기대해 본다. 인프라 구축은 그로 인한 효과가 전 사회와 국민에게 미치므로 정부가 확실한 의지를 가지고 보증을 서야 한다는 사실을 인식해야 한다. 그래야만 10년씩 또는 20년 가까이 걸리는 사업에 민간기업이 투자를 할 수 있을 것이다. 예를 들어 카자흐스탄에 꼭 필요한 댐이나 발전소를 건설하면서 해외 투자자들에게, 자금을 조달해 건설한 뒤 알아서 이익을 가져가고 혹시 손해가 나더라도 정부에서는 책임을 지기 어렵다는 자세를 유지한다면 카자흐스탄 인프라의 현대화는 영원히 기약이 없는 것이다. 결국 낙후된 인프라는 산업의 균형 발전, 지역의 균형 발전을 끊임없이 저해하게 될 것이다.

카자흐스탄에서 승화되는 해외 건설 경험

김진실 – 우림건설 카자흐스탄 법인장

동일 하이빌 아스타나와 우림 애플타운은 카자흐스탄 내 한국 건설현장을 대표하는
양대 기둥이다. 이후 삼성물산이나 KCC건설 등이 발전소와 도로 등 인프라 건설에 뛰어
들었지만, 현재까지는 주택 건설이 주를 이뤘다. 동일 하이빌 아스타나는 대통령 궁을
병풍처럼 둘러싸고 있는 프로젝트로 대통령과 온 국민의 관심사다. 2008년, 2009년 극
심한 부동산 침체기에도 하이빌만은 성공적인 분양을 이어나가고 있다. 우림 애플타운
은 한국과 카자흐스탄 양국 정부와 금융기관의 주된 관심사다. 우여곡절이 많았지만, 한
국 금융기관의 지원 아래 빠른 속도로 건설 중이다. 현재 알마티에서 순조롭게 공사가
진행되고 있는 유일한 현장이 아닐까! 동일에서 관리담당 임원으로 일했고, 현재는 우림
의 총 책임을 맡고 있는 김진실 법인장에게 카자흐스탄 건설업 에세이를 의뢰했다. 글의
앞부분에 나오는 사우디아라비아, 리비아, 이라크의 경험은 책의 전체 맥락과 약간 동떨
어지지만, 읽어보면 아주 재미나다. 중동에서의 건설 경험이 결국 카자흐스탄에서 결실
을 이루게 되었다. (편집자 주)

1982년부터 해외 건설 경험을 시작하여, 해외 현장에서만 20년을 보냈
다. 한양의 해외 건설 현장인 사우디아라비아, 리비아, 이라크에서 일했
다. 유원건설의 러시아 바로니쉬 프로젝트를 계기로 CIS와 인연을 맺었
다. 카자흐스탄의 아스타나에서 선풍적인 인기를 끈 동일 하이빌의 주역
이었으며, 현재는 우림건설 카자흐스탄 법인장으로 온 국민의 관심 프로
젝트인 알마티 애플타운 건설을 책임지고 있다.

아스타나 동일 하이빌의 완공된 A, B 블록(왼쪽)과 알마티 우림 애플타운 조감도(오른쪽).

사우디아라비아

한 번 쓰고 폐기되는 단수여권을 가지고 해외여행을 다니던 시절에 보 잉 747을 타고 사우디아라비아로 향하던 때가 지금도 눈에 잡힐 듯 떠오 른다. 제다 공항 문을 열고 처음으로 사우디 땅을 밟았을 때, 훅 하고 다 가온 그 강렬한 습기는 정말 그곳이 사람들이 사는 땅인지 의문이 들 정 도였다. 그러나 그곳 역시 사람 사는 곳이었다.

사우디에서 나는 평생 절대로 잊지 못할 경험을 하게 된다. 현장 식당 에서 필요한 식재료를 구입하여 캠프로 복귀하던 중에 노인이 운전하던 차량과 추돌이 있었다. 추돌된 노인의 차량은 정면에서 달려오던 파키스 탄인이 운전하던 차량과 정면충돌했다. 이 사고로 노인이 현장에서 사망 했다. 당시의 사우디 법은 교통사고로 인한 사망사고 시에 10만 리얄의 벌금과 6개월의 형무소 수감생활을 해야 했다. 현장에서 구속된 나는 재 판을 거쳐 40퍼센트의 잘못을 인정받아 4만 리얄의 벌금과 2.4개월, 정 확히 72일의 형무소생활을 했다.

사우디 형무소 수감 생활을 해본 사람이 몇이나 될까? 그 생활은 참으로 암담했지만, 매우 독특했다. 모든 수감자는 정부로부터 월 일정액의 돈을 받고 그 돈으로 각자가 식생활을 해결하는 제도였는데, 인근 중동 국가 사람도 많았고 필리핀인도 있었다. 수감자들은 보통 국적별로 모여 경비를 부담하여 요리를 하고 식사를 했다. 한국인으로 혼자였던 나는 주로 회사에서 배달해 주는 김밥으로 삼시 세 끼를 해결했다.

흉악범이 없어 그런지 대부분 서로 친하게 지냈고, 특히 영어로 의사소통이 되는 필리핀 친구들과 친하게 지냈다. 돈이 많고 덩치가 엄청 컸던 한 현지인 친구가 거의 감방장 역할을 하며 질서를 유지했는데 이 친구가 특히 내게 살갑게 굴어 덩달아 다른 현지인들도 내게 잘 대해주었다. 특이한 규정 하나는 유부남 재소자인 경우 한 달에 2시간씩 독방 부부면회가 허용되었다. 만약 4명의 부인을 가진 경우라면, 30분씩 네 번에 걸쳐 나누어 쓸 수 있었다. 웃기도록 합리적이지 않은가? 거기에는 거기만의 특별한 커뮤니티가 존재하여 그들만의 질서가 있고 인정이 있고 놀이가 있었다. 출소할 때는 서로 정이 들어 섭섭한 감정이 들 정도였다.

리비아

당시의 해외건설업체는 대부분 해외경험이 있는 직원을 새로 생긴 해외현장에 발령내는 일이 많았다. 새로 부임한 곳은 리비아 제2의 도시 벵가지였다. 지중해의 좋은 날씨와 아름다운 해변과 항구를 가진 도시였지만, 그곳에서의 생활은 녹록지 않았다. 지금은 모든 해외현장에서 반장급 고기능자 정도만 한국인을 쓰지만, 당시만 해도 전원 한국 근로자들이었다. 한국인 근로자들을 관리하는 노무, 후생 담당이었던 내겐 참으로 벅찬 업무였다. 당시의 리비아 경제 시스템이 사회주의를 표방하고 있었다. 시장에 생필품이 워낙 부족하여 수백 명의 대가족을 먹여 살리는 일이 간단치 않았다. 시장에 나가 파 10단을 달라고 하면, 마치 "너 혼자만 먹고 살려고 하느냐"는 듯이 부릅뜨는 상인의 눈에 기가 질리곤 했다. 여기 저기 기웃거려 겨우 필요한 만큼의 부식을 샀다. 특히 육류가 부족하여 변두리 시골 마을에 가서 기르는 소를 사다가 캠프에서 직접 도축하였으니 그 어려움이 오죽했겠는가?

도박과 싸움, 도둑질이 수없이 반복되었다. 관리자 입장에서 처리하기 힘든 문제들의 연속이었다. 공수부대 출신 미장공이 술에 취해 캠프의 기물을 모두 박살낸 사건, 고가의 대리석을 붙여 거의 완공된 건물 로비를 망치로 찍어 망가뜨리는 사건 등 사건 사고는 하루가 멀다 하고 터졌다.

이라크

이라크 바그다드는 잊을 수 없는 경험의 연속이었다. 신밧드가 양탄자를 타고 날아다니고 알리바바와 40인의 도적이 있는 천일야화의 도시, 세계에서 대추야자를 가장 많이 수확하는 팜트리의 나라, 유프라테스와 티그리스 강이 만나는 삼각주를 구약에 나오는 에덴동산이라고 하는 나라, 세계 7대 불가사의 중의 하나인 공중정원과 인류역사상 처음 만든 함무라비 성문헌법과 포장도로가 있는 고대 바빌론의 유적이 숨쉬는 곳, 자기들이 독일보다 더 일찍 맥주를 만들었다고 주장하면서 자랑하는 '훼리다(여자 이름)' 라고 하는 맥주가 있는 나라, 그곳에는 정말로 어릴 적 천일야화를 읽으며 빠져들었던 그 많은 등장인물들과 비슷한 좋은 사람들이 있었다.

내게 이라크는 사우디를 포함한 다른 중동 국가와는 다른 이미지다. 이란과의 8년 전쟁이 끝날 무렵이라 온 세상이 피폐해진 상황이었음에도 불구하고, 사람들은 예의가 있고, 순진했으며, 신사적이고 합리적이었다. 그런 좋은 사람들의 나라인 이라크는 현재 고통받고 있다. 뉴스를 통해 보는 이라크는 온통 폭탄 테러 소식뿐이니 안타깝기 짝이 없다.

당시 바그다드에 근무하시던 공사의 배려로 내 아내가 외무부에 특채되어 공관에 근무하게 되었다. 그동안의 생이별을 보상받듯 참으로 꿈같은 생활을 하고 있을 때 후세인이 쿠웨이트를 침공했다. 전쟁이 터진 것이다. 바그다드에 거주하던 교민들 중 아이들과 여자들만을 먼저 귀국시키기로 하고 새벽 2시에 집결하여 각자 준비한 차량을 달려 다음날 저녁때쯤 요르단 국경에 도착했으나, 공용여권을 가졌다는 이유로 유일하게 내 아내만 출국이 허용되지 않아 다시 돌아올 때의 그 참담함은 내 인생에서 가장 아팠던 기억 중 하나이다.

러시아

이제 러시아와 카자흐스탄의 경험으로 넘어가 보자. 1994년 모 유명 일간지에 큼지막한 구인광고가 실렸다. "열사에서 동토까지!" 당시 유명한 해외건설업체가 러시아에서 공사를 수주해서 직원을 뽑는 광고였다. 과거 사우디 사막에서 큰돈을 번 회사의 광고였으니 참 그럴 듯한 광고 카피였다! 그 문구가 바로 나를 지금의 카자흐스탄으로 이끈 셈이다.

러시아 바로니쉬 주(모스크바 남쪽으로 약 850km) 보구차라는 작은 시골 마을에 통일된 동독에서 철수한 러시아 군인들의 아파트를 짓는 공사가 있었다. 발주처는 러시아 국방성이었지만 비용은 서독이 지불하고, 감독도 서독이 하는 다소 복잡한 구조의 공사였다. 고르바쵸프의 페레스트로이카 이후 옐친이 권력을 잡아 개혁을 시작한 시점에서 국회가 옐친을 반대하며 의사당 내에서 농성을 하자 옐친이 의사당을 향해 직접 탱크 포격을 지시한 유명한 사건이 있었다. 그 사건 당시에 모스크바에 도착했는데, 구소련 비즈니스의 험난함을 옐친이 그렇게 예고해 주고 있었던 것이다. 국회 의사당의 하얀 대리석은 시커멓게 그을려 있었고 전면에 붙어 있던 시계는 멈추어 있었다.

유명한 Black Soil(흑토) 곡창지대로서 드넓은 농토에는 끝도 없는 해바라기가 심어져 있었다. 그 옆을 지나갈 때 소피아 로렌과 마르첼로 마스트로얀니가 주연했던 〈해바라기〉란 영화가 연상되었으나 내가 간 최종 목적지는 참으로 초라한 작은 도시였다.

빠블오다르의 해바라기 밭(2008년 8월).

한국의 건설회사가 와 있다는 소문이 나자 당시 중앙아시아에 있던 많은 고려인들이 몰려들기 시작했다. 주로 우즈베키스탄, 타지키스탄 등의 나라에서 많이 왔었는데 카자흐스탄에서도 왔다. 이상한 이북 사투리 억양의 한국말을 쓰는 중앙아시아의 고려인들을 그때 처음 만났으나 지금 카자흐스탄에서 느끼는 것과 같은 동포라는 의식은 전혀 없었다. 일부 한국어를 조금 구사하는 사람들은 그런대로 유용하게 썼으나 그렇지 않은 사람들은 사돈에 팔촌, 온 친척들이 모여들어 현장 인근에 천막촌 같은 것을 만들어 거주하였는데, 참 보기에 딱했다.

어느 날 대형사고가 터졌다. 우즈벡과 타지키스탄 근로자들끼리 집단 패싸움이 벌어져 서로 돌을 던지며 마치 전쟁을 하는 것 같은 큰 집단행동을 일으킨 것이다. 결국 머신 건을 든 특수경찰이 동원되어 진정되었으나 이 일로 나는 주지사와 여러 기관장들을 만나 사과하러 다녀야 했다.

러시아 현장은 그동안 일했던 해외현장 중 유일하게 큰 손해를 보았던 현장이었다. 현지 사정을 잘 파악하지 못한데다 회사가 수주에 목말라 저가 수주를 했다. 더욱이 처음에 한 터키 회사에 공사 전체를 하도급 주었는데 그 회사가 중간에 부도를 냈다. 다시 작은 터키 회사들에게 각 공정별로 하도급을 주었으나, 부도난 회사가 제출했던 은행 지급보증서가 모두 부실한 터키 시중 은행들의 보증서라 무용지물이 되었다.

그때 벌써 터키의 건설회사들이 러시아권 건설시장을 거의 장악하고 있었다. 터키인들은 군사문화가 있어 상사에 대한 복종심이 투철하며 주종관계가 확실하다. 궂은 일을 가리지 않는 근면성이 있으나 회사 대 회사 간의 계약관계에 있어서는 신의가 없다. 터키 내 작은 규모의 회사를 과장하여 부풀리는 경향이 있고, 계약과 별개로 각종 크레임을 수시로 요구하는 등의 단점이 있다. 서브프라임 사태 이전에 터키 회사들이 알마티 오피스 건물의 건설을 주도했지만, 터키 회사의 경쟁력을 높게 평가하지 않는 것은 러시아에서 겪은 터키 회사의 비신사적인 측면 때문이다. 지금은 카자흐스탄에서도 한국 협력업체에 비해 터키 업체는 가격 면에서 경쟁력이 없다.

카자흐스탄 아스타나와 동일 하이빌

2005년 11월, 카자흐스탄 아스타나에 왔다. 주마등처럼 지나가는 기억만으로도 몸이 오싹할 정도다. 기상청에서 발표한 온도가 영하 45도이던 날, 현장 사무실 보일러에 연료가 떨어졌었다. 현장에 있는 플라스틱 통을 모아 미니버스에 싣고 주유소에 가 연료를 담을 때, '아 이렇게 얼어 죽는구나' 하는 대한 공포심을 맛보았다.

3년 내내 말 그대로 도둑과의 전쟁을 치렀다. 차라리 창고를 털든지 사무실 금고를 털어가는 게 나았다. 한국에서 온 근로자들이 어렵게 시공해놓은 동 파이프를 모조리 잘라가고, 건물에 입선해 놓은 전선을 모두 뽑아갈 때는 정말 기가 막혔다. 급기야 사용 중인 타워 크레인과 호이스트(자재와 인력을 상층부로 옮기는 임시 리프트)의 메인 전선을 잘라가 장비를 쓸 수 없게 만들기도 했다. 울고 싶었고, 실제로 울었다. 그 전선은 현지에서 살 수 없는 제품이었다. 경찰에 신고하는 것이 일상이었다. 시가 10만 텡게(80만원 상당) 미만일 경우 훈방 조치하는 이들의 법집행 관행에 아연실색했다. '있는 사람 것 좀 없는 사람이 가져가면 어떠냐!' 하는 수준의 멘탈리티에는 망연자실했다. 결국 내가 지킬 수밖에 없다는 생각으로 별의별 수단을 다 썼지만, '열 사람이 한 도둑 못 막는다' 는 속

동일 하이빌 아스타나 입주식에서 왼쪽부터 고재일 회장, 고동현 사장, 나자르바예프 대통령. 출처: 동일 하이빌.

담을 확인할 뿐이었다. 그 혹한의 새벽 6시에 현장에 나가 출입하는 사람들을 일일이 점검하고, 퇴근할 때 몸수색을 하는 짓을 거의 매일 반복했다.

지금도 같이 고생했던 직원들이 생각나면 가슴이 찡하다. 공기에 쫓겨 거의 매일 야간작업을 하면서도 순번을 정해 야간 당직을 서고 야간 순찰을 돌렸으니 얼마나 피곤했을까? 동일 하이빌의 회장님은 카자흐스탄에서의 사업 성공여부가 공기 준수에 있다고 늘 강조했다. 건설회사가 고객들에게 약속한 공기는 무슨 일이 있어도 지켜야 고객의 신뢰를 얻고 성공할 수 있다는 신념이 있었다. 그 긴 겨울 공사를 거의 쉬지 않고 했으나 자재 조달, 공정관리의 시행착오, 여러 가지 복잡한 행정절차 등으로 공기에 여유가 없었다. 결국 마감공사를 거의 동시에 시공할 수밖에 없었고, 한국의 마감공사 협력업체들이 자사 소속 한국인 기능공을 다수 데려와 현지인 보조공과 공사를 했는데 마감공사의 최종 마무리가 다소 거칠었다. 우리는 참으로 당황했다. 입주를 위해 집을 보러 온 수분양자들의 꼼꼼한 지적과 거친 항변은 정말로 예상치 못했던 상황이었다. 특히 주로 내부 벽을 블록으로 쌓고 블록 위에 미장을 한 다음 다시 깁스를 발라 이를 샌드페이퍼로 곱게 간 뒤 페인트 처리를 하는, 카자흐스탄 스타일에 익숙해 있던 이들에게 벽지 마감에서의 매끄럽지 않은 부분들은 큰 저항을 불렀다. 더구나 섬세한 기능을 가진 전문 기능 인력들이 작업한 모델하우스와 현장 시공 상태를 비교하니 더욱 차이가 날 수밖에 없었다.

그러나 우리는 정성을 다해 그들의 요구를 들어주었고 많은 부분 손해를 감수하며 재시공해주었다. 처음 고객들에게 품질에 대한 불신을 주었고 금전적으로 손해는 보았으나 결과적으로 회사가 끝까지 하자를 책임지는 모습을 보여준 것은 큰 결실로 돌아 왔다. 지금까지 카자흐스탄 사회에서 전혀 접해보지 못했던 입주 후 관리 서비스를 경험하는 계기를 만들어 주었다. 현재 두 개 블록이 완공되어 입주를 끝마친 하이빌 아파트는 현재까지 카자흐스탄에서 시공된 어느 아파트보다 훌륭한 아파트임에 틀림없다. 앞으로 동일 하이빌은 카자흐스탄에서 사업을 계속하는 한 기존 고객들의 입소문만으로도 충분한 승산이 있을 것으로 확신한다.

카자흐스탄 알마티와 우림 애플타운

2008년 9월 알마티에 왔다. 우림건설 최고 경영진과의 인연으로 동일에서 우림으로, 아스타나에서 알마티로 옮기게 되었다. 2007년 말 서브 프라임 모기지 사태 이후 알마티 부동산 시장은 완전히 얼어붙어 있었다. 그런 상황에서 시공에서 분양까지 총괄 책임을 지는 법인 대표로의 부임은 엄청난 부담이었다. 그러나 날 따뜻하게 맞아주고 우림의 성공은 한국의 건설사와 금융사 모두를 위해 반드시 필요하다는 말씀들을 해주신 많은 분들의 격려가 큰 힘이 되었다.

부동산 개발 사업은 어차피 경기가 뒷받침되지 않으면 별 뾰족한 수가 없다. 따라서 그동안 미해결된 각종 인프라 문제의 해결에 주력하고, 아스타나에서 경험했던 시공상의 문제점들을 최소화하면서 때를 기다리기로 했다. 그러나 2008년의 리먼 브라더스 사태로 강화된 글로벌 신용 경색의 여파는 쓰나미처럼 심각한 영향을 미쳤다.

2010년 봄, 나우르스 축제가 다가오는 3월 중순인 지금은 뭔가 꿈틀거리려고 한다. 잠꼬대로도 분양을 외쳐야 하는 법인장으로서의 희망사항일지도 모르겠다. 그러나 카자흐스탄의 전체적인 경기가 더는 나빠지기 어렵고, 무엇보다 약 2년여 동안 알마티에서 시공된 엘리트급 아파트가 없었다는 점은 수급 면에서 유리한 점이다. 다른 무엇보다 최고 16층까지 완공된 골조공사의 건물을 보며 많은 이들이 품질 면에서 극찬을 보내주고 있다. 주택전문 중견 건설업체인 우림은 아파트 공사에 대한 특화된 기술력과 우수한 현장 관리능력을 보유하고 있다.

건설 관리 관청들이 다투어 현장을 방문 견학하고, 타 건설사들에게 애플타운 현장을 견학하라는 지시를 하고 있다. 카자흐스탄의 최대 건설사인 바지스 A 회장과 임원들이 집단으로 현장 견학을 했고, 중앙아시아 최고 전통의 카즈카사 건축대학의 학생들은 필수 현장실습코스로 다녀간다. 알마티에서 대규모 건축공사를 하는 데 있어 가장 큰 난관이 인프

우림 애플타운 건설현장(2010년 1월). 출처: 우림건설.

라(전기, 상하수도, 난방)를 받는 것인데, 애플타운은 2009년 세 가지 모두를 관련 관청과의 힘겨운 협상 끝에 해결하였다. 하루속히 카자흐스탄의 금융계 구조조정이 마무리되어 금융권의 모기지론만 활성화되면 애플타운의 분양은 수월하게 이뤄질 수 있다. 현재 카자흐스탄의 주요 은행은 다시 유동성이 넘치고 있고, 모기지 대출을 적극적으로 재개하려는 움직임을 보이고 있다. 이제 진정한 봄을 기다리고 있다.

　해외건설을 시작한 지 28년이 지났고, 열대와 극한 속에서 일한 것만 어언 20년이다. 중동의 사막에서 불사른 건설의 경험은 러시아 바로니쉬와 카자흐스탄 아스타나의 동토를 녹였다. 이제 지난 20년의 해외건설 경험이 알마티에서 화룡점정을 기다리고 있다. 마지막 점을 찍고 용이 승천할 때, 조용히 노트북을 켜 사직서를 쓰고 오랫동안 소중하게 방치된(?) 아내란 이름의 보금자리로 돌아갈 것이다.

Kazakhstan
Eurasia Golden Hu

3부
한국과 카자흐스탄의 관계

카자흐스탄의 파워 엘리트

윤영호, 양용호, 김상욱

카자흐스탄에서 정치적인 문제가 경제활동에 밀접하게 영향을 미치고 있지만, 우리는 그러한 것을 잘 모르고 있거나 아는 데에 한계가 있다. 카자흐스탄에 10년 이상 거주하면서 정치적인 것에 대해서 아는 것이라 곤 대통령 이름이 전부인 사람도 많다. 골프장에 가면 60% 이상은 한국인이다. 골프 행사가 있을 때마다 누르타이 아비카예프가 나와서 축사를 하는데, 그가 누군지 아는 한국인은 거의 없다.

카자흐스탄 정치 체제를 이해하기 위해서 1차 자료에 대한 폭넓은 접근과 연구가 필수적이지만, 이러한 자료 자체가 부족한 상황을 우선 전제하여야 한다. 정치 관련 자료는 크게 두 가지로 나눠 볼 수 있다. 하나는 카자흐스탄 내부 글이다. 단순한 정보를 얻는 데는 유용하지만, 지나치게 친 정부적으로 묘사되어 있다. 다른 하나는 망명자들이 쓴 글이다. 비리 및 부패와 연관되어 망명한 후, 현 권력에 불만을 가지고 있는 사람들이 쓴 글로 그 안에는 꽤나 고급 정보가 있는 것이 사실이다. 그러나 어디까지가 사실이고, 어디까지가 악의적인 것인지 가늠하기가 어려운 단점이 있다. 한국에서는 대외경제정책연구원이 2009년 12월에 "카자흐스탄 정치 엘리트와 권력구조 연구"라는 글을 내 놓았다. 학술적으로 접근하여 읽기 쉽게 기술되지 못하였으나, 한국에 소개된 적이 없는 주제를 심도 있게 다룬 점, 최근의 동향까지도 다루고 있는 점으로 볼 때, 전체적으로 카자흐스탄을 이해하는 데에 큰 도움이 된다.

국민은 나자르바예프를 원한다

누르술탄 나자르바예프는 독립 후 지금까지 20년 동안 대통령의 자리에 있다. 나자르바예프 대통령에 대한 지지는 90년대 초기에도 90%였으며, 지금도 90%의 지지를 받고 있다. 권력이 부분적으로 사유화되었음에도 불구하고, 국민들이 대통령을 지지하는 이유를 민도가 낮기 때문이라거나, 언론의 자유가 없기 때문이라든가, 경제 발전 수준이 낮기 때문이라든가, 여론이 조작 되었기 때문이라고 부정적으로만 말하는 것은 적절하지 않다. 그 어떤 이유도 20년간 90%의 지지를 충분히 설명해 낼 수 없기 때문이다.

주위의 여론을 보면, '카자흐스탄 국민 대다수는 나자르바예프가 계속 대통령직에 있기를 바란다' 는 점에 의문의 여지가 없다. 지난 20년간 카자흐스탄은 지속적인 발전을 해왔고 국민들은 잘 살게 되었다. 다양한 민족은 서로를 용인하며 평화롭게 공존하고 있다. 빵을 사기 위해 긴 줄을 섰던 백성들 중 많은 사람들이 이제 좋은 집에서, 고급차를 타고 있고, 해마다 해외여행을 다니며 살고 있다. 인근 지역 국민들은 나자르바예프 대통령을 가진 카자흐스탄을 부러워한다. 카자흐스탄은 중앙아시아 지역을 지배하고 있고, 외교 무대에서 세계 강대국들과 어깨를 나란히 하고 있다.

잘 살게 된 것은 자원이 많기 때문이고, 자원 가격이 상승하면서 경제는 당연히 좋아질 수밖에 없으며, 자원의 시대에 이 정도밖에 못사는 게 오히려 문제라고 말하는 사람도 있다. 그저 나자르바예프 대통령의 운이 좋았다는 관점이다. 하지만 자원 가격이 급등하고, 자원으로 경제가 돌아 가기 시작한 것은 2000년대 후반이 되어서다. 90년대에는 인적 물적 토대가 매우 제한적이었고, 해결해야 할 난제는 수두룩했다. 그러나 그때에도 대통령에 대한 높은 지지는 유지 되었다. 따라서 실력이었든, 운이었든 경제적인 성과라는 요인으로 대통령에 대한 높은 지지를 다 설명하지 못한다.

민주적 절차 대신 카리스마를 선택하다

아래의 표를 보자! 아래의 표는 Freedom House에서 정기적으로 발표하는 각국의 민주화 정도다. 선거 과정, 시민사회, 독립된 미디어, 중앙 정부의 민주적 거버넌스, 지방 정부의 민주적 거버넌스, 사법 체계의 독립성, 부패 등을 계량화하여 각국의 민주화 정도를 표시해 주는 것이다.

국가	2000	2001	2002	2003	2004	2005	2006	2007	2008
카자흐스탄	5.50	5.71	5.96	6.17	6.25	6.29	6.39	6.39	6.39
키르키즈스탄	5.08	5.29	5.46	5.67	5.67	5.64	5.68	5.68	5.93
타지키스탄	5.75	5.58	5.63	5.63	5.71	5.79	5.93	5.96	6.07
투르크메니스탄	6.75	6.83	6.83	6.83	6.88	6.96	6.96	6.96	6.93
우즈베키스탄	6.38	6.42	6.46	6.46	6.46	6.43	6.82	6.82	6.86

중앙아시아 국가들의 민주화 정도. 출처: FreedomHouse, 대외경제정책연구원 자료에서 재인용.

1점이 최고, 3점이 중간, 7점이 최저의 민주화를 나타낸다.

이것이 가지는 의미는 한 가지다. 중앙아시아 5개국은 모두 서구적 관점에서 보는 절차적 민주주의가 없다. 카자흐스탄뿐만 아니라 중앙아시아 지역의 백성들은 절차적 민주주의에 대해 아직까지는 중요하게 생각하지 않는다. 이들에게는 지배자의 통치 기간을 인위적으로, 사전적으로 제약하는 것이 특별한 의미를 가지지 않는다. 이들에게는 선거과정, 거버넌스, 견제 기관의 독립성 등과 같은 절차적인 것보다 더 중요한 것이 지도자가 어떠한 카리스마를 가지고, 어떠한 리더십을 발휘하며, 어떠한 결과를 이끌어내느냐로 이해되고 있다.

특히, 소비에트 시기의 경험은 이러한 경향이 구축되는 데에 많은 영향력을 끼쳤다. 소비에트 시절 공산당의 리더 중에 자발적으로 권력을 양도한 사람은 없었다. 중앙아시아 국가들은 전근대, 근대 모두를 통하여 절차적 민주주의의 중요성이 강조된 사회에서 살아 본 경험이 없거나 있어도 아주 짧은 시기였을 뿐이다. 소비에트식 근대화는 서구식 근대화와는 확연히 다른 길이었으며, 대의명분을 위해 민주적 절차와 외관을 갖췄음에도 불구하고, 그것이 지도자의 재임기간을 사전에 제한하는 형

국가	집권자	집권 기간
카자흐스탄	나바르바예프(90.4 ~ 현재)	20년
키르키즈스탄	아카예프(90.10 ~ 05.4)	14년 6개월
타지키스탄	라흐몬(94.11 ~ 현재)	15년 4개월
투르크메니스탄	니야조프(90.11 ~ 06.12)	16년 1개월
우즈베키스탄	카리모프(90.3 ~ 현재)	20년 1개월

중앙아시아 5개국의 장기집권 현황(2010년 4월 현재). 출처: 대외경제정책연구원.

태로 나타나 본 적은 없었다. 비유하자면 이들에게 과거 러시아혁명 초창기에 레닌이 더 오래 살지 못한 것이 아쉬웠던 것처럼, 카리스마 있는 지도자가 유고되는 것이 오히려 더 큰 걱정이다.

결론적으로 끊임없이 여러 세력이 부침하던 중앙아시아의 유목적 공간이라는 배경 아래, 소비에트 시기의 정치적 경험이 더해지면서 이들 민족에게 정치적 안정성과 카리스마형 리더십의 존재는 우리가 생각하는 것보다 크게 작용하고 있다고 볼 수 있다. '자기 안보'라는 목표의 충족을 위해 민주적 절차는 부수적으로 취급되고 있는 것이 카자흐스탄과 중앙아시아 국가들의 현 주소인 것이다.

민주적 절차에 대한 지도자의 철학보다는 지도자의 카리스마를 더 중요시하는 중앙아시아 국가의 정치문화를 후진적, 전근대적이라고 말할 수도 있다. 그렇게 말한다면 반박할 논리도 궁하고, 또 애써 반박할 이유도 없다. 여기서 중요한 것은 '강력한 카리스마가 있는 지도자를 요구했던 역사적 경험과 앞 장 〈국가가 선이다〉에서 본 바와 같이 권위에 쉽게 복종하는 경향'은 지도자가 장기 집권하기에 좋은 환경이 된다'는 점이다.

그러나 그것으로 충분한 것은 아니다. 결국은 목구멍이 포도청이기 때문에 목구멍 문제가 해결되지 않고서는 권력은 장기적으로 유지될 수 없다. 키르기즈스탄의 아카예프가 물러날 수밖에 없었던 것도, 우즈베키스탄의 카리모프가 지속적인 도전에 직면하는 것도 바로 경제적 문제를 해결하지 못하고 있기 때문이다. 나자르바예프 대통령의 지지도가 항상 90%를 상회했던 것은 아니다. 독립 후 최대의 경제 위기라고 할 수 있었던 러시아 모라토리움 선언 당시인 99년도에 나자르바예프 대통령은 81%라는 저조한(?) 득표율을 기록했다. 경제가 회복되자 지지도는 지속적으로 상승하여 2005년 대선에서는 91%의 득표율을 기록했다. 집권여당인 오탄당은 2004년에 60%의 득표율을 올렸지만, 카자흐스탄 경제가 최고의 활황을 보였던 2007년에는 88%의 득표율을 올렸다.

2010년 4월 현재 카자흐스탄은 99년 이후 최대의 경제 위기 국면이지만, 그 때와는 다른 경제적 체력을 가지고 있다. 외환보유고가 충분하고, 국민의 생활수준은 현저히 높아졌다. 국가적, 개인적 안보에 별다른 위협을 느끼지 못하고 있으며, 외부 충격에 대한 흡수능력은 1999년과는 비교가 되지 않는 상태다. 지정학적으로 주도권을 쥐고 있으며, 국민들의 자긍심은 경제 위기에도 불구하고 여전히 높다. 이런 상황에서 현재 대통령의 지배권은 견고해 보이고, 정치적 리스크는 거의 없어 보인다. 유일한 리스크라면 카리스마 있는 지도자의 유고 상황 발생이라고 할 것이다.

카자흐스탄의 파워 엘리트

나자르바예프 대통령은 건강이 허락하는 한 계속 대통령직에 머물 것으로 예상되며, 그럴 수 있는 헌법적 근거도 있다. 문제는 그 이후다. 차기 지도자는 이미 존재하는 파워 엘리트 집단에서 나타날 수밖에 없을 것으로 보인다. 현재 반 정부적 성향의 인사 가운데 포스트 나자르바예프 시대를 이끌 수 있는 사람이 나올 것으로 생각되지 않는다. 다방면에 걸쳐서 국가의 지도자로 인정받을 수 있는 토대를 갖추고 있는 파워 엘리트 그룹은 모두 친 나자르바예프 그룹에 속해 있다.

현재의 파워 엘리트 그룹 중에 누군가가 차기 권력을 잡는다고 해도

윗줄 왼쪽부터 다리가 나자르바예바, 꿀리바예프, 마시모프, 아비카예프, 토카예프, 이시모프, 타스마감베토프, 타진, 마르첸코.

그는 나자르바예프 대통령의 통치 철학의 연장선상에 있을 것이며, 기존의 대외정책을 계승하게 될 것이다. 카자흐스탄 지배 집단 사이에서 그러한 컨센서스는 형성되어 있다고 본다. 그런 점에서 해외 투자가 입장에서 후계 리스크가 크다고 생각할 필요는 없을 듯하다. 물론 권력 투쟁의 과정에서 권력 공백 사태가 발생할 수도 있고, 혼란이 발생할 수 있지만 그것은 일시적인 현상에 머물 것으로 예상한다.

현재 카자흐스탄의 파워 엘리트를 살펴보는 것은 조심스럽지만 필요한 일이라고 본다. 구체적인 이름을 거명하는 것이 부담스러울 수 있다는 점을 전제하고, 카자흐스탄의 저명한 정치학자인 도심 샷바예프Dosym Satpaev가 쓴 〈카자흐스탄 정치 엘리트의 내부구조 분석과 정치적 리스크에 대한 평가〉라는 글을 참조하여 기술하였다.

친인척 엘리트 그룹

친인척 집단을 하나의 그룹으로 묶는 데는 논쟁의 여지가 있다. 이들의 이해 관계가 서로 다르고, 서로 경쟁하고 있기 때문이다. 현 대통령의 권력유지를 누구보다 바란다는 차원에서 다른 집단과 구분해 볼 수도 있겠다. 하지만, 다른 엘리트 집단도 현 대통령의 권력유지를 원하고 있기 때문에 특별히 친인척 집단을 하나로 그룹핑하는 것이 특별한 의미를 가지지는 않을 것으로 본다.

최고의 엘리트는 티무르 꿀리바예프 대통령 둘째 사위 그룹이다. 그는 오랫동안 카즈므나이가스의 부사장으로 있으면서 자원에 관한 지배력을 높였다. 현재는 자원, 은행을 포함한 산업 전반에 높은 장악력을 가지고 있다. 현 총리도 티무르 꿀리바예프 그룹으로 알려져 있으며, 에너지광물자원부, 삼륵카즈나 등에 그의 그룹이 광범위하게 포진되어 있다. 한때는 대통령의 첫째 사위였던 라하트 알리예프 그룹이 권력기관과 미디어를 장악하며 큰 영향력을 행사한 적이 있었다. 알리예프는 현재 실각하여 해외 망명 생활을 하고 있다. 한때 대통령 친위 정당이면서 카자흐스탄 내의 두번째 정당이었던 아사르당을 이끌었던 첫째 딸 다리가 나자르바예바는 전 남편의 실각으로 과거와 비교하여 위축된 상황이다. 이 밖에도 건설회사 엘리트스트로이를 이끌고 있는 셋째딸 알리야 나자르바예바, 대통령의 조카 카이랏 사티발디도 주요 엘리트 그룹에 속한다.

정계 엘리트 그룹

마시모프 총리는 위구르인으로 민족통합의 상징이다. 법학, 경제학에 해박한 지식을 가지고 있으며, 중국을 잘 아는 중국통이다. 2007년 1월부터 총리직을 오래 동안 수행하고 있다. 카자흐스탄 골프협회 회장인 아비카예프는 대통령의 오랜 정치적 동지로서 상원의원장을 역임했고, 러시아 대사를 지냈다. 현 상원의원장인 토카예프는 대통령 유고시 권한 대행이 될 수 있는 헌법적 위치에 있다. 농업계 인맥을 장악하고 있는 알마티 시장 이시모프, 총리, 대통령 행정실장, 알마티 시장 등 요직을 거치고 현재는 아스타나 시장으로 있는 타스마감베토프는 강력한 파워 엘리트다. 이 밖에도 국가안보위원회를 맡고 있고 국가 안보와 외교정책 결정에 영향력을 행사하고 있는 타진, 현 대통령 행정실장 무신, 이명박 대통령 취임식에 대통령 특사로 왔던 슈키예프 부총리 등이 주목할 만한 파워 엘리트 층을 구성하고 있다. 여기서 언급되고 있는 인물들은 카리스마 넘치는 지도자를 원하는 카자흐스탄 국민들에게 충분히 통할 수 있는 인물들이다.

경제계 엘리트 그룹

카자흐스탄을 대표하는 민간 기업으로는 광물과 전력을 장악하고 있는 ENRC, 카작므스가 있고, 은행으로 KKB, HALYK이 있다. 각 기업들은 모두 경제계를 대표하는 엘리트 집단으로 외곽에서 대통령을 지원하고 있다. ENRC는 3인의 유대인인 마쉬케비치, 쇼디예프, 이브라지모프가 지배하고 있는 회사다. 카작므스는 한국에도 널리 알려진 블라지미르 김이 지배하고 있는 회사다. 이들은 비 카자흐인으로서 경제계를 장악하고 있다. 비주류 집단으로서 경제력을 유지하기 위해 현 대통령과 대통령 측근 그룹에 대한 지원을 아끼지 않았을 것이다. 카자흐 민족이 아님에도 불구하고 이들이 장기간 카자흐스탄 산업을 장악할 수 있는 것은 이들이 나누는 데에 인색하지 않기 때문이라는 분석이다. KKB의 회장인 숨한베르딘은 최대 민간은행의 수장으로서 대통령의 경제 개혁과 금융 개혁을 측면 지원해 주고 있다. 물론 이익집단이므로 때론 방해도 할 것이다. 이 밖에도 전 할륵은행장으로 현재 중앙은행장인 마르첸코는 대통령과 국민으로부터 신임을 받는 인물로 카자흐스탄의 그린스펀이다. 그의 말 한마디가 금융에 큰 의미를 던지는 금융계의 파워 엘리트다.

골프는 파워 엘리트와 관계 맺는 중요한 수단

'권력은 최고 권력자와 떨어진 거리에 반비례한다.' 라는 말이 있다. 정몽구 회장은 아들이었음에도 불구하고 정주영회장의 측근 그룹에 막혀 아버지를 독대하기조차 힘들었다고 한다. 최고 권력자와 물리적으로 가까운 자리에 있는 자가 더 큰 권력을 행사하게 된다. 그러한 권력의 속성은 정치 권력이나 경제 권력이나 마찬가지다. 우리가 카자흐스탄과 공적, 사적으로 국가 이익과 기업 이익을 확보하기 위해서는 위에서 언급한 파워 엘리트와의 거리상 가까워지는 것이 무엇보다 중요하다.

왼쪽에서부터 아비카예프, 콜린 몽고메리(골프 선수), 나자르바예프, 꿀리바예프(2003년, 알마티).

과거에 카자흐스탄이 가난했던 시절에는 파워 엘리트와 관계 맺기가 그리 어렵지 않았다. 하지만 경제와 생활 수준이 향상된 지금, 과거처럼 자동차를 선물하고, 정치 경제에 대한 컨설팅을 매개로 그들과 관계를 맺는 것은 불가능해졌다. 이런 상황에서 골프는 관계를 맺는 재미나면서도 중요한 수단이 될 수 있다.

　나자르바예프 대통령을 비롯한 대부분의 파워 엘리트들은 골프를 즐긴다. 골프가 영국의 목동들의 놀이에서 유래했다고 하니, 광활한 초원에서 유목을 즐겼던 카자흐인들의 기질에 골프가 어울리는 것은 어쩌면 당연하다고 하겠다. 카자흐스탄에서 활약하는 한국인 중에도 카자흐스탄 권력의 핵심부와 직간접적인 연계를 맺고 있는 사람들은 대부분 골프장에서의 인연을 통해서였다. 같이 치면 유쾌한 골프 매너를 가지는 것, 같이 치다가 기분 나쁘지 않은 선에서 조언해 줄 수 있는 실력을 가지는 것은 카자흐스탄에서 파워 엘리트와 연계 되는 매우 중요한 토대가 된다. 어느 나라나 파워 엘리트와 연관 되어 있다고 주장하는 브로커는 많기 마련이다. 카자흐스탄도 그렇다. 그 중에 그 연계의 내용이 골프랑 관련되어 있다고 한다면, 다른 것보다는 훨씬 신뢰할 만한 것이다.

　나자르바예프 대통령의 핸디캡은 16, 꿀리바예프의 핸디캡은 14, 아비카예프의 핸디캡은 14, 타스마감베토프의 핸디캡은 16, 이시모프의 핸디캡은 12인 것으로 알려져 있다. 토카예프도 골프를 즐기며, 마시모프 총리는 파워 엘리트 중에서 골프가 제일 약한 것으로 알려져 있다.

국제정치의 각축장, 카자흐스탄

무랏 라우물린 – 카자흐스탄 전략문제연구소 수석연구원

'유라시아의 가교'에서 '다방향' 외교로

1991년에 독립한 이후 카자흐스탄은 국제 무대에서 독자적인 대외정책을 펼쳐왔다. 1990년대 전반기 대외정책 수립 초기에는 유럽과 아시아 문명을 아우르는 카자흐스탄의 지리적, 문화적, 역사적 요인을 강조하는 "유라시아의 가교" 개념이 제시되었다. 그러던 것이 1990년대 후반기에는 '다방향 외교' 독트린으로 전환되었다. 이 독트린의 최종 목적은 독립국연합(CIS), 중앙아시아, 유럽과 아시아, 이슬람권 등과 다방면에 걸친 밀접한 연계를 맺는 것이다.

대외정책을 실시하는 과정에서 카자흐스탄은 시대에 따라 변화하는 여러 가지 목표와 우선과제들을 해결해야 했다. 1992년부터 1995년 사이에 러시아, 미국, 서방국가들과의 관계에서는 핵문제가 중요했다.

카자흐스탄 외무부에서 근무했으며, 현재는 카자흐스탄 전략문제연구소 수석연구원이다. 《카자흐스탄의 안보 개념》(1995), 《카자흐스탄의 대외정책 및 안보》(1997), 《현대국제관계에서 카자흐스탄》(2000), 《카자흐: 스텝의 아이들》(2009) 등 10권의 책을 출간했다.

1990년대 후반기에는 카스피해 영해 재분배, 카스피해 원유 수송로 문제가 최우선 과제였다. 21세기에 들어서면서 또 다른 과제가 떠올랐는데 그것은 민족 및 국가 안전보장문제, 국제적 테러와 마약 문제에 대한 대응 등이었다. 독립선언 이후 카자흐스탄의 대외정책은 독립국가연합, 중앙아시아경제연합, 유라시아경제연합 내에서 구성국들간의 협조적 관계를 조성하는 것이 주된 과제였다.

현재 카자흐스탄은 유엔총회, 유럽안보기구, 경제협력기구, 유네스코, 국제원자력기구 등의 국제기구 회원국이다. 그리고 핵확산방지조약, 집단안보조약 등과 같은 다양한 국제조약에 가입함으로써 국제법 적용을 받는 국가의 일원이 되었다. 카자흐스탄은 2010년 유럽안보기구 의장국으로 선출되었다.

1990년대 중반부터 사용되기 시작한 '다방향 외교' 라는 단어가 현재 외교정책을 대변한다. 다방향 외교란 사실상 카자흐스탄과 중앙아시아에 영향을 미치고 있는 여러 정치세력 간에 균형을 이루는 외교를 의미한다. 대외정책의 체계적 진행을 의미하는 '다방향' 개념은 1990년대 초에 이미 형성되기 시작했다. 1991년이 끝나가던 무렵 카자흐스탄은 독립을 선언하면서 천여 개의 소련 핵탄두, 방대한 영토, 독립국가의 국민임을 인식하지 못하는 복잡한 민족 구성 등 다양한 문제들을 안고 있었다. 게다가 인접한 두 강대국 러시아와 중국과의 문제, 아무런 경계선도 없는 매우 긴 국경, 모든 나라가 눈독을 들이는 풍부한 자원, 해상 운송로 확보 등 다양한 문제가 산재해 있었다.

소련 붕괴 후 스스로 물러난 러시아

독립 후 카자흐스탄은 곳곳에 산재한 다방면의 어려움과 곤란에서 헤어 나오지 못하고 있었다. 지정학적, 민족적, 역사적, 경제적, 정치적 문제들이 난관과 함정을 파놓고 있었다. 국가 경제는 여전히 소련식 체제에서 벗어나지 못했으나, 이전의 공급선들은 무너져 해외에서 생필품을 수입할 수밖에 없었다. 국내 지역들은 한 나라의 주라는 개념 이외에는 상호연관 점을 찾을 수 없었다. 주마다 경제구조와 특성도 크게 달랐고, 민족적 구성도 크게 달랐다. 독립하자마자 우후죽순처럼 전문가라는 이름으로 초대 받은 국가고문과 불청객들이 물밀듯이 쏟아져 들어와 혼란을 부추겼다. 민주주의와 시장건설이 우선이라느니, 인권 보호가 우선이라느니, 민족과 역사의 근원을 찾는 문제가 우선이라느니, 구소련의 경제 및 정치적 바탕을 보존해야 한다느니 어떻다느니 다양한 충고와 조언이 흘러 넘쳤다.

소련이 남겨놓은 핵무기 문제는 카자흐스탄정책의 유연성을 테스트하는 첫 시험대였다. 지정학적 운명 때문에 카자흐스탄은 러시아, 우크라이나, 벨라루시와 함께 소련의 핵무기를 유산으로 물려받았다. 그런데 그 중 카자흐스탄이 다른 국가들보다 더 많은 압력을 받았다. 서방은 카자흐스탄이 이슬람권에 호감을 갖고 일부 이슬람국가에 '이슬람 핵폭탄' 보유국이 될 만한 도움을 줄 수도 있다는 불신을 드러냈다. 마침 타지키스탄에서 지역 간 불신과 종교문제로 유혈내전이 벌어지던 때였기에 더욱 그랬다. 보다 유리한 조건으로 워싱턴과 핵문제를 해결하기 위해서는 모스크바의 조언이 매우 필요했지만, 알마티는 끝내 아무런 충고도 받지 못했다. 난감한 상황에 처해진 카자흐스탄은 스스로를 '임시 핵 보유국'

으로 선포했다가 무조건적 핵무기해체를 선언하는 등 조심스럽게 행동했다. 워싱턴은 카자흐스탄의 의도를 짐작할 수 없어 모스크바를 바라보았지만 모스크바는 아무런 입장을 내놓지 않았다.

카자흐스탄은 독립 초기부터 구소련의 모든 문제들이 집약되어 있는 지정학적 게임에 말려들었다. 서방을 모방하려는 러시아의 약세, 핵 유산, 카스피해의 분할, 남부에서 밀고 올라오는 이슬람권, 동쪽을 노리고 있는 중국, 서방 열강들의 자원 진출시도 등의 소용돌이에 내 몰렸다. 카자흐스탄 고위층이 그토록 다양한 세력의 틈바구니 속에서 어려운 환경을 헤칠 수 있는 유일한 방법은 '다방향 외교' 밖에 없었다. 러시아가 이곳을 떠난 뒤 그 자리는 빈 터로 남았다. 말하자면 지정학적 공백이 생겼는데 다른 열강들이 그 공백을 채우려고 시도했다. 그토록 어렵게 건립한 산업 및 경제 인프라가 무너지는 사실을 그대로 방치하는 모스크바를 바라보며, 카자흐스탄 지도층은 한 때 방향을 잃고 어리둥절했다.

모스크바는 소련연방 가맹국들을 귀찮은 불청객처럼 취급했다. 러시아 루블화 화폐개혁 때 이 사실이 여실히 드러났는데 그때 카자흐스탄은 다른 공화국들과 함께 말도 없이 밀려나고 말았다. 다행히 그 사건은 별다른 후유증을 남기지 않았다. 오히려 카자흐스탄과 러시아는 차차 실타래처럼 얽힌 여러 문제들을 풀 수 있게 되어 바이코누르 우주발사기지, 소련의 차관, 카스피해 분할 등의 문제들을 해결했다. 1990년대 초 중앙아시아를 떠난 모스크바의 단견은 러시아가 이곳으로 돌아오기 힘들게 돌이킬 수 없는 상황을 초래했다.

이슬람권의 야망

중앙아시아는 1990년대에 이곳을 자기들의 영역이라고 생각하는 이슬람 세계와 부딪치게 되었다. 1990년대에 일어난 몇몇 사건들은 소련 해체 이후 이슬람이 중앙아시아를 위협할 징후를 보여 주었다. 각양각색의 이슬람권은 저마다 자기들이 옳다고 생각하는 바를 주장했다. 그 중 터키가 먼저 열심히 밀고 들어왔다. 그러나 중앙아시아에서 터키가 펼친 전략은 그저 망상에 가까운 '터키계 연합'을 심어보려고 하였을 뿐 이슬람과는 아무런 연관이 없었다. 세월은 터키계 연합 개념이 이곳에 성립될 수 없음을 잘 보여주었다. 중앙아시아 국가들은 앙카라의 '맏형' 노릇을 거부했다. 하지만 카자흐스탄은 두 나라간 관계를 상호 유익한 방향으로 전환시켜 양국간의 교역량을 크게 늘리는 데에 성공했다.

이란이 중앙아시아에 이슬람 원리주의를 끌어들일 위험이 가장 컸으나, 1990년대 후반기에 이란은 러시아, 인도 그리고 중앙아시아 나라들과 나란히 반탈레반 동맹에 가입하였다. 카자흐스탄은 이슬람권과의 관계를 다루면서 여러 개의 미지수가 있는 방정식 풀기를 해야 했다. 카자흐스탄은 이슬람권에 남이 아니라는 것을 보여주어야 했지만, 지나친 친근감은 러시아나 서방국가들을 놀라게 할 수 있다는 것도 잘 알고 있었다. 카자흐스탄은 부득이하게 낯익으면서도 낯설고, 가까우면서도 위험한 이슬람 세계와 지속적인 숨바꼭질을 하는 수밖에 없었다.

남쪽 이슬람권은 카자흐스탄에게 늘 버거운 외교 상대였다. 카자흐스탄은 그들과 상대하면서 때로는 양복을 벗고 찰마, 페스카, 드호치(이슬람계 의상)를 걸쳐야 했다. 다시 말해 카자흐스탄을 터키계, 즉 이슬람권의 일원으로 보려는 나라들의 기대를 저버리지 않으려 했다. 한편으로는 러시아, 인도와의 변함없는 우의를 지속적으로 표현해 줘야 했다. 터키주의, 터키계 연합 등으로 맏형을 자청하는 앙카라와 노닥이던 카자흐스탄의 게임은 솔직히 오래가지 못했다. 상호 유익한 실질적 경제협력이 그 자리를 메웠다. 하지만 카자흐스탄은 터키의 주류 사회가 서방과 나토를 이어주는 채널이 될 수 있음을 잊지 않는다.

의식과 형식 모두 이슬람주의 국가인 파키스탄, 이란과 카자흐스탄의 관계는 그렇게 쉬운 것이 아니었다. 파키스탄과의 관계만큼이나 인도와의 관계도 중요해서, 파키스탄의 방문 수와 협정 수를 고려하여 인도와도 철저한 균형을 유지하려고 노력했다.

정교하고 유연한 중국의 외교력

소련과 중국의 관계는 이미 고르바쵸프 때부터 개선기에 들어섰다. 하지만 소련붕괴 이후 독립국들은 아시아의 거물과 단독으로 맞서야 했다. 페레스트로이카 시절 베이징은 이미 러시아에 국경문제의 해결, 말하자면 분쟁지역의 문제가 완전히 해결되어야만 관계개선이 가능함을 모스크바에 명백히 밝혔다. 말이 나왔으니 하는 말이지만, 실은 중국만이 그 지역을 분쟁지역으로 간주했었다. 카자흐스탄은 중국과의 경제협력에 관심이 컸으며 중국 같은 이웃과 문제를 만들지 않는 것이 좋으리라는 판단에 따라 소련, 중국 간 대결 당시 주인 없이 버려졌던 쓸모없는 땅을 중국영토로 인정하기로 했다. 쓸모없는 땅이긴 했지만 사회정신적 관점에서 볼 때 영토를 인계한 사실 자체는 날카로운 비판여론의 대상이 되었다.

카자흐스탄과 중국의 관계는 이목을 끌만한 문제다. 중국의 거대 인구, 넓은 국경 등은 커다란 우려의 대상이었다. 러시아는 오랜 기간을 두고, 중국을 두려워할 근거가 없다고 하면서 중국은 중앙아시아 지역에서 러시아의 자리를 빼앗아가지 못할 것이라고 생각했다. 반면에 서방 나라들은 중국이 지역경제 발전에 긍정적 영향을 줄 수 있다는 관점에서 출발했다. 하지만 1990년대 초에는 이쪽이나 저쪽이나 중국이 이 지역에서 지정학적 거인으로 서리라고는 상상조차 하지 못했다.

베이징은 알게 모르게 자국의 역량을 과시하면서 유연한 외교적 압력을 가하여 분쟁지역의 문제를 인정하도록 회담파트너를 설득시키고 결국 분쟁지역이 중국영토임을 승낙 받기에 이른다. 중국은 병 주고 약 주는 식으로 영토를 넘겨주는 중앙아시아 국가들의 착잡한 마음을 쓰다듬어 주려는 듯 경제협력을 최대한 활성화시키고 심지어 상해협력기구를 창설하기까지 했다. 이런 희생을 감수하면서 카자흐스탄은 이웃 대국과 손을 잡았다. 베이징은 지정학적 야망을 아주 정교하게 위장하여 결국 모두의 의심을 날려 버렸다.

유라시아의 감시자가 되고픈 미국

'미국은 적이 되기보다는 친구 되기가 더 어렵다'는 말이 카자흐스탄과 미국 간의 복잡한 관계를 설명해 주는 가장 적합한 표현이다. 1994년 카자흐스탄과 미국 대통령은 전략적 파트너 협정서에 사인했다. 이 협정에서 미국에는 아무런 의무도 부가되지 않은 반면 카자흐스탄은 협정의 정신과 조항을 하나도 빠짐없이 이행해야 한다고 되어 있었다. 주요 내용은 민주주의와 시장을 발전시키고 인권을 지키며 국제 감시 하에 공정한 선거를 진행해야 하는 것이었으며 국제 감시자는 바로 전략적 파트너인 미국이었다.

나중에 알게 되지만 백악관은 사실상 카자흐스탄의 내정에 간섭할 강한 의도를 갖고 있었다. 하지만 어느 정도 자주적인 카자흐스탄의 정치 노선, 특히 내부 정치 문제를 해결하고 국가체계를 강화하는 데 알마티의 손발을 묶어놓지는 않았다. 그 이유는 무슨 수를 써서라도 카스피해 전략을 실현해야 하는 지정학적 이유가 있었기 때문이다.

미국에게 중요한 것은 카스피해 석유였지만, 초창기에는 그 중요성을 온전히 깨닫지는 못했다. 카자흐스탄은 핵무기 대신 해외투자 유치 전략을 택했다. 당시 워싱턴은 카스피해의 원유 매장량의 규모를 제대로 추정하지 못했다. 또한 러시아의 카스피해 정책에 대해 충분히 파악하지 못했기 때문에 카스피해 지역에서 주도권을 쥐는 방식에 대해서도 혼란스러워했다. 이런 상황에서 부시 행정부는 위험을 감수하지 않으려고 했다. 하지만 카자흐스탄이 영내에서 탄도 로켓을 철거하겠다는 제안에 응하기 위해서 마지못해 쉐브론사(미국의 석유회사)에 압력을 넣어, 그때만 해도 경제적으로 극히 불리하다는 의견이 많았던 카스피해 석유 산업에 투자하기 시작했다. 카스피해가 미국이 행하는 유라시아 지정학 정책의 핵심이 되기까지는 그 후로도 몇 년이 더 흘러야 했다.

1991년에 카자흐스탄이 워싱턴을 상대로 시작한 복잡한 외교 및 정치 게임은 오늘날까지 이어지고 있다. 미국은 소련을 붕괴에 이르게 했으니 당연히 소련이 물러나면서 생긴 권력의 공백을 자신이 메워야 한다고 생각했다. 카스피해 연안과 넓은 중앙아시아의 지역은 지정학적으로 매우 중요한 위치였다. 이 지역에 대한 워싱턴의 전략은 '중앙아시아 공화국들이 러시아나 이란과 너무 가까워져서 미국이 감시할 수 없는 체제가 되는 것을 방지' 하는 것이었다.

카스피해는 가장 복잡한 외교무대

대외정책에서 카스피해 문제는 가장 복잡하고 가장 '다방향적' 인 성격을 띠고 있었다. 최대 투자자인 미국의 압력은 갈수록 강해졌고, 터키의 신출 의사도 뚜렷해졌다. 수시로 말을 바꾸는 러시아와 투르크메니스탄과의 복잡하고 조심스러운 대화도 계속해야 했다. 게다가 이란도 목적지 향적이고 실무적인 제안을 끊임없이 해왔다. 한쪽에 '예' 라고 답하면 다른 쪽이 불쾌감을 느낄 수 있었고, '아니다' 라고 답하면 해당국가와의 관계가 틀어져 국가 안전이 위태롭지 않을까 걱정해야만 했다.

이런 상황에서 카자흐스탄은 위기를 모면하기 위한 여러 가지한 묘책과 수완을 총동원했다. 아스타나는 바쿠-세이한간 송유관에 대해 오래도록 침묵을 지키면서 그 사이 가장 중대한 파트너인 러시아와 카스피해의 법적지위와 분쟁문제를 조절하는데 심혈을 쏟았다. 동시에 테헤란을 달래기 위해 카자흐스탄은 이란을 거치는 별로 신통치 않은 송유관 건설도 제안했다. 1998년에 드디어 카자흐스탄과 러시아 간 카스피해 연안의 석유 경계 문제가 풀리기 시작하여 해역과 지하자원 분할 작업에 속도가 붙었다. 이란이 이 문제에서 소외되어 갔으나 아스타나와 모스크바는 그 문제를 아제르바이잔과 투르크메니스탄에 떠넘겼다.

러시아와 합의를 이룬 카자흐스탄은 바쿠-세이한 프로젝트에 대한 의견을 자유롭게 표현할 수 있게 되었다. 카자흐스탄은 '마음대로 송유관을 부설하라. 우리는 어떤 송유관이 되었건 원유를 송출할 것이며 동시에 여러 송유관에 송출할 수도 있다. 매수자가 있고, 가격만 맞다면 어디에다 수출한다'는 입장이었다. 러시아는 카자흐스탄의 입장이 거슬렸을 수도 있다. 카자흐스탄은 카스피해 게임에 또 한 나라를 끌어들임으로써 다방향 정책을 완벽하게 실시했다. 1997년 카자흐스탄은 중국과 100억불 상당의 원유 협약을 체결하였다. 당시 이 협약은 '세기의 프로젝트'라고 불렸다.

한국과의 대외관계는 철저히 경제 측면에서 진행

카자흐스탄과 대한민국 간에는 1992년 1월 28일에 외교관계가 맺어졌다. 1992년 6월에 조인한 공동성명과 협력의정서에 의하여 두 나라 간 협력관계의 토대가 구축되었으며 그때 한국회사들과 체결한 정부간 협정이 두 나라간 경제협력에 크게 이바지하였다. 까라간다에서 냉장고를 생산하겠다는 카자흐스탄 정부와 한국의 대우그룹 간의 양해 각서가 서명되었다. 이렇게 카자흐스탄과 한국의 관계는 처음부터 경제적 측면을 부각시키면서 활성화되었다.

1995년 5월 나자르바예프 카자흐스탄 대통령이 한국을 방문했을 때 두 나라의 관계는 이미 정상궤도에 들어섰다. 1995년에는 상호관계의 기본원칙에 관한 선언과 문화협력 및 과학기술협정이 비준되었다. 그 해 6월 삼성물산이 지금의 카작므스 제즈까즈간의 경영권을 넘겨받으면서 카–한 관계는 한 단계 상승했다. 뒤이어 1996년 3월에 알마티에서 두 나라간 상호 투자보호 및 투자장려 협정이 조인됨으로써 카–한 경제관계는 한층 강화되었다.

주지하다시피 카-한 관계는 경제협력의 기초를 다지면서 점진적으로 진행됐다. 1997-1998년에 일어난 아시아 금융위기가 두 나라간 경제협력에 심각한 타격을 주어 한국투자가 주춤하고 교역규모가 급감했다. 금융공황 이후 카자흐스탄으로의 수출이 현저히 저하되자 상황을 수습하기 위해 1998년 한국무역협회 대표들이 우리나라를 방문했다. 2001년에는 카자흐스탄 국회 상원의원 대표단이 한국을 방문하고 김대중 전 대통령의 영접을 받았는데 이 방문은 두 나라 간 관계 발전의 커다란 사건이었다.

구소련 통합을 위한 시도 - 유라시아동맹

대외정책을 언급하면서 또 하나의 측면을 반드시 짚고 넘어가야 한다. 구소련 지역의 통합에 관한 것이다. 카자흐스탄은 CIS가 출현한 첫날부터 동맹이나 연합체와 같은 범위 내에서 통합을 이루려고 매우 많은 공을 들였다. 카자흐스탄은 여느 공화국보다 과거 소련경제에 대한 의존도가 높았던 까닭에 전통적 연계를 보존하려고 노력했다. 게다가 전략상 공동안보를 보장하려면 상호협력이 불가피했다. 서방 나라들은 이런 노선을 달가워하지 않았으나 카자흐스탄은 계속 새 제안을 내놓았다. 그 중 하나가 1994년 나자르바예프 대통령이 모스크바 국립종합대학교에서 강연하면서 언급한 'CIS 대신 유라시아동맹을 창설하자' 는 제안이었다.

다방향 정책은 괄목할만한 성과를 가져왔다. 역사와 지하자원이 주는 우월한 위치를 최대한 이용하였으며 어느 정도 불리한 지정학적, 지리학적 위치로 인해 발생하는 위험과 위협을 최소한으로 낮췄을 뿐만 아니라 경제개혁을 실시하고 경제발전을 이룩함으로써 중앙아시아와 CIS 공화국 사이에서 리더의 위치에 오를 수 있었다. 그리고 이웃 나라, 먼 나라 할 것 없이 지정학 게임의 여러 참여국들과 선린관계를 유지할 수 있었다.

결론적으로1990년대 카자흐스탄 대내외정책은 양자택일 앞에서 있었다. 하지만 좋고 나쁜 것 중 하나를 택해야 하는 것이 아니라 나쁜 것과 더 나쁜 것 중 하나를 택해야 했었다. 1990년대 경제, 정치, 지정학적 혼란 속에 그리고 상반되는 대국들의 관심사 사이에서 나라의 안정을 유지하면서 살아남기 위해 카자흐스탄은 부득이 이런 행동모델을 택할 수밖에 없었다. 현재 카자흐스탄은 세계 강대국들과 외교 무대에서 어깨를 나란히 하고 있다. 외교 분야에 있어서 카자흐스탄의 조종대는 믿음직한 손에 쥐어져 있는 셈이다.

〈번역: 이정희〉

한-카 관계의 과거, 현재 그리고 미래

이양구 – 총리실 외교심의관

한국-카자흐스탄 관계의 부침

한국과 카자흐스탄은 1992년 수교 이후 정치, 경제, 문화 등 여러 방면에서 큰 발전을 이루어오면서도 부침을 겪어온 것이 사실이다. 큰 모멘텀으로 작용해온 것은 1997년 아시아 금융위기라고 본다. 한국은 1992년 수교 이후 가장 먼저 카자흐스탄에 진출하여 외국인 투자를 유치하는 등 선도적 위치를 점하였으나, 1997년 우리나라 금융위기로 인하여 대거 철수하며 그동안 구축해온 입지를 일거에 반납했다. 2000년부터 카자흐스탄이 고속성장을 구가해왔으나 카자흐스탄과 관계를 회복하는 데는 많은 시간이 소요되었다.

한-카자흐 양국 관계에 또 한 번의 시험이 기다리고 있다. 바로 2008

미국과 프랑스에서 외교관으로 근무했으며, 러시아에서는 두 번을 근무했다. 2007년부터 2009년까지 카자흐스탄에서 근무했다. 이 책이 기획된 2009년 말에는 카자흐스탄 알마티 총영사로 근무하면서 많은 도움을 줬다. 카자흐스탄 경제대학교에서 명예교수직을 수여받았고, 현재는 국무총리실에서 외교심의관으로 근무 중이다.

나자르바예프 대통령과
노무현 전 대통령.

년 9월 전 세계적으로 닥친 세계 경제위기다. 이미 카자흐스탄은 2007년
7월 미국 서브프라임 모기지 사태로 카자흐 내 금융위기가 도래한데다가
2008년 리먼 브라더스의 파산을 맞이하여 더욱 어려움에 처하게 되었
다. 이러한 위기는 한국이 추진하던 카자흐스탄 내의 프로젝트에도 큰
영향을 미쳤다. 한-카 양국은 이러한 세계적, 국내적 도전을 극복하고
전략적 동반자 관계로 발전시켜가야 하는 공통의 과제를 안게 되었다.
특히 1997년 아시아 금융위기가 양국 관계 발전에 부정적인 영향을 미쳤
다면, 최근 경제위기는 양국이 과거의 교훈을 살려 슬기롭게 극복해야
할 것으로 본다.

이러한 시점에 한-카 양국 관계를 조명해보고 새로운 비전과 미래 전
략을 제시해보는 것이 필요하다. 한-카자흐 관계는 1992년 수교 이후 대
체로 4단계의 발전 과정을 거쳤다. 첫 단계는 1992년 수교 이후 1997년
아시아 금융위기까지로, 이 기간은 관계구축 시기다. 두 번째 단계는
1997년 아시아 금융위기 이후 2004년 9월 노무현 전 대통령의 카자흐

방문까지로, 소강기다. 세 번째 단계는 2004년 9월 노무현 전 대통령의 방문 이후 2008년 2월 이명박 정부 출범 전까지로, 회복기다. 네 번째 단계는 2008년 2월 이명박 정부 출범 이후 2009년 5월 이명박 대통령이 카자흐를 방문한 뒤 지금에 이르는 격상기다. 양국 관계는 부침도 있었으나 전반적으로 상승세를 이어왔다.

한-카 관계 현주소

한-카 양국 정상은 지금까지 5차례 교환방문(카자흐 3, 한국 2), 총리 방문 2차례(한국 2) 등 고위급 인사 간 교류가 활발히 이루어지고 있다. 한국은 2009년 기준 카자흐 내 6위의 투자국이고, 양국 간 교역 규모는 경제위기로 감소는 했으나 약 8억 달러 수준이다. 특히 2009년 5월 이명박 대통령의 카자흐 국빈 방문 시 양 정상은 양국 관계를 전략적 동반자 관계로 격상하고 이를 뒷받침하는 차원에서 액션플랜도 채택하였다. 양 정상은 사우나 외교를 통해 우의를 과시하기도 했다.

카자흐스탄 내 주요 진출 분야로는 자원, 건설, 금융, IT, 건자재, 지식 공유 협력, 전자, 인적자원개발 등이 있다. 이 중에서 국민은행이 카자흐 경제위기 가운데도 2008년 약 6억 달러를 BCC 은행에 투자한 것이 특징적이다. LG전자는 오래전부터 TV, 냉장고, 에어컨 등을 알마티에서 직접 생산하고 있으며, 카자흐스탄 국민기업으로 사랑을 받고 있다. 우림 애플타운 프로젝트, 동일 하이빌 프로젝트 등 건설 분야의 진출도 활발히 이루어지고 있다. 건설 분야는 2007년 및 2009년 카자흐 경제위기로 다소 어려움을 겪고 있으나 향후 경제회복과 맞물려 더욱 활성화될

이명박 대통령과 나자르바예프 대통령.

것으로 기대된다.

2009년 5월 이명박 대통령 방문 시 삼성, 한전 등 한국 컨소시움이 발하쉬 화력발전소를 건립하기로 한 것은 기념비적인 의미가 있다. 47억 달러로 사업규모가 크고, 프로젝트 자체가 카자흐가 추진하는 전략 프로젝트라는 점에서 그러하다. 농업 분야의 협력 잠재력도 매우 커 구체적인 성과를 보여줄 수 있을 것으로 본다. IT 분야 진출도 매우 활발하다. 약 5천만 달러를 투자한 알마티 교통카드 시스템이 대표적 사례이다. 이 외에 동계 아시안게임의 경기운영 시스템 구축, e-learning, 와이브로 프로젝트도 심도 있게 협의되고 있다. 지식공유 협력도 빼놓을 수 없는 분야이다. 2008년 3월 카자흐 금융위기 극복을 위한 컨퍼런스를 비롯, 한국 전문가의 자문이 활발히 이뤄지고 있다. 또한 2009년에 KOICA는 카자흐 관광개발 마스터플랜을 마련해주었으며, 경제특구 활성화 및 수출역량 강화사업, WTO 가입 준비 및 경제 영향 분석사업을 실시하였다.

한-카자흐 양국 정무 분야에서의 협력도 활발히 이루어지고 있다. 한국은 2006년 아시아 교류 및 신뢰구축회의CICA 정회원국에 가입하여 CICA 내에서 협력도 잘 이루어지고 있다. 또한 매 3년마다 개최되는 세계 종교지도자회의에 한국이 참여하고 있다. 카자흐스탄은 한반도 비핵화 문제와 우리의 대북정책에 대해 일관된 지지를 보여주고 있다. 이러한 정무 차원의 협력은 2010년 한국의 G20 정상회의 의장국 수임과 동시에 2010년 카자흐의 유럽안보협력기구OSCE 의장국 수임으로 한-카자흐는 양국 간 협력을 넘어 지역, 국제협력으로 협력의 외연이 더욱 확장될 것으로 기대된다.

양국 관계는 수교 이래 상당한 발전을 이룬 것으로 평가하나 아직도 양국이 보유한 잠재력에는 미치지 못한다. 한국은 2009년 3월 중앙아시아를 포함하여 신아시아 외교구상이라는 외교 전략을 표방하는 가운데 한-중앙아시아 포럼(2009년 기준 세 차례 개최)의 연례 개최 등 다양한 노력을 해오고 있다. 카자흐는 대중앙아시아 외교의 중심을 차지하고 있다. 카자흐도 2008년 세계 경제위기를 계기로 산업 현대화를 본격 구현하고자 하고 있어 한국이 최적의 파트너라는 인식을 갖고 있다. 그동안 양국이 보유한 잠재력에도 불구하고 충분한 관계 발전이 이루어지지 못한 데는 여러 가지 이유가 있다. 첫째, 비전과 전략에 대한 공감대 없이 개별 프로젝트 중심으로 각개전투 식으로 접근했던 것이 가장 큰 요인이다. 둘째, 상호이해와 신뢰 조성도 충분히 되지 못한 가운데 성급히 비즈니스 중심으로 비약한 것도 이유가 된다.

왜 한-카 관계인가?

한국과 카자흐스탄 간에는 어떠한 가능성과 비전이 있을까? 크게는 한반도, 몽고, 카자흐를 연결하는 실크로드 비전이 있을 수 있다. 이명박 대통령은 이미 여러 차례에 걸쳐 실크로드 비전을 제시한 바 있다. 카자흐와의 관계도 이런 비전 하에 구축하면 좋을 것으로 본다.

첫째, 철의 실크로드이다. 남북한-러시아 간에 오래 전부터 TSR/TKR을 연결하고 이를 중심으로 TKR/TCR/TMR과의 연결방안이 거론된 바 있다. 향후 남북한 관계가 개선되고 남북 종단철도가 연결되면 이런 구상이 현실화되는 날도 올 것이다. 또한 한국은 아시안 하이웨이 · 아시안 레일웨이의 출발점인 바, 유엔 차원에서도 이런 사업구상을 가지고 있다. 2009년 중국-카자흐-러시아를 연결하는 고속도로 건설 사업이 본격적으로 추진되고 있는 것은 바로 그 일환이다.

둘째, 에너지 실크로드이다. 이미 한-카 간에 에너지 협력이 본격적으로 이루어지고 있다. 카자흐-중국 간에는 송유관-가스관 건설 등 에너지 협력이 가속화되고 있다. 향후 카스피 해 해상 유전이 본격 개발되어 생산량이 확대되면 한국과의 협력도 더 강화될 것으로 기대된다.

셋째, 그린 실크로드(식량)이다. 식량위기는 자원위기보다 심각한 상황이다. 현재도 약 10억 인구가 식량부족 사태를 겪고 있으며, 2030년에는 식량수요가 50퍼센트 이상 증가할 것으로 전망하고 있다. 카자흐는 식량 잠재력이 매우 큰 나라인 반면에, 한국은 쌀을 제외하고는 대부분의 곡물을 수입하고 있는 실정이다. 그러나 한국은 좁은 경작 면적이라는 핸디캡

Trans Siberian Railway 사진.

을 기술로 극복하고 있고 농업기술, 농가공기술은 거의 세계적 경쟁력을 보유하고 있어 양국 간 식량 분야 협력 잠재력은 매우 크다고 본다.

넷째, 그린 실크로드(환경)이다. 기후변화, 환경문제는 이미 전 세계에 영향을 미치고 있는 시급한 사안이다. 탄소배출권 거래 시장이 2012년부터 본격 적용될 예정으로 있고 한국도 마찬가지이다. 이에 따라 조림사업, 탄소배출권 사업은 환경문제도 해결하고 경제성도 있어 유망한 사업으로 부상하고 있는 실정이다. 한국은 2009년 인도네시아에서 70만 ha, 캄보디아에서 20만 ha를 확보하여 조림사업을 추진 중에 있다. 카자흐는 사막화 진행방지와 동시에 넓은 국토를 보유하고 있어 조림사업은 환경 개선과 함께 경제적 수익도 기대해볼 수 있다. 카자흐 내 대부분의 도시와 산업시설이 노후화되어 환경악화의 주범이 되고 있고, 특히 알마티의 오염도가 매우 악화되고 있어 환경 협력이 시급하다.

다섯째, IT 실크로드이다. 한국은 이 분야에서 세계최고의 경쟁력을 보유하고 있다. 특히 하드웨어나 장비의 차세대 기술이라 할 수 있는 DMB, 와이브로는 한국시스템을 미국, 일본도 표준시스템으로 채택하고 있는 실정이다. IT는 산업, 비즈니스, 국민생활 등 모든 분야에 영향을 미치고 경쟁력의 주요 요소로 작용한다는 점에서 중요성이 크다. 카자흐는 인터넷 환경이 열악하고 가격이 비싸며 넓은 국토를 보유하고 있어 어려움이 있다. 카자흐스탄의 넓은 국토에 따른 특성을 감안한다면, 무선통신망 구축이 시급하다.

여섯째, 카자흐 내 한국모델의 구축이다. 카자흐는 산업 현대화를 이루어야 하고, 한국은 일본과 중국 간 샌드위치 상황에서 탈피해야 하는 도전에 직면해 있다. 양국이 안고 있는 문제를 해결하기 위한 방법으로 카자흐스탄은 한국에 우선권을 주고, 한국은 카자흐 산업 현대화에 본격적으로 참여하는 방식이 유력하다. 특히 2010년 카자흐, 러시아, 벨라루스 3개국 간에 발효되는 관세동맹이 시장 확대나 외국인 투자에 유리한 환경조성 등의 전망을 밝게 해주고 있다.

마지막으로 정무 분야의 비전이다. 2009년 세계 경제위기는 세계질서 재편을 가속화하고 있다. 신세계질서 재편 과정에 한-카자흐 양국은 middle power 국가로서의 건전한 목소리를 내는 데에 협력해야 한다. 지금까지 소수의 강대국 중심으로 좌지우지된 국제질서의 역사적 패턴에서 벗어나기 위해 양국의 노력과 협력이 절실하다. 다행히 한-카자흐 양국은 2010년 G20 정상회의 의장국, OSCE 의장국 수임으로 middle power 국가의 입장을 대변할 수 있는 유리한 위치에 있어 세계적, 지역적 안정과 번영을 위한 양국 간 협력은 더욱 강화될 것으로 전망된다.

성취 가능한 비전인가?

한-카자흐 간에는 정말 지금까지 얘기한 비전을 함께 이루어갈 만한 공감대와 신뢰가 있을까? 양국이 보유한 공감대에 비추어 그렇다고 본다.

첫째, 역사적 공감대가 있다. 3~4천 년 전 한민족의 조상들 중 일부가 알타이 지역에 거주했다는 데 역사가들이 대체로 공감하고 있다. 70여 년 전 고려인이 카자흐에 이주하였지만 양국은 이미 오래 전부터 교류했던 셈이다. 우리 국회의원들이 고려인 동포를 만나면 '당신들이 오래전 우리 민족이 살던 곳에 와서 살기 때문에 디아스포라가 아니며 오히려 우리가 디아스포라'라고 농담을 하곤 한다.

둘째, 기질적 공감대이다. 한-카 양국 민족 공히 터프하고 강하다. 한

민족도 유목민의 피를 소유하고 있는 동시에 반도국가로서 역사적으로 1천 번 이상의 전쟁을 치러온 환경에서 더욱 전투적 기질로 변한 것으로 보인다. 현재 전 세계에 약 7백만 명의 디아스포라가 170여 개 국가에 거주하고 있으며 이는 유목민의 특성인 기동성, 진취성을 보여주는 것이라고 본다.

셋째, 지정학적 공감대이다. 양국 공히 강대국에 둘러싸여 있다. 100여 년 전 대영제국과 러시아 제국 간에 펼쳐졌던 Great Game에 이어 오늘날에도 유라시아의 지리적, 지정학적, 지경학적 가치와 특히 자원을 둘러싸고 강대국 간 New Great Game이 재현되고 있다고 평가하고 있다.

넷째, 상호보완 관계이다. 바키세프 전 주한 카자흐스탄 대사는 한국 언론과의 인터뷰에서 한-카 관계를 천생연분이라고 표현한 바 있다. 그만큼 양국 관계는 경제적으로 매우 보완적이면서도 기질적으로 잘 맞는 공감대도 동시에 갖고 있다.

다섯째, 고려인 거주이다. 고려인이 70년 넘게 카자흐스탄에 와 살면서 고려인을 통해서 한민족은 카자흐스탄 내 많은 민족들에게 이미 검증된 셈이다. 카자흐인은 고려인을 제4쥬스(형제)로 받아들이는 등 고려인에 대한 신뢰를 보여주고 있다. 고려인은 기회 있을 때마다 가장 어려운 시절인 강제이주 초기에 우슈토베, 크즐오르다에서 카자흐인이 헌신적으로 도와 준 사실에 대해 감사를 표시하고 있다. '오늘의 고려인 사회의 발전은 카자흐인의 도움, 개방정책, 리더십의 관용에 기인한다!' 며 이제 고려인이 더욱 카자흐 국가발전에 기여하여 보답해야 한다는 얘기를 자주 한다. 한국도 이런 카자흐스탄에 대해 고마운 마음을 가지고 있으며, 카자흐 국가발전에 도덕적 책임감을 가지고 같이 동참해야 할 때라고 본다.

어떻게 비전을 이루어야 하나?

첫째, 비전과 전략에 대한 통 큰 합의big deal가 전제되어야 한다. 한-카 양국이 보유한 잠재력, 비전 구현을 위해서는 단일 프로젝트 위주의 협력이 되어서는 곤란하다. 어떤 비전이든 우선 양측 리더십 간 비전과 전략을 놓고 큰 합의가 이루어져야 한다. 비전과 전략에는 단, 중·장기목표와 산업·자원·통상·농업 등 제반 분야가 포괄적으로 망라된 것이어야 한다.

둘째, 패키지 딜 방식의 도입이 효과적일 것으로 본다. 패키지 딜은 지금까지의 단일 프로젝트 단위로 합의하고 추진하는 방식이 아니라 양국이 상호 관심 있는 프로젝트를 모두 꺼내놓고 관련 있는 여러 개의 프로젝트를 묶어 일괄적으로 합의하는 방식이다. 특히 카자흐가 산업 현대화를 위한 여러 개의 우선 프로젝트와 한국이 관심이 있는 자원개발권·SOC 등 프로젝트를 연계한다면, 카자흐는 자원을 매개로 SOC·농업 등 핵심 프로젝트를 한국자본의 수혈을 통해 안정적으로 수행할 수 있고, 한국은 자원을 확보할 수 있다는 점에서 상호 간 매력이 있다. 한국은 이런 방식을 이라크, 인도네시아, 베트남 등의 나라와 이미 추진하고 있다. 한-카 간에 큰 프로젝트(자원, 농업, SOC, 석유화학 등)가 다수 있다는 점을 감안할 때 패키지 딜 방식을 검토해 봐야 한다.

셋째, 합의사항 이행 메커니즘을 구축하는 것이 필요하다. 합의도 중요하지만 합의한 사항을 이행하는 것은 더욱 중요하다. 통상 정부 간 합의는 무수한데 이행은 상대적으로 적은 게 현실이다. 이런 점에 비추어 합의사항 이행 메커니즘 구축이 반드시 수반되어야 한다. 즉 비전-전략-목표-액션플랜-로드맵 간 일련의 프로세스를 가지고 양측이 민관 4

자협의회를 만들어 계속 모니터링 하는 메커니즘을 구축해야 한다.

넷째, 인적 네트워크 구축도 병행되어야 한다. 대규모 프로젝트를 추진하기위해서는 정부차원 외에도 민간차원에서의 포괄적 지지와 협력이 필수이다. 한-카 간에는 현재 민간차원에서 비즈니스 포럼 등 단체를 만드는 작업을 추진하고 있다.

어떤 분야를 발전시켜야 하나?

한-카 양국을 전략적 동반자 관계로 격상시키기로 합의한 만큼 양국 간 협력범위는 정무·경제·문화·교육 등으로 확대되어야 하고, 협력 차원도 양국 및 지역·세계문제 해결로 그 외연이 넓혀져야 한다. 정무 차원에서는 양국 관계 발전에 대한 포괄적인 틀을 구축하고 리더십 간, 양 국민 간 공감대와 지지를 계속 확보해야 한다. 지역 및 세계문제 해결을 위해서는 CICA, 한-중앙아 포럼 등 다자틀을 활용해야 한다. 특히 CICA는 카자흐 주도 하에 발전해온 지역기구이자 중진국이 중심이 되어 지역의 안정과 번영을 추구한다는 점에서 강대국이 주도해온 여타 세계, 지역기구와 차별화된다. 우리의 신아시아 외교구상, 대중앙아시아 외교 강화, 한반도문제 해결 등을 위해서도 동 기구를 중심으로 한 양국 간 협력이 유익할 것으로 기대된다.

경제 및 자원 분야의 협력은 현재 자원, SOC, IT, 금융, 건설 분야에서의 협력이 활발히 이루어지고 있다. 앞으로는 이런 분야와 함께 지식공유, 과학기술, 농업, 환경, 하이테크, 의료, 인적개발 분야에서의 협력이 더욱 활발히 이루어질 것으로 기대된다. 자원은 패키지 딜 방식으로 협력하는 방안이 적절하다. 한국이 경쟁력을 갖춘 석유화학, 정유 등 다운스트림과 카자흐스탄이 경쟁력이 있는 업스트림을 연계하여 공동으로 이익을 추구하는 방안이다.

SOC도 기존에 합의한 발하쉬 화력발전소의 성공적 마무리와 동시에 카자흐스탄이 우선시하는 SOC 과제와 자원개발권을 연계하여 추진하는 방안도 가능하다. 카자흐스탄은 기본적으로 내수시장이 적고 국토가 넓기에, 비용이 많이 들어가는 구조로서 수익성 보장이 어렵다고 볼 수 있다. SOC가 민자 주도로 진행되기에는 사업성 확보가 어려워 투자손실의 경우에 대한 정부의 보증이 필요하다.

E-Learning, 동계 아시안게임 운영 시스템, 와이브로, 알마티 교통카드 시스템 등 이미 추진 중인 사업의 성공적 마무리가 필수이다. 특히, 와이브로 도입이 시급하다. 카자흐는 광대한 영토 때문에 광케이블로 인터넷을 구축하기에는 비용과 기간 면에서 바람직하지 않다. 정부 효율성, 투명성 제고를 위해서는 전자정부 프로젝트 도입도 시급하다. 한국은 20년 전에 전자정부 프로젝트를 추진하여 이 분야에서 매우 주도적인 위치를 차지하고 있다. 정부 내 업무시스템을 IT 기반화해 효율성, 투명성 제고에 상당히 기여하고 있다. IT는 모든 공공 분야 · 산업 · 금융 · 국민생활(인터넷 뱅킹, 인터넷 트레이딩, 민원 서비스)에 적용되어, 효율성 · 경쟁력 · 서비스와 직결되는 만큼 투자가 많이 이루어져야 할 것으로 본다.

향후 세계 식량위기가 더욱 심각해질 것으로 보이는 전망에 비추어 농업에 대한 투자가 매우 유망하다. 다만 농업생산성, 농가공 산업의 경쟁력, 농업기술이 열악한 실정이라 향후 대규모 투자, 선진기술, 경영방안 도입이 시급하다. 조림사업, CDM 사업도 유망하다. 특히 인도네시아,

캄보디아와 같이 대규모 조림단지를 구성하여 추진하는 방안으로 협력이 가능할 것이다.

지식공유 협력사업도 더욱 활성화되어야 한다. 한국은 경제개발 경험 · 금융위기 경험, 포스코 · 삼성 등 세계적 기업발전 경험, 석유화학 · IT · 전자 · 기계 · 자동차 등 분야에서 성공과 실패사례 등 다양한 경험을 보유하고 있다. 한국은 2008년 21세기의 비전이라 할 수 있는 녹색성장정책을 제시하고 있어 미래 전략 측면에서도 상호 공유가 가능하다.

의료 협력도 매우 시급하다. 나자르바예프 대통령은 100대 병원, 100대 학교 프로젝트를 기회 있을 때마다 강조하고 있다. 한국의 의료 분야도 매우 발전하였으며 질에 비해 가격은 선진국보다 매우 저렴(미국대비 15퍼센트 수준, 독일 대비 약 30퍼센트 수준이나 질은 매우 우수)하여 일본, 미국에서도 한국에 와서 치료를 받고 있는 실정이다. 의료 협력은 사랑과 나눔이라는 가치 차원에서도 매우 중요하다. 알마티에 한-카자흐 종합병원을 세우기 위해 여러 채널을 통해 노력하고 있다.

문화, 교육협력도 더욱 활성화될 것이다. 카자흐스탄 내에 한국드라마의 방영, 6개 대학 내 한국어과 설치, 한국 학생 카자흐 연수, 한국기업의 진출 등으로 한국에 대한 이해가 높아지고 있다. 한국에서도 카자흐어과 (2개 대학)가 운영되고 있고 실크로드 축제 개최 등 카자흐에 대한 이해가 점차 높아지고 있다.

한-카 양국이 보유한 잠재력을 구현하기 위해서는 대국민 외교, 양 국민 간 상호이해가 매우 중요하며 앞으로도 상호이해를 높이는 방안이 많이 도입되어야 한다. 다행히 2010년 한국 내 '카자흐의 해' 개최, 2011년 카자흐 내 '한국의 해' 개최는 상호이해 제고에 기여할 것이다. 카자흐 내 한국학 보급, 한국 내 카자흐학 보급 등 지역학 발전도 뒤따라야 한다.

관광 협력도 더욱 가시화될 것으로 본다. 한국인들의 선조가 3-4천 년 전 알타이 지역과 깊은 관련을 맺었다고 알려져 있다. 그래서 한국인들은 알타이 지역을 정신적 고향으로 생각하며 알타이 문화권 지역을 방문하기를 희망한다. 2009년 12월에는 한국에서 '알타이 문화녹색연대' 가 출범하여 카자흐 및 몽골 등 알타이 국가들의 학자, 작가, 언론인들이 모여 알타이 지역의 문화와 녹색성장 방안을 논의한 바 있다. 또한 알타이 지역이 위치한 동카자흐스탄은 관광 외에도 자원 및 농업 잠재력이 커 다양한 협력이 신장될 것으로 기대된다.

양국 관계 발전은 생존과 번영의 문제이다

한국과 카자흐스탄 모두 대단한 잠재력을 보유하고 있다. 동시에 양국이 국가발전을 업그레이드시키고 당면한 도전을 극복하기 위해서 양국이 가진 비전을 성취하는 것은 선택의 문제가 아닌 사활이 걸린 문제다. 2008년 가을에 발생한 세계 경제위기로 인해 카자흐 리더십은 하루빨리 자원의존형 경제구조를 탈피하여, 산업 현대화를 이루고 국가경쟁력을 높여야 한다.

한국도 과거 변화하는 국제질서에 발 빠르게 대응하지 못해 큰 대가를 지불한 뼈아픈 경험을 가지고 있다. 가깝게는 1997년 발생한 금융위기를 들 수 있다. 투명성, 정경유착, 기업의 방만한 외화 차입, 불안한 노사관계, 도덕적 해이moral hazard 등 개혁을 해야 하는 줄 알면서도 우리 스스로 개혁하지 못해 결국 금융위기를 초래했다. 보다 멀리는 100년 전으로 거슬러 간다. 최근 한국의 한 유명한 석학은 칼럼에서 "100여 년 전 제국주의가 초래한 국제정치의 폭풍을 제대로 이해하지 못했기 때문에, 이에 대응할 체제 개혁은 엄두도 내지 못했다. 그 결과 주권상실과 국토분단으로 이어졌다. 이는 개혁능력을 상실한 국가체제가 얼마나 큰 희생과 대가를 치르게 되었는지를 잘 보여주는 경험이다."라고 지적하면서, 지금도 유사한 역사적 전환기인 만큼 국가체제의 개혁이 시급하다고 강조하였다.

한국과 카자흐는 오랜 역사를 가졌으며 크고 작은 숱한 도전을 이겨낸 자랑스러운 전통과 저력을 가지고 있다. 오래전 친구의 나라가 이제 수천 년 만에 다시 형제의 나라로 만나게 되었다. 양국은 한 차원 높은 국가번영을 이루는 동시에 지역과 세계의 평화와 번영을 위해서 기여할 수 있는 비전과 공감대를 확인한 만큼, 두 나라가 힘을 합쳐 역사적 사명을 감당해야 할 위치에 있게 되었다. 한-카 양국이 보유한 자랑스러운 역사와 저력에 비추어 양국은 충분히 이 사명을 감당할 수 있을 것으로 보며, 양국이 중심이 되어 멋진 미래를 연출해내기를 기대해 본다.

〈번역: 이정희〉

한국기업 진출 현황과 유망 진출 분야

윤영호, 정용권(중소기업진흥공단 카자흐스탄 산업기술협력관)

카자흐스탄에서 성공한 외국기업 사례

한국기업의 카자흐스탄 진출 현황과 진출 전략을 검토하기에 앞서, 카자흐스탄에서 성공한 외국기업의 사례를 먼저 살펴보도록 하자. 그들의 성공 요인을 살펴보는 것은 향후 한국기업의 카자흐스탄 진출 전략을 수립하는 데에 큰 도움이 될 것으로 생각한다.

텡기즈세브로일

텡기즈 유전 콘소시엄 텡기즈세브로일TengizChevroil은 카자흐스탄에 가장 성공적으로 투자한 외국기업이라고 할 수 있다. 현재 쉐브론이 50퍼센트, 엑슨모빌이 25퍼센트, 카즈무나이가스가 20퍼센트, 루코일이 5퍼센트의 텡기즈세브로일 지분을 가지고 있다. 글로벌 메이저 회사, 러시아 메이저 회사, 로컬 메이저 회사가 모두 참여하고 있어 지분 구성도 이상적이다. 텡기즈 유전의 원유 매장량은 77억 배럴로 추정되고 있으며, 2007년은 1억 배럴을 생산했고, 2008년에는 1억 4천만 배럴을 생산했다. 텡기즈의 생산 원유는 CPC 파이프라인을 통해 흑해로 수송되어 서유럽, 미국, 아시아로 수출되고 있다. 텡기즈세브로일은 원유와 함께

텡기즈세브로일 전경. 출처: TengizChevroil.com.

LPG와 유황도 러시아, 중국, 지중해 연안 국가에 수출하고 있다.

텡기즈세브로일의 첫 번째 성공 요인은 주주의 막강한 자금력이다. 둘째, 쉐브론과 엑슨 모빌 등 서구 선진 기업이 보유하고 있는 프로그램을 적극 도입했기 때문이다. 셋째, 빠른 현지화 전략을 구사했기 때문이다. 전체 직원의 81퍼센트 이상을 현지인으로 채용함으로써 고용 창출 기업의 이미지를 강하게 남길 수 있었다. 텡기즈세브로일이 구매한 카자흐스탄 국내 생산 재화의 규모는 누적으로 8억 달러를 넘어섰다. 넷째, 사회 기여 프로그램을 적극 가동 중이다. 1993년부터 인근 지역의 인프라와 복지시설 구축을 위해 1억 달러 가량을 투여했다. 이렇게 지역 사회와 카자흐스탄 국가에 철저히 동화되는 전략을 구사한 것이 크게 주효했다.

아르셀로 미탈 테미르타우

아르셀로 미탈은 세계 넘버원의 철강회사다. 2008년 매출액이 1,250억 달러로, POSCO의 233억 달러에 비해 5배 이상 큰 회사다. 아르셀로 미탈은 카자흐스탄 테미르타우 시에 있는 금속제련단지를 1995년 인수했다. 이 회사의 정식 이름은 아르셀로 미탈 테미르타우다. 테미르타우에 대해서는 앞 장 〈화가와 떠나는 카자흐스탄 산업 여행〉에서 소개한 바 있다.

현재 연간 550만 톤의 조강 생산량을 보여주고 있는 아르셀로 미탈 테미르타우의 성공 요인은 무엇보다 빠른 의사 결정에 있었다. 테미르타우는 철광석, 석탄 등 풍부한 광물자원을 보유하고 있는 까라

아르셀로 미탈 테미르타우 제철소. 출처: arcelormittal.kz.

간다에 인접해 있다. 철강회사로서 가질 수 있는 좋은 지리적 이점이다. 이러한 이점을 빠르게 간파한 아르셀로 미탈은 남들이 보기에 그저 폐허에 불과한 공장 단지일 뿐이었던 테미르타우를 재빨리 인수하였다. 현재 까라간다와 테미르타우 지역 인구의 1/3은 아르셀로 미탈 테미르타우와 직접 관련이 있다. 엄청난 고용 창출은 물론이고, 업무환경이 열악한 광산 및 가공 단지를 현대화시키기 위해 매년 3억 달러 이상을 투자하고 있다. 2009년도에는 40억 달러에 달하는 생산설비 현대화 계획을 발표했다. 이로써 아르셀로 미탈 테미르타우은 카자흐스탄 제조업 현대화의 선두주자라는 이미지를 가지게 되었다.

페트로카자흐스탄

중국석유공사 CNPC는 2005년 10월 페트로카자흐스탄 지분 100퍼센트를 41억 불에 매입했다. 페트로카자흐스탄은 쿰콜 유전을 소유하고 있으며, 탐사 단계의 유전도 보유하고 있다. 최근에는 몇몇 탐사 유전에서 원유를 발견하는 데 성공했다는 뉴스도 있었다. 생산, 탐사 유전 이외에

페트로카자흐스탄 오일 프로덕트(PKOP) 사도 보유하고 있다. PKOP는 석유 정제 및 유통업을 운영하고 있다. 카자흐스탄의 3대 정유회사 중의 하나인 PKOP는 1985년에 설립되었다. 현대화된 설비를 갖춘 쉼켄트 공장에서는 가솔린(AI-80, AI-85, AI-92, AI-96)과 디젤, 항공유, LPG, 진공가스오일, 연료오일 등을 생산하고 있다. 페트로카자흐스탄은 생산 원유를 중국, 이란, 유럽 등에 수출하고 있다. 다른 한편으로 수출라인 다변화를 위해 카자흐스탄과 중국을 잇는 케니약-쿰콜 파이프라인을 건설했다.

페트로카자흐스탄은 유전 개발 이외에 가스 발전소 개발 사업도 진행 중이다. 2004년에 개정된 환경법에 따라 원유 개발 시 나오는 가스 연소를 최소화해야 한다. 과거에 불태워졌던 가스는 다시 땅으로 재주입 하거나 재처리해 사용하여야 한다. 페트로카자흐스탄은 이러한 가스 처리를 용이하게 하기 위해 가스 발전소 개발에 1,200만 달러를 이미 투자했다.

페트로카자흐스탄의 성공 요인으로는 첫째, 투자영역의 다변화다. 유전 개발, 석유 정제, 석유 유통업까지 그 영역을 지속적으로 확장하고 있다. 둘째, 텡기스세브로일과 마찬가지로 철저한 현지화 전략을 구사하고 있다. 유전 개발과 정유 공장의 기본 설비 60퍼센트 이상을 카자흐스탄에서 생산된 설비로 대체하고 있다.

페트로카자흐스탄 정유시설.
출처: PetroKazakhstan.kz.

엔카와 터키 기업

카자흐스탄에 진출한 국가들 중 터키만큼 다양한 산업 분야에 발 빠르게 진출한 국가는 없다. 터키는 카자흐스탄 독립 이후에 자원, 무역, 통신, 금융, 유통, 농업 등을 막론하고 다양한 분야에 진출했다. 문화, 종교, 언어의 유사성이 터키가 가진 최대의 장점이다. 2008년 자료에 따르면 터키의 카자흐스탄 FDI 규모는 누적 14억 달러로 카자흐스탄 투자국가 중 13위를 기록하고 있고, 교역 규모로는 9위를 차지하고 있다.

터키 기업의 진출 중에 눈에 띄는 것은 건설 분야다. 엔카, 육셀, 투르쿠아즈 등 50여 개 건설사들이 활약하고 있다. 알마티 시내의 기념비적인 건물들은 모두 터키 회사가 지었다고 해도 과언이 아니다. 카자흐스탄 최대 디벨로퍼 회사인 캐피털 파트너스(CP)와 함께 에센타이 파크를 지은 것은 엔카고, 알마티 금융센터를 지은 것은 육셀이다.

건설업 외에도 람스토르 유통체인, 앙카라와 릭소스 호텔도 성공적인 진출 사례다. 음료회사인 코카콜라 알마티 버틀러 사는 코카콜라, 스프라이트, 환타, 토너스, 보나쿠아 생수, 에페스 맥주를 생산하고 있는데, 이들 생산품목 모두 시장 점유율 상위권에 랭크되어 있다.

터키 회사의 성공 요인은 첫째, 카자흐스탄을 잘 알기 때문

엔카가 지은 에센타이 파크. 출처: 《한인일보》.

에 의사 결정이 빠르다는 것이다. 두 번째 요인으로 들 수 있는 것은 문화적 유사성이다. 터키는 구소련 지역과의 인접성으로 러시아어 구사 인력이 많다. 또한 터키어가 카자흐어와 유사하기에 상호 친밀감이 두텁다고 할 수 있다. 세 번째 성공 요인은 터키로부터 양질의 인력을 비교적 낮은 임금으로 데려다 쓸 수 있다는 점이다. 이러한 요인들이 뭉쳐져서 많은 터키 기업들이 성공적으로 카자흐스탄 비즈니스를 이어가고 있다.

한국기업 진출 사례

건설

한국기업들의 진출 분야 또한 날로 다양해지고 있다. 무역, 가전, 자원, 건설, 건설 자재, 금융, 자동차 분야 등에서 의미 있는 진출이 지속되고 있다. 한국기업 진출 분야 중에 그간 단연 으뜸은 건설과 부동산 임대 분야로, 전 분야의 80퍼센트에 육박하고 있다. 건설 진출 현황은 앞장에서 양용호 대표의 글 '카자흐스탄 건설 산업과 우리의 기회'에서 이미 소개된 바와 같다. 건설 분야에 16개 기업이 진출해 있지만, 동일 하이빌을 제외하고는 아직까지 가시적인 결과물을 보여준 사례가 없다는 점은 매우 아쉽다. 건설 기업들은 '인허가의 어려움' '관료주의' '전문 노동력의 부족' '정보의 폐쇄성' '노동허가 취득 및 갱신의 어려움' '장비, 기자재 조달의 어려움' 등을 애로사항으로 호소하고 있다.

에너지 부문

에너지 분야에는 많은 성공과 실패 사례가 있다. 아다 광구는 원유 개발 분야에서 성공적인 테이프를 끊은 경우로 해석되고 있다. 석유공사, LG상사 등이 자금력을 바탕으로 성공적인 원유 탐사 개발을 진행 중에 있다. 반대로 한국 중소기업의 경우 좋은 유전을 보유하고도 열악한 자금 조달 능력으로 인해 불필요한 오해를 받고 있는 등 고전하는 사례가 많다. 2008년 한승수 국무총리가 중앙아시아 자원외교 순방을 통해 거둔 잠빌 해상광구 본계약 체결은 의미 있는 성과로 기록될 만하다. 한국석유공사 주도의 한국 컨소시엄이 카즈무나이가스로부터 잠빌 광구 지분 27퍼센트를 8,500만 달러에 인수하는 본계약을 체결한 것이다. 8,500만 달러는 2004년 유가가 고공행진을 하기 전에 잠정 합의한 금액이었다. 유가 100달러 시대인 2008년에 2004년 가격으로 본계약을 체결한 것은 큰 성과가 아닐 수 없다.

광물 산업에 진출한 대표적인 사례는 삼성물산의 카작므스 경영이다. 삼성물산은 카작므스의 설비 현대화와 경영 선진화를 이뤄냈는데, 지금의 카작므스는 삼성물산이 있었기 때문에 가능했다고 말할 수 있다. 2010년 3월 말 현재 카작므스의 시가 총액은 120억 달러에 달하는데, 삼성물산이 보유했던 카작므스 지분이 42퍼센트였던 것을 감안하면, 삼성물산이 거둘 수 있었던 성과의 규모는 가히 상상을 초월한다. 이는 한국 기업의 해외진출 역사상 최대의 성과이다.

대한광업진흥공사와 한국수력원자력은 카자흐스탄의 우라늄광 개발에 높은 관심을 보이고 있으며, 카즈아톰프롬((KazAtomprom)과 긴밀히 협력하고 있다. 이 외에도 중소기업과 개인들의 광업 진출 시도가 끊임없이 이어지고 있다. 포넷이 아약코잔 구리광 사업에 진출한 적이 있고, 몇몇 코스닥 기업이 몰리브덴 등 다양한 광종에의 진출을 선언하거나 모색하고 있다.

제조업 부문

카자흐스탄의 제조업 부문의 대표주자는 단연 LG전자 알마티 공장이다. LG전자의 카자흐스탄 조립생산 공장은 1997년 10월에 시작 되어 2007년 생산 매출액이 1억 달러를 돌파하기도 했다. 5만 2천 제곱미터 부지의 공장에서 텔레비전, 세탁기, 냉장고와 같은 백색가전을 주로 생산하고 있다. LG전자는 또한 일찍부터 알마티 광고시장을 장악하여, LG 거리를 만들어 내는 등 다방면에서 선구적인 진출 사례가 되고 있다. 설문 조사에 의하면, 현지인들은 LG전자를 '입사하고 싶은 기업', '카자흐스탄 국민 기업' 등의 이미지로 떠올린다고 한다.

다른 제조업 진출 사례로는 세메이(구 세미빨라친스크)의 대우버스 조립 공장이 있다. 대우버스 조립 공장의 카자흐스탄 진출은 한국에 잘 알려져 있지 않고, 카자흐스탄에 사는 한인들도 모르는 경우가 많다. 세메이가 지리적으로 북쪽에 위치하고 있기 때문일 것이다. 대우버스 조립 공장은 2007년 1월에 설립되어 현재는 1만 7200제곱미터의 공장에 100여 명의 종업원이 일하고 있으며, 1년에 500대를 생산할 수 있는 생산능력을 보유하고 있다. 2009년에는 카자흐스탄 경기 침체로 원하는 만큼의 매출을 거두지 못했으나 2010년부터 발효된 러시아, 벨라루시, 카자흐스탄 관세동맹의 효과로 큰 매출 성장이 기대되고 있다.

대우버스 조립 공장 전경. 출처: 대우버스.

중소 제조기업의 진출 사례로 악토베의 세원중공업 압력용기 생산 공장이 있고, 알마티에 한국의 알파 그룹과 현지 카스피언 그룹이 합작으로 설립한 레미콘 공장 알카스 베톤이 있다. 알카스 베톤은 우수한 품질과 공정 관리로 알마티 레미콘 산업의 수준을 한 단계 올려놓은 것으로 평가되며, 알마티 건축경기 침체 국면에서도 꾸준한 순이익을 내고 있어 한국 중소기업의 성공적 진출사례로 꼽힌다. 또한 알마티 외곽에 한국인 투자 샌드위치 판넬 공장이 설립되었는데, 자재 조달이 용이하고 현지 수요 기반이 튼튼하여 성공적인 운영이 기대된다.

다른 한편으로 카자흐스탄 중앙정부, 지방정부, 지역개발공사 등은 석유화학 공장이나 식료품 가공 공장 등을 한국기업들에 꾸준히 제안하고 있으나 아직 이렇다 할 결실은 맺지 못하고 있다.

금융 부문

금융 부문의 괄목할 만한 진출 사례로는 국민은행의 BCCBank Center Credit 지분 매입이 있다. 국민은행은 2010년 3월 말 현재 BCC 지분의 41.9퍼센트를 취득하여 최대 주주가 되었다. 41.9퍼센트 지분 취득에 든 비용

국민은행과 BCC 간 지분인수 계약을 한 후. 출처: 《한인일보》.

은 7.16억 달러로 한국 금융기관 해외 진출 역사상 최대 규모다. 국민은
행의 BCC 지분 인수 이후에 글로벌 금융위기로 카자흐스탄 금융기관 전
체에 위기의식이 있었던 것도 사실이지만, BCC는 금융위기 중에도 꾸준
한 성장을 지속하고 있다. 현재는 카자흐스탄 4위 은행으로 도약해 있는
상태다. 2007년 서브프라임 사태로 촉발하여, 2008년 리먼 브라더스 사
태로 심화된 글로벌 금융위기로 카자흐스탄 은행권이 큰 시련을 겪고 있
다. 그러나 이러한 시련은 경쟁력 없는 금융기관을 도태시킴으로서 금융
기관 과점화를 이끌어낼 것이고, 카자흐스탄에 진출한 한국 금융기관은
그런 과점화의 혜택을 입게 될 것이다.

신한은행은 은행업 허가를 신규로 취득하여 2008년 11월부터 영업을
개시하였다. 한국과 카자흐스탄 간의 송금 업무가 신한은행을 통하면 하
루 만에 이뤄질 수 있게 되어, 한국기업과 교민에게 큰 도움이 되고 있다.

그 밖에 한화증권은 카스피언 그룹과 증권사 겸 자산운용사 Seven
Rivers Capital을 합작 설립하여 활동하고 있다. 한화 카자흐스탄 펀드
운영 업무, 유가증권 브로커리지 업무, 한국기업과 카자흐스탄 기업의
M&A 중개 업무 등을 하고 있다. 현대증권은 알마티 사무소를 오픈하여

2008년 카자흐스탄 현지 오픈 기념 행사에서 이백순 신한은행장. 출처: 《한인일보》.

한화증권과 카스피언의 주주 간 계약을 하였다(2007년, 알마티). 왼쪽에서부터 아하노프 금융인 연합회장, 김일수 대사, 진수형 한화증권 사장, 최유리 상원의원, 알카디 카스피언 그룹 CFO이다. 출처: 한화증권.

성공적으로 딜소싱을 하고 있으며, 대신증권은 2007년 알마티에 사무소를 오픈했다가 2009년 폐쇄하고 돌아갔다.

카자흐스탄 진출 유망 분야

현재 한국과 카자흐스탄 간에는 많은 분야에 걸쳐 협력이 오가고 있다. 이제까지는 건설, 에너지 등의 분야에서 한국기업들의 진출과 투자가 많았지만 카자흐스탄이 가진 잠재력과 가능성을 고려한다면 향후 보다 다양한 분야의 협력과 진출이 가능할 것으로 보인다. 카자흐스탄의 산업구조를 살펴보면 제조업이 아직 발달하지 않았고 농업에 대한 비중이 높으며, 사회 인프라 구축이 절실히 필요하다는 것을 알 수 있다. 카자흐스탄 국민과 정부는 자국 산업의 보완적 파트너로서 한국에 대해 많은 호감을 가지고 있으며 경제 분야에서 다양한 협력을 기대하고 있다. 이와 같은 상황을 고려하여 한국이 카자흐스탄에 진출할 경우 성공 가능성이 높다고 판단되는 농업, 의료, SOC, IT, 중소기업 5가지 분야를 살펴보자.

농업

앞 장 '농사는 하늘과 땅의 대화'에서 살펴보았듯이 카자흐스탄의 국가면적은 272만 km²로서 세계 9위다. 이 면적 중 70퍼센트 이상이 경작이 가능한 토지이나, 이 중 실제로 영농에 이용되고 있는 토지는 1/3에도 미치지 못하고 있다. 카자흐스탄의 대표적인 농산물은 밀이다. 밀 수확량이 세계 5~6위권을 차지하고 있다. 카자흐스탄은 밀이 자라기에 가장 적절한 위도인 45~55도에 위치해 있어 강한 햇빛과 밤낮의 큰 기온 차이가 세계최고의 고밀도 밀을 만들어 낸다. 그래서 카자흐스탄에는 '차는 벤츠, 밀은 카자흐스탄'이라는 말이 있을 정도로 농부들의 자존심이 강한 나라이다. 밀 외에도 보리·해바라기씨·쌀·호밀·옥수수 등 여러 가지 곡물을 수확하고 있으며, 카자흐스탄의 농업잠재력은 미국·캐나다·호주·우크라이나에 이어 세계 5위로 평가되고 있다. 하지만 아직 농업생산성이 낮은 수준으로 우리의 농업기술 및 인력과 카자흐스탄의 자연 여건을 결합하면 농업 부문에서 큰 시너지를 낼 수 있을 것이다. 동카자흐스탄 우스찌 까메노고르스끄 지역에서는 한국의 사업가가 생산량을 증가시키는 우량 감자를 생산하고 새로운 전분기술을 도입하여 경비절감과 아울러 세계 전분시장 진출을 추진하고 있다. 침켄트 지역에서는 한국의 비닐하우스를 이용한 사계절 채소재배를 시범적으로 실시하고 있다. 한국의 그린하우스 설치기술 등 추운 기후에 알맞은 영농기법을 활용한 진출이 유망할 것이다. 향후 영농 산업 발전에 필수적인 각종 농업용 기자재, 농기계, 농업기술 전수 등의 진출이 기대되고 있다.

의료

카자흐스탄과의 의료 협력은 아직까지는 인도주의 관점에서 접근하고 있다. 대구 동산의료원의 알마티 의료서비스센터나 한국국제협력단(KOICA)에서 운영하는 한국-카자흐스탄 협력병원의 사례도 저개발국가에 대한 의료서비스 지원 차원의 협력모델이다. 하지만, 한국의 선진의료 서비스를 받은 현지인들이 늘어나고 이들이 한국에 대한 좋은 이미지를 전파하며, 양질의 의료 서비스를 받고자 하는 욕구가 증가한다면 이 분야야말로 빠르게 성장할 수 있는 산업이다. 카자흐스탄 나자르바예프 대통령이 양질의 의료 서비스를 제공하는 100대 종합병원 설립을 언급한 것도 의료 산업 발전의 모티브가 될 수 있다. 2009년에 카자흐스탄을 방문한 카톨릭 재단이나 경기지역 종합병원들도 의료 산업 진출을 검토하고 있다. 2009년에는 한국의 치과병원에서 현지병원을 설립하여 운영하고 있으며, 이러한 소규모 형태의 병원 설립도 점차 증가할 것으로 보인다. 2009년 말에 한국전자정보통신산업진흥회(KEA) 주최로 알마티 소재 병원장들을 대상으로 한국의 디지털병원 시스템과 장비 및 운영사례 등을 소개하는 시간을 가졌는데, 이 자리에서 병원장들은 국내외 병원 간 원격 진료·물류관리·임상의사 결정·U-헬스케어 등 디지털병원 시스템에 큰 관심을 갖고 향후 카자흐스탄 병원선진화 계획에 포함되도록 하겠다고 적극적인 관심을 표명하였다. 이러한 의료 서비스 산업의 진출은 자연스럽게 한국의 첨단의료장비, 의약품, 의료소모품 등의 수요

2009년 알마티에서 개최된 Korea Global Healthcare Conference 참석자들. 출처: 《한인일보》.

로 이어질 전망이다.

다른 한편으로 의료 관광 사업에도 더 힘을 써야 한다. 현재 많은 고위층과 부유층들이 스위스, 미국, 한국 등으로 의료 관광을 떠난다. 한국의 의료 서비스를 받는 경우는 출장 가는 길에, 또는 한국기업의 현지인 접대 차원에서 이뤄진 경우가 많다. 삼성의료원 등에서 제반 진료 및 치료를 받아본 현지인들은 서비스에 대해 대단히 만족하고 있으며, 다시 방문하여 검진 및 치료를 받는 경우가 많다. 따라서 한국 의료계가 의료 관광 사업에 보다 주력할 경우에 충분한 가능성이 있다.

SOC

카자흐스탄은 중앙아시아의 대표적인 자원국가다. 석유, 가스, 광물 등에 대한 경제의존도가 70퍼센트에 이른다. 그렇다면 자원으로 벌어들인 막대한 자본을 어디에 투자할까라는 의문이 생기는데, 바로 SOC에 투자되어야 한다. 카자흐스탄은 자원으로 벌어들인 돈을 자국의 기초생

활 인프라 구축, 산업 현대화 등 SOC에 투자하고 있다. 2009년 5월 이
명박 대통령 방문 시 합의한 발하쉬 화력발전소 프로젝트(총 47억 달러
규모, 1단계 25억 달러 규모)가 대표적인 예이다. 이 외에도 유라시아 지
역 교두보로서의 위치를 굳히기 위한 Asian highway 프로젝트, 석유화
학단지 건설 프로젝트, 카스피 해 해상 인프라 구축 프로젝트, 알마티/아
스타나 교통·물류단지 건설 프로젝트, 북카자흐스탄 농공복합단지 건
설 프로젝트, 카라간다 산업단지 내 발전소 설립(200Mw) 프로젝트 등
굵직굵직한 SOC사업이 계속 발표되고 있다. 2009~2011년에 카자흐스
탄 정부는 100억 달러 이상을 인프라에 투자할 계획으로 있다. 최근 10
년 동안 카자흐스탄 정부에서 도로 및 상하수도관 정비 사업을 벌인 적
이 없었던 상황에서, 2009년부터 대대적으로 추진하고 있어 알마티 시
내 곳곳에서 인프라 공사 모습을 목격할 수 있다. 이미 한국의 여러 기업
들이 동 SOC사업에 참여가 결정되었거나 참여를 추진하고 있으며, 향후
에도 관심을 가져볼 만한 사업이 많이 나올 것으로 예상된다.

IT

한국의 IT 기술수준은 세계가 인정하고 있다. 카자흐스탄도 예외가 아
니다. 카자흐스탄 기업인들을 만나면 모두가 협력희망 분야로 IT를 꼽을
정도이다. 카자흐스탄 정부에서는 알마티 시 인근에 Alatau IT City라는
테크노파크를 조성하여 저렴한 임대료와 조세감면 등을 내세워 국내외
우수 IT 기업을 유치하려고 계획하고 있다. 이미 한국의 기업들은 2011
년 카자흐스탄에서 개최되는 동계 아시안게임 운영 시스템, 우체국 물류
배송 시스템 등에 참여하고 있으며, 금융거래 시스템 선진화에도 참여를
모색하고 있다. E-Learning, Wibro, E-Gov, 유무선 통신, 인터넷 등

카자흐스탄 최대 IT 회사 로기콤 공장에서 한 직원이 작업중이다. 출처:로기콤.

다양한 사업에 참여를 저울질하고 있다. 알마티 시내에서 운행하는 대중교통에 적용되는 교통카드 시스템은 이미 한국기업이 투자하여 운영하고 있다. 카자흐스탄의 사회변화 속도가 매우 빠르기 때문에 우리나라 수준의 IT 기술을 필요로 하는 수요가 계속 늘어날 것으로 전망된다. 산업화 정책에 따른 공장자동화 시스템, 사내 인트라넷 구축, 인터넷 보안 시스템, SI(시스템 통합), 시스템 유지 및 보수, 데이터 처리, IT 전문교육 등 카자흐스탄 내 IT 분야 진출 잠재력은 매우 크다. 우리 쪽에서는 카자흐스탄의 변화속도에 맞춰 그때그때 시의적절한 아이템을 제공하고 가이드하는 노력이 필요하다.

중소기업

카자흐스탄에서 제조업에 종사하는 중소기업의 수는 얼마나 될까? 매우 적다. 카자흐스탄 최대도시인 알마티 시와 시 외곽을 다녀 봐도 제조공장의 모습을 보기가 어렵다. 통계적으로 카자흐스탄 내 중소기업체 수는 1백만 개이고, 종사자 수는 1.9백만 명이다. 하지만 중소기업으로 분류된 대부분은 상업, 서비스업, 농업, 임업에 종사하는 소기업이다. 제조업 분야에서 카자흐스탄은 가히 무주공산과도 같으므로, 우리 중소기업의 진출 여지는 그만큼 크다. 한국 중소기업은 미국, 일본 등 선진국과 어깨를 나란히 견줄 만큼 기술력과 품질의 우수성을 가지고 있으며, 가격경쟁력 또한 보유하고 있다. 중국, 베트남의 저가제품과도 경쟁할 수 있는 위치에 있다. 하지만 카자흐스탄이 중국과 국경을 맞대고 있으며 저가의 중국제품이 국경을 통해서 육로로 쉽게 운반되는 점을 감안한다면, 일반적인 제품으로는 중국제품과의 경쟁이 어려울 것으로 보인다. 기술집약적 제품, 다품종 소량생산 제품, 현지에 공장설립 및 생산이 용이한 제품 위주의 공략이 적합하다. 또한 향후 카자흐스탄 정부의 제조업 육성정책에 따라 전개될 섬유 같은 경공업 제품, 각종 제조설비, 건축용 자재, 엔지니어링 서비스, 식품류, 컴퓨터 주변기기 및 부품, 자동차 부품 등이 유망할 것으로 보인다. 이와 더불어 전 세계적인 트렌드인 신재생 에너지 관련 제품인 LED전구, Solar Generator, Solar Battery 등의 수요가 향후 2~3년 내에 커질 것으로 예상되며, SOC 사업과 관련된 상·하수도관, 건설장비 및 부품 등도 유망할 것이다.

(이 글은 두 명의 저자가 《카자흐스탄 투자 가이드》, 소개된 관련 기업 홈페이지, 'KOTRA 공개 자료', '중소기업진흥공단 자료' 등을 참고하여 작성한 것이다.)

기업 분쟁 사례와 예방

양용호 – AK GROUP 대표, 러시아 변호사

들어가며

카자흐스탄은 CIS 국가 중 외국기업의 투자 참여가 가장 활발한 국가 가운데 하나이다. 광활한 영토, 무수한 지하자원, 투자 관련 법제 정비, 세제 개혁, 완화된 외환 관리 규정 등으로 인해 외국기업이 진출하기에 매력적인 환경을 갖추고 있다. 글로벌 금융위기로 성장이 주춤하기도 하였으나 그 내부적 잠재성을 고려해 볼 때, 성장 궤도에 본격적으로 재진입하는 것은 시간문제로 보인다. 그간 한국의 유수한 기업들이 카자흐스탄에 진출하여 성공의 열매를 거두기도 하고, 어려움과 좌절을 맛보기도 하였다. 필자는 카자흐스탄에서 수년간 법무법인을 운영한 경험을 바탕으로 한국기업들이 겪는 문제점과 수시로 발생하고 있는 법적 분쟁 사례를 아래와 같이 유형별로 정리해 보았다. 카자흐스탄에 진출하고자 하는 한국기업들이 이러한 사례들을 간접적으로나마 공유하여 카자흐스탄 정부 기관이나 현지 기업들과의 분쟁을 사전에 예방하고, 궁극적으로는 한국기업들의 카자흐스탄 내 사업 성공으로 이어져 훌륭한 결실을 맺을 수 있게 하는 데 필자가 조그만 보탬이라도 될 수 있다면 그 보람이 있겠다.

사례 1. 지분 비율에 따른 사원간 권한 분쟁

개요

한국의 A사는 2년여에 걸쳐 카자흐스탄의 시장을 조사한 후 최종적으로 사업 진출을 하기로 결정하였다. CIS 국가에 진출 경험이 없던 A사는 카자흐스탄에서 유사한 업태를 가진 현지 B사와 합작을 할 경우 시장에도 안전하게 진입할 수 있고, 사업적으로나 행정적으로나 여러 면에서 B사의 도움을 받을 수 있을 것이라 판단하여 합작 회사를 설립하기로 하였다. A사는 B사와 합작 회사를 설립한 후 자본금, 장비, 운영 자금 등에 대한 투자를 감행하였고, 51퍼센트의 지분을 보유한 A사는 회사 운영 전반에 대해 경영권을 행사하려고 하였으나, 합작 회사의 정관상에는 대부분의 결의 요건에 사원 간 만장일치가 필요함을 뒤늦게 알게 되었다.

예방 및 조치

카자흐스탄에 설립되는 회사는 일반적으로 유한 책임 회사의 형태를 갖는다. 유한 책임 회사의 설립 및 운영은 〈유한 및 추가적 책임 회사에 관한 법〉으로 규율하게 되는데, 위의 경우에는 A사가 유한 책임 회사의 최고 의결 기관인 사원 총회의 의사 결정 방식을 제대로 검토하지 않은 데서 문제가 발생하였다. 이 법에는 사원 총회에서만 반드시 결정할 수 있는 사항이 정해져 있으며, 그 중에는 특별 결의 요건(75퍼센트 이상의 사원 지분 찬성)을 요구하는 사항도 일부 포함되어 있다. 위 합작회사의 정관에 그러한 특별 결의사항을 비롯하여 대다수의 사원 총회 의결사항을 만장일치로 해놓은 점을 간과한 것이다. 한국기업이 현지 기업과 합작 회사를 설립할 경우, 합작 회사의 과반수 지분을 확보할 수 있다고 하더라도 해당 회사의 정관을 불리하게 작성한다면 보유 지분 비율과 관계 없이 정상적인 경영권 행사는 불가능할 것이다.

사례 2. 집행이사의 월권 행위(무권 대리)로 인한 분쟁

개요

카자흐스탄에서 사업을 시작해 보고 싶었으나, 현지에 지사장이나 법인장을 파견하여 회사를 운영할 여유가 없었던 한국의 A사는, 카자흐스탄을 오가며 알게 된 고려인 B씨에게 신설 법인의 운영을 맡아 줄 것을 요청하였다. 신설 법인의 대표이사는 한국 A사의 대표가 겸직하였으나, 한국에서의 사업이 바빠 카자흐스탄을 자주 방문하지 못하는 관계로 현지 고려인 B씨를 집행이사(대리인)로 삼고 그에게 은행 서명권 등 주요 권한을 위임하였다. 권한을 위임받은 B씨는 한국 A사의 대표가 카자흐스탄 사정에 어둡고 러시아어를 이해하지 못하는 점을 악용하여 제품의 판매 대금 등을 개인적으로 착복하였으며, 여러 명목으로 한국으로부터 운영비 등을 송금 받아 가로채는 등 전횡을 일삼다가 마침내는 회사 소유의 사무실까지 제삼자에게 매각한 후 잠적해버렸다. 법적 검토 결과 한국 A사의 대표는 고려인 B씨를 신뢰한 나머지 B씨가 제시하는 각종 위임장과 서류에 의심 없이 서명해주었고 이에 따라 B씨는 회사 부동산까지 매각할 수 있었다.

예방 및 조치

카자흐스탄에서는 회사의 대표가 임직원들에게 위임장을 발급할 수 있으며, 해당 임직원들은 그러한 위임장에 근거하여 그 권한의 범위 내에서 회사를 대리하여 활동을 할 수 있다. 이러한 대리 행위에 대한 적법성의 근거가 되는 위임장은 카자흐스탄 행정 기관이나 거래 상대방 등이 수시로 요구하기 때문에 대표는 수임인 권한의 범위 및 기간을 한정해 놓는 것이 필수적이다. 우리나라 법상의 '표현대리' 개념은 카자흐스탄 법정에서 인용하기 어렵기 때문에, 그만큼 거래 관계에서 거래의 안정성을 위협받는 경우가 빈번하게 발생하므로 거래 상대방은 위임장에 대한 요구가 기본적인 일이다. 위의 경우 신설 법인 대표는 자신의 위임 행위에 착오가 있었다는 이유로 항변할 수도 있겠지만, 위임장에 대한 서면 공증까지 해 주었다면 문제 해결은 더욱 어렵다고 할 수 있다. 카자흐스탄에 지사 또는 법인을 설립하는 한국 회사는 반드시 이를 관리할 수 있는 사람을 파견하여 본사에서 주요 사항을 파악할 수 있어야 하며, 이것이 불가능할 경우에는 전문 컨설팅 업체나 법무법인을 통한 회계 기장 관리, 정기적 회계 실사 등을 진행하여 사고 발생을 미연에 방지하여야 할 것이다. 또한 러시아어로 된 서류에 서명할 때에는 반드시 번역 공증본을 요구하여 그 서류 내용을 분명히 파악한 후에야 서명을 하도록 하는 준비가 필요할 것이다.

사례 3. 조세 분쟁

개요

한국에 모회사를 둔 A사는 카자흐스탄에서 1년간 사업을 영위하면서 꽤 많은 수익을 창출하였다. A사는 법인세를 납부한 후 이익금에 대한 배당을 결의하였고, 카자흐스탄 법에 따라 배당금에 대해 15퍼센트의 배당세를 원천징수하고 나머지를 모회사에 송금하였다. 나중에 알고 보니 한국과 카자흐스탄 간에는 이중과세방지 협약이 체결되어 있었고, 이에 따르면 55퍼센트의 A사 지분을 보유한 한국의 모회사는 5퍼센트의 배당세만 카자흐스탄에 납부하여도 된다는 것을 알게 되었다.

예방 및 조치

한국과 카자흐스탄 간에는 '투자 협약' 및 '조세 조약 (이중과세방지 협약)이 체결되어 있다. 따라서 과실 송금에 대해서는 양국 기업 간 차별 없이 자유로이 송금할 수 있으며, 과세 또한 양국의 세법이 기본적으로 적용되지만 조세 조약을 통해 그 적용 세율에 있어서 제한을 하게 된다. 이러한 조세 조약의 조항을 인용하기 위해서 한국 회사는 회사 소재지 과세 관청에서 발급하는 거주자 증명서를 카자흐스탄 과세 관청에 제출하여야만 그 적용을 받을 수 있으므로, 과실을 송금 받기 전에 해당 서류를 제대로 구비하여 과실을 송금하고자 하는 카자흐스탄 회사를 통해 과세 관청에 제출하면 조세 조약상의 세제 적용(혜택)을 받을 수 있다. 카자흐스탄에서는 납부한 세금을 환급받는 절차가 까다롭고 시일이 오래 걸리므로, 조세 조약 적용 여부를 사전에 파악하고 정확한 납부 세액을 미리 계산하는 것이 중요하다고 하겠다.

사례 4. 취업 허가 분쟁

개요

A사는 한국의 전문 건설사로 카자흐스탄에 한국 직원을 대규모로 파견하였다. 공사에 투입된 한국 직원은 취업 비자가 아직 발급되지 않은 상태에서 상용 비자만을 소지한 채 현장에서 공사를 진행하였고, 근로 계약을 통하여 급여도 지불되고 있었다. 때마침 이민국과 검찰청에서 외국인 불법 근로자 집중 단속이 실시되었고, 상용 비자를 소지한 채 근로를 한 한국인은 불법 근로 행위로 즉심에 부쳐졌으며, 사업장 및 대표에게는 벌금, 개인은 추방되게 되었다.

예방 및 조치

카자흐스탄 취업 비자 관련 규정에 따르면 영주권을 취득하지 않은 외국 시민권자는 카자흐스탄 내에서 근로 행위를 할 경우 해당 카자흐스탄 회사 명의의 취업 비자를 취득하여야 한다. 그러나 취업 허가 쿼터 확보 및 절차가 까다롭기 때문에 일정 기간 취업 비자가 없는 상태에서 근로를 할 수밖에 없는 경우가 있다. 더불어 근로를 시작한 한국 직원에게는 급여도 지불되어야 하는 관계로 취업 비자가 없는 한국 직원과 근로 계약을 체결할 수밖에 없게 되는 경우도 많다. 카자흐스탄 법에서는 통상 상용 비자를 소지한 외국인에게 2개월의 장기 파견에 따른 근로 행위를 인정해 주고 있으므로 적법한 서류를 구비하여 이를 활용해 볼 수도 있으나, 기본적으로 회사는 파견 직원이 불법 근로자가 되지 않도록 근로자가 출국하기 전에 취업 허가를 받기 위한 절차에 착수하여 사후 문제가 발생하지 않도록 노력하여야 하겠다.

사례 5. 근로 계약 분쟁

개요

A사는 카자흐스탄에서 도급 공사를 수행하는 업체로 현장의 안전 관리 직무를 수행하는 근로자로 현지인 '갑'을 고용하였다. '갑'이 자신의 업무에서 능력이 떨어지고, 일과 시간에 컴퓨터 게임을 하거나 자리를 자주 비우는 등 업무 태도도 상당히 불량하다고 판단한 A사 대표는 위 직원을 해고하였다. 이에 '갑'은 노동부에 진정을 하여 자신은 업무에 태만한 사실이 없었다고 주장하며, 오히려 체불된 급여와 손해 배상 및 복직을 요구하였다.

예방 및 조치

카자흐스탄에는 노사 관계 및 근로 관련 규정이 방대한 분량의 노동법전으로 체계화되어 있으며, 그 내용 중에는 근로자 보호를 위한 강제 규정이 상당한 부분을 차지하고 있다. 한국기업의 경우 현지 직원의 해고 시 잦은 마찰이 발생하고 있는데, 의사소통이 원활하지 않고 정서마저 다른 현지인을 대상으로 하는 갑작스러운 해고는 반발을 일으키기 마련이다. 또한 자국민을 해고하려는 외국기업에 대해 카자흐스탄 당국도 좋은 시선으로 볼 이유가 없으므로 외국기업의 노동법 준수는 중요한 문제라 하겠다. 한국 회사는 법률상 적법한 해고 사유를 숙지한 뒤, 그러한 행위를 한 근로자로부터 경위서를 작성하게 하고 향후 해고 시 그 근거 자료로 사용하는 것이 좋은 방법이 될 수 있다.

사례 6. 영업 면허 분쟁

개요

카자흐스탄에서의 주택 건설을 계획하고 있는 한국의 A사는 현지 기업 B사와 설계 용역 계약을 체결하였다. 설계가 진행되고 있던 중에 B사가 제출했던 설계 면허를 번역하여 자세히 살펴보니, 면허 항목에 해당 공사에 대한 설계가 포함되어 있지 않은 것을 뒤늦게 확인하였다. 상당한 부분의 용역 수수료가 이미 나갔고, B사는 워낙 영세한 업체라 손해 배상 청구나 채권 확보도 쉽지가 않은 상황이다.

예방 및 조치

한국에서 진출한 기업들이 계약 상대방의 말만 믿고 해당 용역에 대한 영업 면허가 없는 현지 기업과 계약을 체결하여 사기를 당하는 경우가 자주 발생한다. 카자흐스탄 면허법에는 면허 취득을 요구하는 세부 항목이 자세히 명시되어 있다. 따라서 한국기업은 첫째로 해당 용역이 면허를 필요로 하는 것인지 면허법을 확인해보아야 하고, 둘째로 계약 상대로부터 관련 면허를 서면 제출받아 면허 소지 여부를 파악한 후 계약 체결 여부를 결정해야 무면허자와의 계약 체결을 미연에 방지할 수 있다.

사례 7. 임대차 계약 분쟁

개요

카자흐스탄에서 대형 레스토랑을 운영하기 위해 한국인 '갑'은 A라는 회사를 카자흐스탄에 설립하여 임대업을 하는 현지인 B씨와 장기 임대차 계약을 체결한 후 100만 달러를 투자하여 내부 수리를 하고 영업을 시작하였다. 초기에는 사업이 잘 되어 가는 듯하였으나, 우후죽순으로 주위에 경쟁업체가 들어서는 바람에 A사는 임대료도 내지 못하는 지경에 이르렀다. 임대차 계약서에는 임차인이 임대료 지급을 1개월 이상 지연할 경우 임대인이 즉시 계약 해지를 할 수 있도록 되어 있었고, 이에 B씨는 본인이 레스토랑을 운영할 목적으로 A사에 계약 해지를 즉시 통보하였다. A사는 건물 수리에 투자한 금액의 일부만이라도 구제받을 목적으로 B씨에 청구하였으나 거절당하였다.

예방 및 조치

카자흐스탄 법에는 상가 임차인에 대한 보호 규정이 없으며, 임대차 계약서의 확정일자와 같은 우선적인 권리도 임차인에 부여되지 않는다. 따라서 민법의 임대차 규정을 적용하게 되는데, 장기 임대차 계약의 경우라도 상호 간에 합의한 계약 해지 조건이 있다면 그대로 유효하게 된다. 위의 경우 임차인은 초기 계약부터 아주 불안정한 위치에 놓여 있어 얼마든지 임대인이 이를 악용할 수 있었다. 더 나아가 만약 임차인이 투자한 금액에 대해서 제대로 회계에 반영해놓지 않았을 경우 권리 주장을 하기는 더욱 어렵다고 할 수 있다. 임대차 계약의 경우 일반적으로 임차인이 약자가 되므로 임대차 계약 체결 전에 엄밀한 계약서 검토가 필요할 것이다.

사례 8. 불법 통관으로 인한 분쟁

개요

카자흐스탄으로 한국산 제품을 수입하여 판매하려는 계획을 가진 A씨는 이와 관련하여 알아보던 중 알게 된 현지인들로부터 자신이 수입하고자 하는 물품은 수입통관절차가 매우 복잡하여 정식 통관이 쉽지 않고, 정식 통관을 한다고 하더라도 관세와 부가세 등 각종 세금을 납부하면 원가가 그만큼 올라가게 되어 경쟁력을 갖출 수 없게 된다는 이야기를 듣게 되었고, 제품의 비공식 반입과 판매를 책임져주겠다는 현지인의 말에 따라 비공식으로 동 제품들을 카자흐스탄으로 반입하였다. 그러나 반입한 제품들을 카자흐스탄 시장에 판매하려 하였으나 시장 조사 잘못으로 판매가 거의 불가능하게 되었다. 이에 따라 A씨는 동 제품들을 한국으로 반송하여 최소한의 투자금이라도 회수하려고 하였으나, 비공식으로 반입한 제품들이라 출처를 증명할 길이 없어 한국으로 재반출 할 수가 없다는 사실을 알게 되었다. 또한 동 제품들을 컨테이너 창고 속에 보관하던 중에, 도와주겠다던 현지인이 외부인과 공모하여 동 제품들을 절도 및 판매하는 일까지 발생하였다. 현재 A씨는 동 제품을 한국으로 반송할 수도, 카자흐스탄 현지에서 판매할 수도 없는 상황이며, 아무리 경비를 세워 지킨다고 해도 날이 갈수록 절도로 인한 제품 손실량은 늘어나는 진퇴양난에 빠져 있다. 또한 제품을 절도한 현지인을 고소하려고 해도, 그 제품이 밀수된 것이라 처가 드러나 불이익을 받지 않을까 두려워하는 A씨는 아무런 조치도 못하고 벙어리 냉가슴을 앓고 있는 상황이다.

고수익 등을 미끼로 불법 통관을 권하는 브로커가 많은 실정에서 이에 속아 불법 통관을 한 후에 뒤처리에 골머리를 앓는 한국기업들이 의외로 많은 실정이다. 현지 사정에 밝든 어둡든 외국에서의 사업 운영은 가급적 공식적으로 진행하여야 하며, 사전에 또는 사후에라도 분쟁 발생 시에는 대사관이나 KOTRA 또는, 전문 법무법인과 상의하여 처리해 나가는 것이 바람직할 것이다.

사례 9. 소송 관할권 분쟁

개요

카자흐스탄에 소재한 A사의 '갑' 토지에 대해 한국에 소재한 B사는 저당권을 설정하였고, A사가 제때에 금전 채무 이행을 하지 않아 B사는 저당권 실행을 하려고 하였으나, 저당권 설정 과정에 법적 문제가 있어 현재 양 사는 대립 중이다. 양 사가 체결한 계약서에는 소송 관할권에 대해 뚜렷이 명시되어 있지 않아 현재 B사는 문제의 부동산이 소재한 카자흐스탄에서 소송을 진행할 수밖에 없는 상황이다.

예방 및 조치

카자흐스탄에서는 사법 체계가 후진적이고 부패가 만연해 있기 때문에 법원의 판결이 공정하지 못하게 나는 경우가 더러 있다. 또한 소송이 진행될 경우 그 절차가 복잡하고 시일도 오래 걸린다. 따라서 계약 체결 시 소송 관할권에 대한 상호 합의가 중요하므로 제삼국에서의 중재 합의

내지는 소송 관할권을 유리한 곳으로 가져갈 수 있도록 협상력을 발휘하는 것이 중요하다.

소송 관련

카자흐스탄에서 기업 간에 발생하는 상사 분쟁을 해결하는 곳으로는 상공회의소 내의 중재원과 사법 기관인 경제 법원이 있다. 중재원의 결정은 단심제로 대법원의 판결과 동일한 효력을 가지므로 신속한 해결이 가능한 장점이 있다. 계약서에 외국 중재원의 판정 합의를 삽입할 수도 있는데, 카자흐스탄은 '외국 중재 판정의 승인 및 집행에 관한 UN 협약(뉴욕 협약)'의 가입국(1995년 가입)이므로 판정 내용이 카자흐스탄의 공공질서에 반하는 경우를 제외하고는 다른 국가의 중재 판결 내용을 곧바로 적용할 수 있다. 한국 법원의 판결 내용은 카자흐스탄에 그대로 집행될 수 없고, 그 강제 집행을 위해서는 카자흐스탄에서 집행판결로 그 적법함을 다시 선고받아야 가능한 데 카자흐스탄에서 재판을 다시 하는 것과 큰 차이가 없다. 일반 민사 관련 분쟁이나 피고가 개인일 경우는 알마티의 경우 구(區)법원에 제소를 하면 되고, 1심 판결 후 15일 이내에 항소할 수 있다. 보전 처분은 소와 동시에 신청할 수 있으며, 신청한 날 판사가 바로 결정을 내리는 것으로 되어 있다. 카자흐스탄에는 경제 범죄를 다루는 금융 경찰이라는 특별 수사기관이 있는데, 관련 사안인 경우에는 금융 경찰에 고소하여 그 소추를 구하면 된다.

마치며

　위에서 살펴본 바와 같이 카자흐스탄에 진출한 한국기업에 발생하고 있는 주요 분쟁 유형은 크게 정부 기관과의 분쟁, 파트너와의 분쟁, 직원 및 타 기업과의 분쟁으로 대별할 수 있다. 좀 더 세분화 하면 조세 · 면허 · 취업 허가 · 세관 · 근로와 같은 행정법상의 문제와, 사원社員 간의 마찰 · 임대차 분쟁과 같은 사법상의 문제, 그리고 절차법 및 재판 관할권 문제 등으로 나뉜다. 외국에서 사업을 하는 기업의 입장에서는 의도하지 않더라도 현지 법규에 대한 무지로 인해 현행법을 위반하게 되는 경우가 종종 발생하게 되는데, 카자흐스탄은 법률 전문가가 턱없이 부족한 관계로 그러한 일이 비일비재하다. 정서에 호소하려고도 해도 위반 사실 자체가 없어지지는 않으니 억울하지만 처벌을 받고 하나씩 배워갈 수밖에 없는 노릇이다. 한편으로 후진국의 법은 어느 정도 위반해도 충분히 구제받을 수 있다는 일부 기업들의 안일한 생각도 심각한 문제라고 본다. 기업 입장에서 사업 진출 여부를 결정하기 위해 가장 먼저 고려할 부분이 사업의 수익성인 것은 당연하다. 그러나 사업 진출을 결정하고 난 후에 현지에서 사업을 본 궤도에 성공적으로 안착시키고, 그 결과물을 지속적으로 생산 유지하기 위해서는 현지 법에 대한 이해가 필수적이라 하겠다. 사업의 전 과정에서 현지 법률가 및 유능한 컨설턴트의 도움을 제대로 받기를 바란다.

카자흐스탄에 투자하는 것이
과연 옳았는가?

양우석 - 한화투자신탁운용 펀드 매니저

2007년으로 기억된다. 미국에서 귀국 후 한화투자신탁운용에 입사했다. 당시 운용본부 총괄이던 김승규 상무의, "양 과장이 카자흐스탄 펀드 관리를 맡아 줘야 해. 카자흐스탄에 대해서는 잘 알지?"라는 말과 함께 카자흐스탄과의 인연이 시작되었다. 그 후 열심히 《카스피 해 에너지 전쟁》을 탐독했고, 대한무역투자진흥공사KOTRA의 국가 자료 및 웹상의 다양한 자료를 섭렵했다. 당시 카자흐스탄에 대한 느낌은 '가능성' 그 자체였다. 특히, '카자흐스탄은 원유 매장량이 세계 9위로 추정되고 있으며, 아직 발견되지 않은 부분이 더 많다.'라는 구절은 카자흐스탄을 마치 사막 속의 오아시스와 같은 나라로 다가오게 만들었다.

《세계는 넓고 할 일은 많다》에 감동 받아 거상이 되고자, 부산대학교 무역학과에 입학했다. 1999년 대우증권에 입사하여 자금부에서 자금기획, 조달, 단기 채권 운용을 담당했다. 이후 미 Georgetown University에서 Finance 전공으로 MBA를 취득했다. 2007년 7월에 한화투자신탁운용에 합류하여 한화 카자흐스탄 재간접 펀드(사모), 한화 카자흐스탄 펀드(공모), 한화 꿈에그린 차이나 펀드, 한화 꿈에그린 차이나 A주 Tracker 펀드 등 해외 펀드를 담당하는 펀드 매니저로 활약 중이다.

투자의 시작

2007년 7월 한화투자신탁운용에 입사했을 때, 한화증권은 카자흐스탄에 이미 현지 자산운용사 겸 증권사인 Seven Rivers Capital을 설립하였다. 동시에 카자흐스탄 펀드를 출시하려는 상황이었다. 2006년, 2007년은 유동성이 넘쳐나던 시절로 해외 펀드를 만들기만 하면 수천억은 쉽게(?) 모을 수 있었다. 중국, 인도를 거쳐 베트남 펀드가 시장의 히트를 쳤고, 인도네시아 등 이머징 마켓 펀드가 봇물처럼 터져 나오던 시절이었다. 당시 카자흐스탄 및 중앙아시아 펀드를 선점하기 위해 많은 증권사들이 경쟁적으로 뛰어들었고, 일단 한화증권과 한화투자신탁운용이 그 주도권을 잡았다. '한화 카자흐스탄 재간접 펀드'는 일단 사모로 출발했다. 국내 기관투자자 7곳으로부터 690억 원, 한화증권 PB 고객으로부터 55억 원, 총 745억 원을 모집하여 2007년 7월 12일 카자흐스탄 주식 및 채권시장에 투자하기 시작했다.

펀드 운용 전략으로 전체 자산의 40퍼센트를 안정적 수익 추구를 위하여 우리나라보다 금리 수준이 높은 카자흐스탄 현지 예금 및 회사채에 투자하였다. 나머지 60퍼센트는 자원 관련 주식과 은행주에 투자했다. 자원 관련 주식은 원자재 가격의 상승을 예상하던 시기의 당연한 선택이었고, 당시 카자흐스탄 은행은 높은 성장세를 보이고 있었기 때문에 성장주식으로 매우 매력적인 상황이었다. 펀드 출시 후 서브프라임 사태를 맞아 한국 및 글로벌 주식시장이 약세로 돌아섰지만, 국제 원자재 가격 강세에 힘입어 카자흐스탄 펀드는 꾸준한 상승세를 보였다. 당시 약세를 보이던 다른 해외 펀드에 비해 양호한 성과를 거두었다. 이에 고무되어 한화증권과 한화투자신탁운용은 2007년 12월 22일 Seven Rivers

Capital의 투자자문을 받아 카자흐스탄 관련 주식에 투자하는 공모형 '한화 카자흐스탄 주식형 펀드'를 출시하여 200억 원을 모집했다. 당시에는 이미 해외 펀드의 인기가 시들한 상황이었지만, 카자흐스탄 사모 펀드의 상대적 아웃퍼폼을 높이 평가해준 고객들이 카자흐스탄을 믿고 투자해 주었다.

기존의 재간접 펀드 운용으로부터 카자흐스탄 현지 주식시장은 유동성이 작다는 취약점을 파악하고 유동성 부분을 보강하고자 영국, 미국, 캐나다 등 선진 주식시장에 상장된 카자흐스탄 관련 주식(DR 포함)에 투자함과 동시에 분산도를 높이기 위해 자산의 30퍼센트까지 러시아 주식시장에 투자하는 전략을 구사했다. 한화 카자흐스탄 재간접 펀드 및 한화 카자흐스탄 주식형 펀드를 통한 카자흐스탄에의 투자는 대한민국 최초로 카자흐스탄 금융시장에 투자하는 기념비적인 일이었으며, 당시 투자자의 High Risk & High Return 니즈에 부합하는 선구적인 상품이었다.

Commodity Rush & 07ers

1848년 미국 캘리포니아에서 금광이 최초로 발견되면서 이후 10만 명이 넘는 광부가 일확천금의 금맥을 찾아 서쪽으로 서쪽으로 이동한 것을 후세인들은 'Gold Rush (골드 러시)'라고 부른다. 당시 서쪽으로 몰려온 사람들을 일명 49ers (포티나이너스)라 부른다. 그래서 샌프란시스코 풋볼팀 이름이 '샌프란시스코 49ers' 다. 49ers는 금을 찾아 부자가 되겠다는 목표 하나만 바라보고 목숨까지 걸어가며 서쪽으로 이주해 왔다. 금을 찾기 위해 모든 인생을 투자했을 것이다. 하지만, 서쪽으로 이동하는 과정에서 49ers가 되기도 전에 질병 등으로 죽은 이가 수없이 많았고, 설령 49ers가 되었다고 해도 금을 찾아 부자가 된 사람은 극소수에 지나지 않았다.

지금에 와서 돌이켜보면 카자흐스탄에의 투자는 제2의 '골드 러시' 가 아니었나 하는 생각이 든다. 중국, 인도를 중심으로 한 이머징마켓의 수요증가에 힘입어 국제 유가가 70달러, 80달러를 연달아 갱신하고 있었고, 오일 쇼크에 대한 우려가 전 세계 언론지상을 뒤덮기 시작했다. 이런 상황에서 카자흐스탄과 같은 신흥 자원개발국으로 자본은 그야말로 밀물처럼 들어오고 있었다. 이러한 점에서 2007년 카자흐스탄에 진입한 투자를 Commodity Rush(커머디티 러시)로, 투자자를 07ers(오세브너스)라 부를 수 있지 않을까? 49ers가 금을 찾아 부자가 되는 꿈을 꾸었던 것처럼, 카자흐스탄 투자자들은 원자재 가격 상승에 따른 재산 증식의 꿈을 간직하고 있었다. 하지만, 49ers가 그랬던 것처럼 그 누구도 High Risk에 대해서는 신경을 쓰지 않은 것이 사실이다.

러시아-그루지아 전쟁, 그리고 리먼 브라더스 사태

2008년 7월 14일 국제 유가는 WTI 기준으로 역사상 고점인 147달러를 기록하였다. 카자흐스탄 주식시장 또한 한국, 중국, 미국 등 여타 주식시장이 어려움을 겪는 상황에서도 원유 및 원자재 가격 상승에 힘입어 2007년 말 대비 20퍼센트 정도의 수익을 올리고 있었다. 카자흐스탄 펀드 출시 당시의 'Decoupling(디커플링) 예상'이 제대로 적중하는 듯이 보였다. 카자흐스탄 펀드는 월간 베스트 해외 펀드로 선정되기도 하는 등 각종 영예를 누렸다.

하지만, 2008년 8월 8일 러시아와 그루지아 간 영토분쟁이 발생하면서 중앙아시아 투자에 대한 위험이 고조되기 시작하였다. '위험 고지 조항'에 적혀 있는 '전쟁 위험'이 진짜 현실이 된 것이다. 하루에 5퍼센트 가까운 손실이 일어나면서 앞날의 불운이 예고되었다. 2008년 9월 15일 미국의 4위 투자은행인 '리먼 브러더스'가 파산을 선언하였고, 이후 글로벌 신용경색이 심화되면서 글로벌 원자재 가격이 급락하기 시작했다. 원자재 가격이 급락하자 카자흐스탄 원자재 기업의 주가가 대폭락하기 시작했다. 2007년 순이익이 15억 달러였던 회사의 시가 총액이 2008년 11월에는 14억 달러까지 떨어지는 대참사가 일어났다. 외자 의존도가 높았던 카자흐스탄 민간은행의 주가는 날개 없이 추락했다. 예금대출비율이 250퍼센트를 상회하던 카자흐스탄 주요 민간은행들이 외채 상환 압력에 시달리기 시작한 것은 2007년 서브프라임 사태가 발생하면서부터

리먼 브라더스의 몰락. 출처: premodeconhist.wordpress.com.

였다. 하지만 원자재 가격 상승이 가파르게 진행된 2008년 여름까지는 카자흐스탄 실물경제의 펀더멘탈이 굳건했기 때문에 은

행의 해외 채무 상환 압력이 대단한 것으로 여겨지지 않았다. 그러나 원자재 가격 급락으로 경제 펀더멘탈이 붕괴하자, 은행의 외채 상환 압력은 시한폭탄으로 돌변했다. 은행이 대출을 축소하면서 부동산 시장이 폭락했고, 경기 침체가 장기화되면서 제조업 또한 몰락하는 길을 걷게 된 것이다.

이러한 어려움에 직면해서야 비로소 고성장의 그늘에 가려져 있는 'High Risk'라는 개념이 투자자의 뇌리에 강하게 스며들었다. 카자흐스탄은 Decoupling(디커플링) 국가가 아닌 Delaying(디레잉) 국가였으며, 기대가 컸던 만큼 실망 또한 컸다. 투자 수익률 또한 고점 대비 70퍼센트의 손실을 기록하기에 이르렀다.

High Risk의 승리

2007년 카자흐스탄은 성장 가능성을 바탕으로 투자 매력이 매우 높은 국가였다. 이러한 매력을 수익으로 연결하기 위해 카자흐스탄 펀드는 다음과 같은 가정을 근거로 만들어졌다. 첫째, 원자재 가격이 상승하면 원자재 생산 기업의 주가 또한 상승할 것이다. 둘째, 원자재 가격이 상승하면 카자흐스탄 국민의 소득 증대로 이어져 금융을 포함한 서비스 산업의 발전으로 이어질 것이고, 이는 관련기업의 주가 상승을 가져올 것이다. 셋째, 원자재 가격 상승은 국가 및 국부 성장으로 이어져 카자흐스탄 통화가 절상되어 환차익이 발생할 것이다.

위 세 가지 가정은 카자흐스탄 펀드를 만들 당시인 2007년 초반에는 너무나 일반적인 상식에 기초한 것이었다. 하지만, 다시 자세히 들여다

카작므스 주가 추이. 2008년 5월 19파운드였던 카작므스 주가가 2008년 11월 1.7파운드까지 하락했다가 2010년 3월 현재는 15파운드까지 반등한 상황이다.

보면 원자재 가격 상승을 기정사실화하고 있다는 점이 눈에 들어온다. 펀드 출시 당시는 미래가 너무나 밝아 보였다. 위험 고지 조항은 말 그대로 고지를 위한 것이지 현실이 될 가능성은 외면했다. High Return에 대한 갈망이 High Risk와 High Return은 동전의 양면이라는 사실을 잠시 망각시켰다.

2009년 1월 카자흐스탄의 Credit Default Swap이 15퍼센트가 넘어가면서 국가 위기론까지 대두되었다. 2007년과는 정반대의 상황이 발생한 것이다. High Risk에 대한 두려움이 High Return에 대한 기회를 완전히 삼켜버렸다. 사모 재간접 펀드 투자자는 보유 중인 주식의 전량 매도를 요구했으며, 상당수의 공모 주식형 펀드 투자자는 환매를 실행했다. 전년도에 15억 달러의 순이익을 낸 회사의 시가 총액이 14억 달러가 되었는데, 투자자들은 그 순간에 매도를 결정해버린 것이다. 그때가 주식시장의 바닥이 될 것이라고는 꿈에도 생각하지 못한 채 말이다.

카자흐스탄 투자자는 High Risk를 떠안고 High Return을 추구하고자 했던 근본 취지에서 벗어나 High Risk에 철저하게 완패를 당하는 결과를 낳았다. 펀드 매니저로서 최대한 객관적인 정보를 바탕으로 투자자들이 최적의 판단을 내릴 수 있도록 최선을 다해야 했으나, 매니저가 대중의 공포를 홀로 막아낼 수 없다는 것을 처절하게 느꼈다. 워렌 버핏이라면 가능했겠지만, 한화투자신탁운용의 매니저에게는 허락되지 않는 일이었다.

역사는 반복된다 - 소를 잃어도 외양간은 고쳐야 한다

금융시장에서도 어김없이 역사는 반복된다. 2008년의 대폭락은 2007년의 버블이 터져버린 것이다. 버블이 터지면 모든 게 끝나는가? 우리나라가 1997년 IMF 이후 어떠한 경로를 걸었는지에 대한 고민은 카자흐스탄 미래의 모습을 예측하는 데 도움이 될 것이다.

우리나라는 IMF 이후 뼈아픈 구조조정의 과정을 거쳤다. 은행의 구조조정, 반도체 및 화학 산업의 Big Deal, 자동차 산업의 구조조정 등 이루 헤아릴 수 없는 고통을 감내해냈다. 이러한 어려움을 이겨내고 생존한 삼성전자, 현대중공업, POSCO와 같은 기업은 글로벌 초일류 기업으로 당당히 이름을 날리고 있다. 카자흐스탄 또한 은행업을 포함한 모든 산업 분야가 뼈아픈 구조조정 과정에 있다. 부실 기업은 모두 퇴출되고, 글로벌 경쟁력을 가진 기업들을 중심으로 산업이 재편되고 있다. Winners take all, 살아남는 기업은 과거보다 더 견고한 시장 지배력을 가지게 될 것이고 위기에 대한 대응 능력이 한층 강화될 것이다. 주식 투자의 관점에서는 이런 생존력이 있는 일등기업을 발굴해서 투자해야 한다.

다른 한편으로 IMF 때 부채의 과도함으로 인해 견실한 자산을 가지고

서도 현금 유동성이 부족해 타인에게 회사를 넘겨야만 했던 기업도 있었다. 진로처럼 말이다. 소위 알짜기업이라 일컬어지던 이런 기업은 몇 년 뒤 외국인에게 투자금액 대비 몇 배의 수익을 안겨주는 효자 노릇을 하였다. 카자흐스탄에도 이런 기업들이 존재한다. 벌쳐 펀드는 이러한 알짜기업을 골라내서 투자하는 기회를 놓쳐서는 안 된다.

마지막으로, 우리나라는 IMF 이후 외화가 부족한 상황에서 인프라 건설을 하기 위해서 위험대비 높은 수익률을 제시할 수밖에 없었다. 이런 기회를 잡아 호주의 맥쿼리 사는 동일한 위험의 한국국채 투자 대비 두세 배의 수익을 올렸다. 카자흐스탄 또한 새로운 도약을 위하여 인프라 건설에 많은 투자를 유치 중에 있다. 지금은 위험할지 모르겠지만(하지만, 과거보다는 훨씬 위험도가 낮음) 결국 카자흐스탄의 성장이 정상 궤도에 올라선다면, 분명 달콤한 열매로 돌아오는 그런 날이 있을 것이다. 이처럼 역사가 반복되는 관점에서 우리는 과거의 경험을 바탕으로 카자흐스탄에서 새로운 기회를 찾아야 한다. 2008년과 2009년에 가졌었던 아픔을 이보 전진을 위한 일보 후퇴의 기회로 승화시켜야 한다.

새로운 기회를 찾아서

카자흐스탄 펀드에 투자한 많은 투자자들이 어려운 시기를 겪은 것은 사실이다. 카자흐스탄 기업의 상당수가 디폴트나 사실상의 디폴트 상태인 것도 사실이다. 2007년 이후 카자흐스탄 경제가 역V자형(∧) 궤도를 그리면서 눈앞에 닥친 어려움에 무릎을 꿇는다면, 앞으로 다가올 V자형 궤도의 반등을 향유할 수 없을 것이다. 미래가 좋아 보일 때는 항상 그렇듯이 모든 가치가 본래의 내재가치보다 높게 평가되며, 반대로 미래가 나빠 보일 때는 내재가치보다 낮게 평가되기 마련이다. 카자흐스탄은 인구 1천6백만 명, GDP 1,000억 달러 수준으로 작다면 작은 나라다. 그렇다 보니 마치 소형주와 같이 미래에 대한 기대에 따라 그 평가에 대한 변동폭이 무척 심하다. 2007년과 같이 앞날이 좋아 보일 때는 카자흐스탄 국가 자체가 내재가치보다 고평가되기 쉽고, 2008년 하반기, 2009년 상반기와 같이 앞날이 나빠 보일 때는 내재가치보다 훨씬 저평가되기 쉽다.

당연하게 들리겠지만, 주식을 포함한 모든 투자의 기본은 싸게 사서 비싸게 파는 것이다.

그럼 과연 지금의 카자흐스탄 투자 가치는 어떤 수준일까? 2007년 카자흐스탄에 처음 투자할 당시 국제유가는 70달러 수준이었다. 2010년 3월 현재 국제유가는 이보다 다소 높은 70달러 후반 수준이다. 구리 및 철광석 가격 또한 2007년 수준으로 회복하였다. 카자흐스탄의 원유 및 원자재 매장량은 2007년 수준과 유사하다. 향후 개발을 통한 매장량 상승 가능성은 탐사 및 개발 기술의 진보로 인해 더욱 높다고 할 수 있다. 미래에 대한 기대를 포함하지 않고, 현 시점만을 고려한다면 2007년 당시 투자 시점과 크게 달라진 건 없다.

하지만, 몇몇 대기업 주가를 제외하고는 주식 및 부동산 등 실물 자산의 가치는 2007년의 1/3 수준도 되지 않는다. 현재의 시장 가치가 본질 가치를 제대로 반영하고 있다고 볼 수도 있다. 하지만, 분명한 것은 미래에 대한 밝은 기대가 포함되어 있는 가격은 아니다. 돌이켜보면, 2007년 모두가 좋다고 했을 때는 분명 가치가 고평가되어 있었던 때였다. 지금은 누구도 카자흐스탄 경제가 좋다고는 말하지 않으며, 여전히 두려움에 쌓여 있다.

앞에서 언급했지만 기름 한 방울 나지 않는 우리나라의 입장에서 카자흐스탄은 가능성이 있는 국가이며 따라서 투자의 대상이 되어야 하는 국가다. 원유 및 원자재는 어디로 사라지지 않는다. 땅속에 아직 묻혀 있으며 이는 채굴해서 이용해야 하는 대상이다. 2007년의 미래 예측이 과대 포장된 면이 있어서 그 부분을 디스카운트 한다고 해도 지금은 모든 실물 자산이 상대적으로 싸다. 주식과 부동산만이 아니다. 원유 및 원자재를 채굴하는 기업의 가치 또한 엄청 낮아졌으며 M&A의 좋은 대상이 될 것이다. 발전소, 도로, 공장 건설과 같은 인프라 투자 또한 과거에 비해 높은 수익률을 올릴 수 있을 것이다. 2007년도에 카자흐스탄 투자를 고려했던 투자자들이라면, 지금이 바로 낮은 가격(또한 높은 수익률)에 투자할 수 있는 좋은 기회는 아닐까.

Kazakhstan
Eurasia Golden Hub

저자 소개

윤영호

서울대학교 외교학과를 졸업하고, 동 대학원에서 〈러시아 시민사회에 대한 비판적 검토〉라는 주제로 석사학위를 취득했다. 1997년부터 99년까지 KOICA 국제협력요원으로 카자흐스탄 국립대학교에서 강사로 활동했다. 이후 한화증권에서 선물옵션 딜러로 일하면서, 《옵션투자바이블》(국일, 2003)을 저술했다. 대한생명과 현대와이즈자산운용에서 주식 매니저로 활동했다. 현재는 Seven Rivers Capital(한화증권과 카스피언의 합작 증권사 겸 자산운용사)의 대표를 맡고 있으며, 《머니투데이》에 카자흐스탄 전반에 대해 칼럼을 쓰고 있다.

양용호

연세대학교 노어노문학과를 졸업하고, 모스크바 국립 국제관계대학교 유럽법/국제법 대학원에서 석사학위를 취득했다. 2003년 러시아 변호사 자격증을 취득하였고, 《조선일보》등에 CIS 전반에 관한 기고를 하고 있다. 현재 카자흐스탄에서 법률/회계/세무 컨설팅을 진행하고 있는 AK GROUP의 대표다. 양 대표가 가지고 있는 현지법에 대한 해박한 지식과 뛰어난 협상능력은 한국인과 한국기업에게 든든한 힘이 된다.

김상욱

고려대학교 국문과를 졸업하고, 연세대학교 행정대학원에서 구소련 지역문제를 연구했다. 1995년부터 1998년까지 KOICA 파견으로 알마티 국립대학교 교수로 활동했다. 〈1920~30년대 소련 사회경제사를 통해 본 고려인 강제이주의 원인〉이라는 주제로 카자흐스탄 국립대학교에서 박사학위를 취득했다. 현재《한인일보》발행인이며, Central Asia Marketing 사의 대표다. KBS,《국민일보》, 뉴시스 등에 카자흐스탄 관련 기사를 취재 송고하고 있다. 그의 눈과 카메라에 지난 10년의 카자흐스탄이 그대로 담겨 있다.

손영훈

한국외국어대학교 터키어과를 졸업했다. 1997년부터 카자흐스탄 국립대학교에서 강사로 활동하면서 카자흐어를 공부했다. 카자흐인도 카자흐어를 잘 못하던 90년대에 손영훈 교수의 카자흐 말에는 마법이 있었다. 관공서에서도 경찰서에서도 그의 카자흐어로 해결되지 않은 문제가 없었다. 2003년 카자흐스탄 국립대학교에서 〈카자흐스탄 이주민이 카자흐스탄 정치, 경제, 문화에 끼친 영향에 관한 연구〉라는 논문으로 박사학위를 받았다. 2006년부터 한국외국어대학교 중앙아시아어과 교수로 재직 중이다.

사타르 마지토프

카자흐스탄을 대표하는 역사학자다. 현재 역사 민족학 대학 교수며, 카자흐스탄 교육부 자문위원이다. 초중고등학교 역사 교과서의 저술 및 편집을 책임지고 있고, 나자르바예프 대통령의 저술 감수위원이다. 초중고등학교 역사 교과서 저술 및 편집자다. 18~20세기 카자흐스탄 사상사를 주로 연구했다.《카자흐스탄 현대사》(2008) 등 7편의 저서가 있다.

견익승

서울대학교 외교학과와 동 대학원을 졸업했다. 모스크바 국립대학교 정치학 박사과정에서 〈대외경제변수가 러시아 국내정치에 미치는 영향〉을 연구했다. 하용출 워싱턴대 교수와 공동으로 《러시아의 선택-탈소비에트 체제전환과 국가, 시장, 사회의 변화》(서울대학교출판부, 2006)를 출판했다. CIS와 관련하여 모르는 것이 없는 진정한 CIS 박사다. 학계를 떠나 비즈니스 세상에 발을 들인 것이 2007년이다. 카자흐스탄에서 두산인프라코어 딜러로 일하고 있다.

김병학

2005년 시집 《천산에 올라》으로 등단한 시인이다. 전남대를 졸업하고, 1992년 카자흐스탄으로 이주한 시인은 카자흐스탄 한인의 상징적 존재다. 2007년에는 고려인 구전가요를 집대성한 《재소고려인의 노래를 찾아서 I,II》를 냈고, 2009년에는 에세이집 《카자흐스탄의 고려인들 사이에서》를 세상에 선보였다.

자우레 베크무카노바

1997년 카자흐 국립과학원에서 지질학 박사학위를 취득했다. 이후 카자흐 국립과학원과 영국 옥스퍼드 대학교에서 연구원으로 활동했다. 2004년부터 현재까지 카자흐 브리티시 공과대학KBTU 교수로 있으며, 2009년부터 카자흐스탄 한국 대사관에서 에너지와 광물자원 분야 애널리스트 겸 자문관으로 일하고 있다.

류상수

서울대학교 자원공학과와 동 대학원를 졸업했고, Texas A&M에서 〈Reservoir Permeability Distributions from Multi-well Test Sequences in Heterogeneous Reservoirs〉(1995)라는 주제로 석유공학 박사학위를 취득하였다. 한국석유공사에서 베트남 가스전과 동해 가스전 개발을 담당했고, 신규사업팀장을 거쳐 현재는 한국석유공사 카스피언 법인의 법인장을 맡고 있다.

이유신

연세대학교 노어노문학과를 졸업하고, 인디애나 대학교에서 러시아 지역 연구로 석사학위를 받았다. 미국 존스홉킨스 국제대학원에서 〈Formation of a Coherent Concept of Russia' s National Interest in the Caspian Sea: A Contructivist Explanation〉라는 논문으로 박사학위를 받았다. 주요 논문으로는 〈Toward a New International Regime for the Caspian Sea〉(2005)와 〈중앙아시아 가스자원의 함의와 가스관 경쟁: 러시아와 서방세력을 중심으로〉(2009) 등이 있다. 현재는 영남대학교 정치외교학과 교수로 재직 중이다. CIS 자원외교 전문가로서 《조선일보》 등에 칼럼을 기고하고 있다.

김진실

1982년부터 해외 건설 경험을 시작하여, 해외 현장에서만 20년을 보냈다. 한양의 해외 건설 현장인 사우디아라비아, 리비아, 이라크에서 일했다. 유원건설의 러시아 바로니쉬 프로젝트를 계기로 CIS와 인연을 맺었다. 카자흐스탄의 아스타나에서 선풍적인 인기를 끈 동일 하이빌의 주역이었다. 현재는 우림건설 카자흐스탄 법인장으로서 온 국민의 관심 프로젝트인 애플타운 건설을 책임지고 있다.

무랏 라우물린

카자흐스탄 외무부에서 근무했으며, 현재는 카자흐스탄 전략문제연구소 수석연구원이다. 《카자흐스탄의 안보 개념》()1995), 《카자흐스탄의 대외 정책 및 안보》(1997), 《현대국제관계에서 카자흐스탄》(2000), 《카자흐: 스텝의 아이들》(2009) 등 10권의 책을 출간했다.

이양구

미국과 프랑스에서 외교관으로 근무했으며, 러시아에서는 두 번을 근무했다. 2007년부터 2009년까지 카자흐스탄에서 근무했다. 이 책이 기획된 2009년 말에는 카자흐스탄 알마티 총영사로 근무하면서 많은 도움을 줬다. 카자흐스탄 경제대학교에서 명예교수직을 수여받았고, 현재는 국무총리실에서 근무 중이다.

양우석

《세계는 넓고 할 일은 많다》에 감동을 받아 거상이 되고자, 부산대학교 무역학과에 수석 입학하고, 차석으로 졸업했다. 1999년 대우증권에 입사하여 자금부에서 자금 기획, 조달, 단기 채권 운용을 담당했다. 이후 미 Georgetown University에서 Finance 전공으로 MBA를 취득했다. 2007년 7월에 한화투자신탁운용에 합류하여 한화 카자흐스탄 재간접 펀드(사모), 한화 카자흐스탄 펀드(공모), 한화 꿈에그린 차이나 펀드, 한화 꿈에그린 차이나 A주 Tracker 펀드 등 해외 펀드를 담당하는 펀드 매니저로 활약 중이다.

정용권

고려대학교 노어노문학과를 졸업하였다. 1993년에 중소기업진흥공단에 입사하여, 2006년부터 중소기업진흥공단 모스크바 수출인큐베이터 소장을 역임하였고, 2009년 8월부터 중소기업진흥공단 카자흐스탄 산업기술협력관으로 일하고 있다.

아나라 카스케예바

알마티에서 화가로 활동하고 있다. 〈21세기는 유목을 요구한다〉에 작품을 실은 우미르벡 쥬바냐조프의 아내다. 저자들의 얼굴을 연필로 터치해 주었다.

KAZAKHSTAN
카자흐스탄

빠블로스크

빠블오다르

우랄스크

아스타나 ★

악토베

세미팔라틴스크

아띠라우

아타수

자이산호

카라간다

악타우

아랄해

발하쉬호

카스피해

크질오르다

잠틀

알마티

쉼켄트